Walter Eversheim (Hrsg.)

Prozeßorientiertes Qualitätscontrolling

Springer-Verlag Berlin Heidelberg GmbH

Walter Eversheim (Hrsg.)

Prozeßorientiertes Qualitätscontrolling

Qualität meßbar machen

Mit 91 Abbildungen

 Springer

Prof. Dr.-Ing. Dr. h. c. Dipl.-Wirt. Ing. Walter Eversheim
Fraunhofer IPT
Steinbachstr. 17
52074 Aachen

ISBN 978-3-642-63839-8

Die Deutsche Bibliothek - CIP-Einheitsaufnahme

Prozeßorientiertes Qualitätscontrolling: Qualität meßbar machen / Hrsg.: Walter Eversheim. - Berlin; Heidelberg; New York; Barcelona; Budapest; Hongkong; London; Mailand; Paris; Santa Clara; Singapur; Tokio: Springer, 1997
ISBN 978-3-642-63839-8   ISBN 978-3-642-59077-1 (eBook)
DOI 10.1007/978-3-642-59077-1

© Springer-Verlag Berlin Heidelberg 1997
Originally published by Springer-Verlag Berlin Heidelberg New York in 1997
Softcover reprint of the hardcover 1st edition 1997

Einbandentwurf: de´blik, Berlin
Satz: Camera ready Vorlage durch Autoren
SPIN: 10630108   7/3020 - 5 4 3 2 1 0 - Gedruckt auf säurefreiem Papier

Inhaltsverzeichnis

5 Qualitätscontrolling mit PPS-Systemen in der technischen Auftragsabwicklung 105

6 Controlling von Garantiekosten 131

7 Servicequalität bei Investitionsgüteranbietern: Kundenzufriedenheitsanalysen im Werkzeugmaschinenmarkt.......... 163

Vorwort

Für die Erhaltung und Schaffung von Arbeitsplätzen am Standort Deutschland müssen deutsche Unternehmen im weltweiten Wettbewerb bestehen. Eine wichtige Voraussetzung hierfür ist es, qualitativ hochwertige Produkte zu minimalen Kosten zu produzieren. Dazu müssen dem Management Instrumente zur Verfügung stehen, mit denen Qualitäts- und Kostenziele geplant, Maßnahmen durchgeführt und deren Erfolg gemessen werden kann.

Die Bewältigung dieser Problemstellung war die Herausforderung des in diesem Buch beschriebenen Forschungsvorhabens. In dem vom Bundesministerium für Bildung, Wissenschaft, Forschung und Technologie geförderten Projekt haben 5 Forschungsinstitute und 15 namhafte Unternehmen des deutschen Maschinen- und Anlagenbaus problemspezifisch praxisgerechte Konzepte für ein prozeßorientiertes Qualiätscontrolling entwickelt. Die Dokumentation der Methoden beinhaltet die Analyse aktueller Problemstellungen, konkrete Lösungsansätze sowie Handlungsanweisungen für die Umsetzung in der Praxis. Mit diesem Buch sollen die Praktiker bei der effektiven und effizienten Gestaltung der Unternehmensabläufe direkt unterstützt werden.

Aachen, im Herbst 1997   Walter Eversheim

1 Einleitung

WALTER EVERSHEIM, MARKUS MÜLLER,
MICHAEL LEITERS

1.1
Problemstellung

Die konsequente Ausrichtung der Unternehmensleistung an den Bedürfnissen des Kunden ist zur unabdingbaren Voraussetzung für den unternehmerischen Erfolg geworden. Die deutlich stärkere Kunden- und Prozeßorientierung im Produktionsmanagement (Eversheim et al. 1993a, S. 1-12), vor allem aber im Kosten- und Qualitätsmanagement (Eversheim et al. 1993b, S. 119ff.) ist die Folge dieser verschärften Wettbewerbsbedingungen. Hier wird gerade der gleichzeitigen Verbesserung von Qualität und Kosten eine hohe Wettbewerbsrelevanz beigemessen (Buggert 95, S. 20). Aus diesem Grunde ist die genaue Kenntnis der für Qualität und insbesondere der für fehlende Qualität anfallenden Kosten für die Wettbewerbsfähigkeit produzierender Unternehmen elementar.

Gravierende Verschärfung des Wettbewerbs

Zur Lösung der beschriebenen Problemstellung sind Entscheidungsträger in den Unternehmen darauf angewiesen, beim Abgleich zwischen Qualität und Kosten unterstützt zu werden. Dies muß insbesondere durch die problemorientierte Aufbereitung von Informationen erfolgen. Ein geeignetes Instrument hierzu ist das Qualitätscontrolling.

Controlling unterstützt Abgleich zwischen Qualität und Kosten

Das Verständnis über die Aufgaben eines Controlling ist in der Praxis jedoch sehr unterschiedlich. Es reicht von der Buchhaltung bis zum eigentlichen Management (Eschenbach 1994, S.49). Ebenso ist die wissenschaftliche Definition des Begriffes Controlling nicht eindeutig. „Jeder hat seine eigene Vorstellung darüber, was Controlling bedeutet oder bedeuten soll, nur jeder meint etwas anderes" (Preißler 1995, S. 10)."

Es herrschen verschiedene Auffassungen über das Controlling

Erweiterung des Controllingbegriffes um den Entscheidungsbezug

Aufgrund der Verwandtschaft zum englischen Wortstamm „Control" wurde unter Controlling im deutsprachigen Raum zunächst nur eine Kontrolltätigkeit verstanden (Schierenbeck 1995, S. 114; Reichmann 1995, S. 1). Der Controllingbegriff wurde dann schrittweise um den Entscheidungs- und Informationsbezug erweitert (Horvàth 1994, S. 69; Reichmann 1995, S. 1). Heute versteht man unter Controlling, die Unterstützung der Planung und Kontrolle durch die problemorientierte Informationsversorgung und Koordination. Hierdurch soll die Effizienz und Effektivität der Unternehmensführung gesteigert werden (vgl. Preißler 1995, S. 11f; Weber 1995, S. 50; Horvàth 1994, S. 108; Hahn 1994, S. 167).

1. Controllingfunktion: problemorientierte Informationsverarbeitung

Zur Erfüllung dieser Aufgabe übernimmt das Controlling im wesentlichen drei Funktionen. Mit der Hilfe der ersten Funktion unterstützt das Controlling das Management durch eine problemorientierte Informationsverarbeitung (Niedermayr 1994, S. 64). Dies kann initiativ oder auf Anfrage erfolgen (Eschenbach 1994, S. 87f.).

2. Controllingfunktion: Sicherstellung des Informationsflusses zur Schließung eines Regelkreises

Die Ergebnisse eines Entscheidungsprozesses müssen für nachfolgende Aktivitäten im Rahmen der Planung und Kontrolle problemorientiert aufbereitet und bereitgestellt werden. Diese Aufgabe erfüllt die Integrationsfunktion. Sie stellt einen ziel- und problemorientierten Informationfluß im Sinne eines Regelkreises sicher (Hahn 1994, S. 46; Eschenbach 1994, S. 83).

3. Controllingfunktion: Abstimmung verschiedener Entscheidungsprozesse und Aktivitäten

Die letzte wesentliche Funktion des Controlling ist die Koordinationsfunktion. Sie ist erforderlich, da in jedem Unternehmen viele Entscheidungsprozesse und Aktivitäten parallel vollzogen werden. Das Controlling muß die Abstimmung dieser Aktivitäten schon zu einem frühen Zeitpunkt der Planungsphase koordinieren, um die Effizienz und Effektivität der durchgeführten Aktivitäten sicherzustellen (Horvàth 1994, S. 108).

1. Aufgabe des Qualitätscontrolling: Bereitstellung qualitäts- und kostenrelevanter Informationen

Für das Qualitätscontrolling ergeben sich hieraus im wesentlichen vier Aufgaben (s. Abb. 1). Den Verantwortlichen müssen zweckorientierte, planungs- und entscheidungsrelevante Qualitäts- und Kosteninformationen bereitgestellt werden. Dies hat sowohl retro- als auch prospektiv zu erfolgen. Die Informationen sind in Form von komprimierten, übersichtlichen Darstellun-

gen aufzubereiten. Hierzu eignen sich insbesondere
Kennzahlen und Diagramme.

Neben der Aufbereitung qualitäts- und kostenrelevanter Daten muß das Qualitätscontrolling die Planung
der Aktivitäten im Qualitätsmanagement unterstützen.
Grundvoraussetzung hierfür ist die Bewertung von
Handlungsalternativen. Im Sinne von Investitionsentscheidungen ist hier zu beurteilen, inwieweit Maßnahmen zur Steigerung der Qualität und Senkung der Kosten beitragen. Um Aktivitäten aufeinander abzustim-
men, ist darüber hinaus die Dokumentation der Aktivitäten in Plänen und Programmen erforderlich.

*2. Aufgabe des
Qualitätscontrolling:
Bewertung von Quali-
tätsmanagementmaß-
nahmen*

Abb. 1: Funktionen des Qualitätscontrolling

Im Rahmen des vom BMBF geförderten Verbundprojektes sind von den beteiligten Unternehmen und
Forschungsinstituten   Qualitätscontrollingkonzepte
erarbeitet worden, die die oben beschriebenen Funktionen in unterschiedlich starker Ausprägung wahr-
nehmen, um einen optimalen Abgleich zwischen Qualität und Kosten zu gewährleisten. Hierbei ist der oben
angesprochenen gesteigerten Prozeßorientierung in
der Produktionswirtschaft Rechnung getragen worden.
Prozesse sind als die wesentlichen Steuerungsgrößen
für Qualität und Kosten verstanden worden (vgl.
Eversheim et al. 1994). Hier müssen die Daten gewonnen werden, die das Controlling zu Informationen problemorientiert weiterverarbeitet.

*Erarbeitung eines
prozeßorientierten
Qualitätscontrolling*

Zunächst methodische
Erläuterung

Das vorliegende Buch verfolgt zwei Ziele. Zum einen soll der Leser bei der Übertragung der Konzepte auf seine unternehmensspezifischen Problemstellungen unterstützt werden. Dies gewährleistet die einfache und systematische Beschreibung der Methoden, die den ersten Teil eines jeden Kapitels bilden. Auf eine detaillierte Erläuterung theoretischer Konzepte zum Qualitätscontrolling wird in diesem Buch bewußt verzichtet. Die Problemlösungen werden problemspezifisch erläutert. Hierdurch wird der Praxisbezug der vorgestellten Ergebnisse für den Leser gesteigert.

Dann Darstellung der
Praxiserfahrungen

Zum anderen werden die Erfahrungen bei der Implementierung und Anwendung der Ergebnisse in Fallbeispielen beschrieben. Hierdurch wird kleinen und mittelständischen Unternehmen der Nutzen eines prozeßorientierten Qualitätscontrolling für eine kosten- und qualitätsoptimale Produktgestaltung verdeutlicht.

1.2
Praxisorientierte Fallbeispiele

Die erarbeiteten Controllingkonzepte beziehen sich auf verschiedene industrielle Problemstellungen. Durch diese Fokussierung der Inhalte eines jeden Buchkapitels wird die Praxisrelevanz sichergestellt. Um trotzdem ein breites Spektrum abzudecken, sind Aufgabenstellungen entlang des gesamten Qualitätskreises behandelt worden (Abb. 2). Für einen schnellen Einstieg in spezielle Problemstellungen werden die wesentlichen Inhalte der Buchkapitel im folgenden kurz erläutert.

Darstellung der Controll-
lingkonzepte entlang des
Qualitätskreises

Der Qualitätskreis orientiert sich an den Phasen der Produktentwicklung, -herstellung und der Nutzung des Produktes mit den darauf bezogenen Serviceaktivitäten eines Unternehmens. Innerhalb jeder Phase können das Qualitätsmanagement und das unterstützende Qualitätscontrolling Beiträge zur Erreichung der Qualitäts- und Kostenziele leisten.

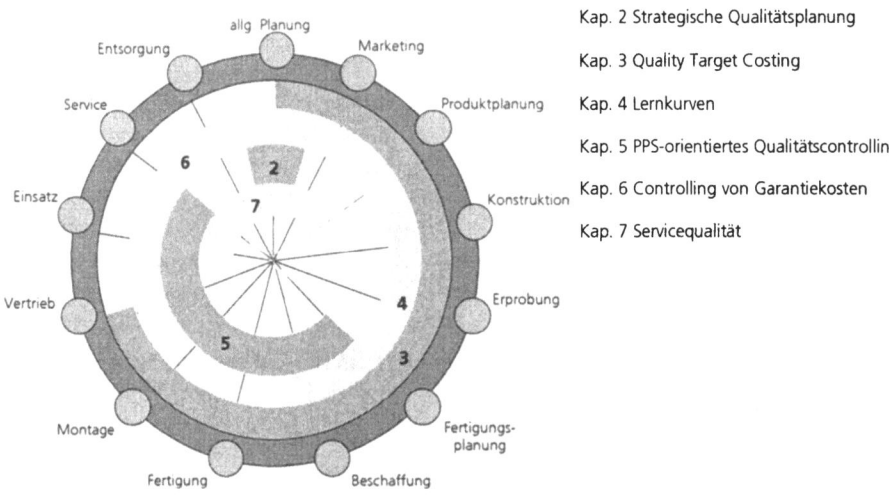

Kap. 2 Strategische Qualitätsplanung

Kap. 3 Quality Target Costing

Kap. 4 Lernkurven

Kap. 5 PPS-orientiertes Qualitätscontrolling

Kap. 6 Controlling von Garantiekosten

Kap. 7 Servicequalität

Abb. 2: Einordnung der behandelten Themen in den Qualitätskreis

1.2.1
Kapitel 2: Strategische Qualitätsplanung

Erster Abschnitt des Qualitätskreises ist die allgemeine Planung. Innerhalb dieser Phase werden im Rahmen der Strategischen Qualitätsplanung die qualitätsrelevanten Erfolgspotentiale identifiziert und Qualitätsstrategien entwickelt. In der Praxis ist die Umsetzung strategischer Qualiätsziele in operative Vorgaben und damit die Ausschöpfung der identifizierten Potentiale jedoch problematisch. Hier ist es Aufgabe eines Qualitätscontrolling, das Management bei der Findung und Formulierung operationalisierbarer Sollvorgaben zu unterstützen.

Identifizierung von Erfolgspotentialen und Qualitätsstrategien

Aus diesem Grunde werden in Kap. 2 Instrumente zur Erhebung von Informationen für die strategische Qualitätsplanung entwickelt und die Ableitung einer Qualitätsstrategie mit geeigneten Methoden der Analyse und Strategieableitung unterstützt. Dabei steht die Erhebung langfristiger Kundenanforderungen und qualitätsrelevanter Umfeldtrends im Vordergrund. Das erarbeitete Konzept wurde gemeinsam mit einem Industrieunternehmen der Werkzeugmaschinenbranche umgesetzt.

Unterstützung bei der Erfassung und Strukturierung strategischer Qualitätsdaten

1.2.2
Kapitel 3: Quality-Target-Costing

Strategische Qualitätsziele müssen operationalisiert werden. Hierzu ist das Quality-Target-Costing eine geeignete Methodik.

Target-Costing bewährte Methode zur kundengerechten Produktplanung

Das Target-Costing ist eine etablierte Methodik zur Unterstützung der Planung kundengerechter Produkte. Der Ansatz der unbedingten Erfüllung der Kundenanforderungen und somit der Sicherstellung der Produkt- und Prozeßqualität ist dieser Methodik implizit. In vielen Praxisprojekten ist bereits gezeigt worden, daß die Kundenorientierung der Produktentwicklung verbessert, die Entwicklungszeiten verkürzt und die Variantenvielzahl reduziert werden konnten.

Durchführung für Mittelständler sehr aufwendig

Bei der Anwendung dieser Methodik zeigt sich jedoch, daß die Durchführung der einzelnen Schritte sehr aufwendig ist. Hier ergibt sich insbesondere für kleine und mittelständische Unternehmen ein Problem. Sie sind aufgrund des verschärften Wettbewerbs oft nicht in der Lage, die erforderlich Kapazitäten bereitzustellen. Aus diesem Grunde werden in Kap. 3 Instrumente vorgestellt, die eine effektive Durchführung des Target-Costing erlauben, ohne jedoch den Qualitätsgedanken zu vernachlässigen.

Steigerung der Effizienz durch Methodenmodifiktion

In verschiedenen Projekten mit mittelständischen Unternehmen sind die entwickelten Methoden eingesetzt und erprobt worden. Insbesondere die Conjoint-Analyse wurden modifiziert und hinsichtlich ihres Aufwandes stark reduziert. Es wurde hierdurch bei den Projektpartnern eine deutliche Steigerung der Effizienz der Produktplanung erreicht.

1.2.3
Kapitel 4: Lernkurven

Neben dem Quality-Target-Costing eignen sich ebenso Lernkurven für die Operationalisierung von Qualitäts- und Kostenzielen. Wird jedoch beim Quality-Target-Costing vornehmlich das Produkt betrachtet, können Lernkurven auch bei der Entwicklung der Prozeßqualität eingesetzt werden.

Lernkurven als Controllinginstrument

Lernkurven sind ein geeignetes Instrument, um auf der einen Seite Verbesserungspotentiale zu identifizieren und auf der anderen Seite realistische Zielvorgaben zu definieren.

In Kap. 4 wird für die stückzahlbezogenen Produktivitätssteigerungen ein rechnergestütztes Planungssystem entwickelt, das die Planung von Lernkurven unterstützt und durch die effiziente Fehlerdatenerfassung und -auswertung eine zielgerichtete Beseitigung der Fehler unter Wirtschaftlichkeitsgesichtspunkten ermöglicht. Dazu werden in einer zentralen Datenbank die Fehlerdaten aus der Fertigung von den nachfolgenden Abteilungen durch spezifische Angaben, wie z. B. Nacharbeitsaufwand oder zusätzlich benötigtes Material, ergänzt. Die so gewonnenen stückzahlbezogenen Daten bilden die Basis für die Planung von Verbesserungsmaßnahmen zum Erreichen der Lernkurven. Dieses basiert auf der Erkenntnis, daß die Lernkurven direkt auf prozeß- und produktbezogene Verluste, bzw. deren Beseitigung, zurückzuführen sind.

Identifizierung von Kostensenkungspotentialen

Die Lernkurven sind somit zum einen eine Vorgabe für die Entwicklung der Prozeß- und Produktqualität. Zum anderen dienen sie als konkretes Werkzeug, das Erfahrungswerte gezielt einbezieht, der Umsetzung der Produktvorgaben aus der strategischen Qualitätsplanung. Die Erfahrungen aus dem Einsatz des entwickelten Konzepts zeigen, daß die systematische und problemorientierte Situationsanalyse unterstützt wird. Darüber hinaus wird durch die Abbildung der tatsächlichen Kosten-, Kapazitäts- und Fehlerverläufe eine höhere Planungsgenauigkeit und -akzeptanz erreicht.

Steigerung der Planungsgenauigkeit

1.2.4
Kapitel 5: PPS-orientiertes Qualitätscontrolling

Das PPS-orientierte Qualitätscontrolling erfüllt insbesondere die Informationsfunktion. Schwerpunkt der Betrachtungen bildet die Auftragsabwicklung. Hier müssen alle relevanten Daten aufbereitet werden, die für die Schaffung einer guten Datenbasis unter anderem auch für die Generierung von Lernkurven erforderlich sind. Zur effizienten Unterstützung des Qualitätscontrolling in der Produktion ist eine EDV-technische Erfassung, Verarbeitung und Verwaltung der benötigten Daten erforderlich. Durch die Nutzung vorhandener betrieblicher Informationssysteme läßt sich der damit verbundene Aufwand minimieren. Hierbei bieten sich insbesondere Produktionsplanungs- und -steuerungssysteme an. Sie enthalten bereits zahlreiche wichtige Daten für das Qualitätscon-

Verbesserte Informationsversorgung auf Basis bestehender Informationssysteme trolling und weisen Schnittstellen zu CAQ- und KLR-Systemen auf.

Realisierung eines Regelkreises zur kontinuierlichen Qualitätsverbesserung

Das unternehmensinterne Qualitätscontrolling-Informationssystem ermöglicht die Realisierung eines Regelkreises zur kurz- und mittelfristigen Planung und Steuerung der unternehmensinternen Qualitätssicherungsmaßnahmen. Die Datenbasis stellen hauptsächlich die verwendeten PPS-Systeme dar. Das Fallbeispiel beschreibt die Realisierung des Informations-Systems bei einem Textilunternehmen. Da ein eigenentwickeltes PPS-System auf der Basis einer Oracle-Datenbank vorliegt, konnten die Funktionen des Qualitätscontroing vollständig in das System integriert werden.

1.2.5
Kapitel 6: Controlling von Garantiekosten

Neben der Strategischen Qualitätsplanung und der Auftragsabwicklung sollen in diesem Buch auch Konzepte vorgestellt werden, die ein prozeßorientiertes Controlling in der Nutzungsphase sicherstellen. In Kapitel 6 liegt der Schwerpunkt daher auf den während der Nutzungsphase anfallenden Garantiekosten.

Zur systematischen Reduzierung der Garantiekosten bedarf es eines Instrumentariums, das die Steuerung der entscheidenden Einflußfaktoren - nämlich die Kosten für die Reklamationsbearbeitung und die Zuverlässigkeit des Produktes - unterstützt. Hierzu haben das Fraunhofer-Institut für Produktionstechnologie IPT, Aachen und die Scheidt & Bachmann GmbH ein Garantiekostencontrolling entwickelt.

Reduzierung der Garantiekosten durch Reorganisation des Reklamationsmanagement

Eine optimierte Gestaltung des Reklamationsmanagement unterstützt die Ausschöpfung zusätzlicher Differenzierungspotentiale eines Unternehmens. Hiermit sind jedoch erhebliche Kosten insbesondere im Rahmen der Garantie verbunden. Durch die effektivere Gestaltung der Prozesse können die Kosten in der Reklamationsbearbeitung um bis zu 30% gesenkt werden. Dies wird durch die Vereinfachung der Abläufe, die Transparenzsteigerung der Garantieentscheidung und die Unterstützung der Abläufe durch ein DV-System erreicht.

Kontinuierliche Verbesserung der Produktqualität durch Felddatenbasiertes Präventionsmanagement

Die im Feld erfaßten Informationen sind zudem wesentliche Grundlage für die Identifizierung von Fehlerschwerpunkten und die Ableitung von Maßnahmen zur Produktverbesserung. Dazu wurde ein

Die im Feld erfaßten Informationen sind zudem wesentliche Grundlage für die Identifizierung von Fehlerschwerpunkten und die Ableitung von Maßnahmen zur
Produktverbesserung. Dazu wurde ein DV-System entwickelt, daß auf Basis der Daten verschiedener CAx-
Applikationen die Schwachstellenanalyse unterstützt
und die Simulation von Maßnahmen zur Qualitätsverbesserung und deren technische und wirtschaftliche
Bewertung ermöglicht. Eine solche systematische Aufbereitung von Reklamations- und Produktionsdaten ist
wesentliche Voraussetzung zur Identifizierung von
Fehlerursachen. Die Kenntnis der Korrelation zwischen
Produktions- und Reklamationsdaten ist Grundstein
für ein effektives Präventionsmanagement.

*Kontinuierliche Verbes-
serung der Produktquali-
tät durch Felddatenba-
siertes Präventionsmana-
gement*

1.2.6
Kapitel 7: Servicequalität

Werden in Kapitel 6 vornehmlich harte Faktoren im
Feldeinsatz anlaysiert und planungsrelevant aufbereitet, steht in Kapitel 7 die schwer meßbare Größe der
Kundenzufriedenheit im Vordergrund. Der Leser erhält
Aufschluß über die Vorgehensweise bei der Vorberei-
tung und Durchführung einer Erhebung der Kundenzufriedenheit sowie der Analyse der Ergebnisse zur
Formulierung von Servicestrategien. Dabei wird eine
Anleitung zur Messung der Qualität einzelner Serviceprozesse und ihrer Merkmale gegeben. Zudem wird
gezeigt, wie diese Ergebnisse durch interne Verbesse-
rungsprozesse und ein kontinuierliches Kundenzufriedenheits-Monitoring in langfristige Steigerungen der
Servicequalität umgesetzt werden können.

*Kundenzufriedenheits-
analyse Grundlage für die
Verbesserung der Ser-
vicequalität*

Basis einer kundenorientierten Ausrichtung des
Servicebereichs ist die Feststellung der Kundenzufriedenheit. Gemeinsam mit der Gildemeister Drehmaschinen GmbH wurde vom Lehrstuhl für Betriebswirtschaftslehre mit Schwerpunkt Technologie- und Innovationsmanagement (TIM) der RWTH Aachen eine
Vorgehensweise zur Kundenzufriedenheitsanalyse entwickelt, welche auf einem detaillierten Fragebogen
basiert.. Der Fragebogen wurde von 74 Kunden der
Gildemeister Drehmaschinen GmbH beantwortet und
war die Basis für die Analyse des gesamten Servicebereichs, der einzelnen Serviceprozesse und ausgewählter
Kriterien der Servicequalität. Die Ergebnisse lassen
zudem erkennen, welche Serviceprozesse für Investi-

*Unterstützung bei der
Formulierung von Servi-
cestrategien*

tionsgüterhersteller eine besondere Wettbewerbsrelevanz besitzen.

1.3
Literatur

Buggert, W. (1995) Target Costing · Grundlagen und Umsetzung des Zielkostenmanagments. München: Hanser

Eschenbach, R. (1994) Controlling. Stuttgart: Schäffer-Poeschel

Eversheim, W.; Krumm, S.; Heuser, T.; Popp, W. (1993a) Prozeßorientierte Reorganisation der Auftragsabwicklung. VDI-Z

Eversheim, W.; Laschet, A. ; Foerst, J. (1993b) Betriebswirtschaftliche Aspekte des Qualitätsmanagements, in Hansen, G.; Jansen, H.; Kamiske, G. (Hrsg): Qualitätsmanagement im Unternehmen. Berlin: Springer

Eversheim, W.; Krumm, S.; Heuser, T. (1994) Ablauf- und Kostentransparenz · Methoden und Hilfsmittel zur Optimierung der Geschäftsprozesse. Oldenbourg: CIM Management

Hahn, P. (1994) PUK · Planung und Kontrolle · Planungs- und Kontrollrechnung. 4. Aufl. Wiesbaden: Gabler

Horváth, P. (1994) Controlling. 5. Aufl. München: Vahlen

Niedermayr, R. (1994) Entwicklungsstand des Controlling: System, Kontext und Effizienz. Wiesbaden: Dt. Universitätsverlag

Reichmann, T. (1995) Controlling mit Kennzahlen und Managementberichten · Grundlagen einer systemgestützten Controllingkonzeption. 4. Aufl. München: Vahlen

Schierenbeck, H. (1995) Grundzüge der Betriebswirtschaftslehre. 12. Aufl. München: Oldenbourg

Preißler, P.R. (1995) Controlling: Lehrbuch und Intensivkurs. 6. Aufl. Wien: Oldenbourg

Weber, J. (1995) Einführung in das Controlling. 6. Aufl. Stuttgart: Schäffer-Poeschel

2 Strategische Qualitätsplanung

H.-H. Schröder, A. Zenz, G. Schymetzki

Mit der strategischen Qualitätsplanung wurde im Verbundprojekt eine Funktion des betrieblichen Qualitätsmanagement untersucht, deren Potential für den
Unternehmenserfolg in der Praxis bislang nur unzurei-
chend erschlossen ist. Dies ist um so erstaunlicher, als
die Qualität ihrer Produkte und Prozesse ein wichtiger
Einflußfaktor für die Wettbewerbsfähigkeit und den
Erfolg von Unternehmen ist.

Ziel dieses Beitrages ist es daher, ein Konzept der
strategischen Qualitätsplanung und dessen Instrumente zu erläutern, die bei einem mittelständischen Hersteller von Schleifmaschinen erprobt wurden. Dabei
konzentrieren sich die Ausführungen auf die strategische Planung der Produktqualität.

Durch die Gestaltung der strategischen Qualitätsplanung und die Kopplung mit den anderen Teilsyste-
men des strategischen Qualitätsmanagement wird die
Koordinationsfunktion des Qualitätscontrolling wahrgenommen (Horváth 1994, S. 122ff.; Weber 1995, S. 50).

Der Beitrag zielt auf die Darstellung ungenutzter Potentiale der Qualitätsplanung ab

2.1
Bedeutung und Stellung der strategischen Qualitätsplanung

Die Analyse der Erfolgswirkungen der Qualität ist Gegenstand vielfältiger empirischer Forschungsarbeiten
gcwcscn. Erwöhnung verdient wegen ihrer umfangreichen Datenbasis dabei insbesondere die PIMS-Studie,
der zufolge Qualität den Erfolg einerseits als „Kostenhebel" über die Senkung der Nonkonformitätskosten
positiv beeinflußt; andererseits wirkt eine überlegene
Qualität der Produkte über eine engere Kundenbindung, Marktanteilssteigerungen und höhere erzielbare
Preise auch als „Umsatztreiber" (Buzzell u. Gale 1989, S.

Qualität ist ein strategischer Erfolgsfaktor

89ff.) und trägt durch *Differenzierung* eines Unternehmens von seiner Konkurrenz in starkem Maße zum Unternehmenserfolg bei (Schmitz 1996, S.225ff.). Auch in den zahlreichen empirischen Untersuchungen zu den Bestimmungsgrößen des Erfolges von Produktinnovationen wurde die *starke Erfolgswirkung einer relativen Überlegenheit* gegenüber Konkurrenzprodukten durchgängig bestätigt (Montoya-Weiss u. Calantone 1994, S. 410).

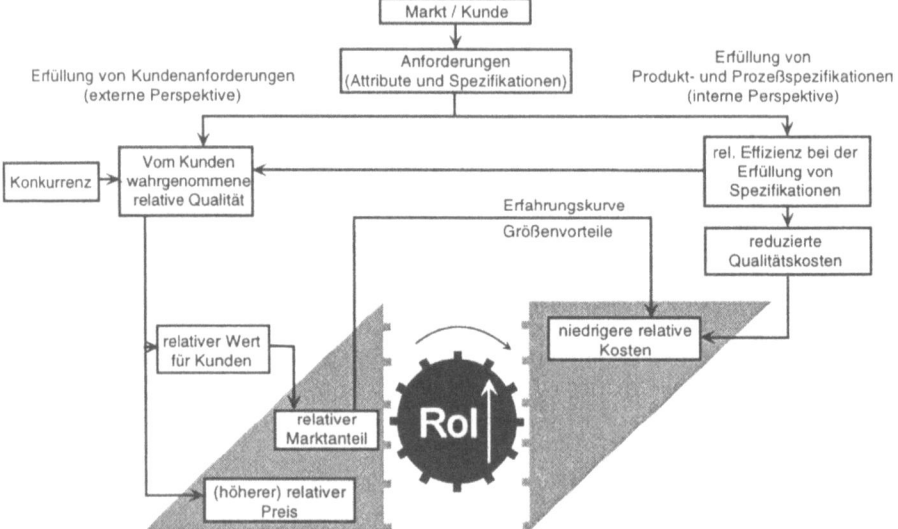

Abb. 2.1: Die Erfolgswirkung der Qualität als „Kostenhebel" und „Umsatztreiber" (nach Gale u. Buzzell 1989, S. 7)

Die strategische Qualitätsplanung bestimmt die Ausschöpfung des Erfolgspotentials Qualität	Die Ausschöpfung dieses Erfolgspotentials obliegt dem strategischen Qualitätsmanagement, insbesondere der strategischen Qualitätsplanung, deren Bedeutung durch Untersuchungen bei Unternehmen in Europa und Japan empirisch nachgewiesen wurde: *Umfassende, planungsorientierte Qualitätsmanagementsysteme* waren im Vergleich zu engen und nur kontrollorientierten Systemen positiv mit dem finanziellen Unternehmenserfolg korreliert (Rommel et al. 1994).
Das strategische Qualitätsmanagement in der Praxis ist noch verbesserungsbedürftig!	Veranlaßt durch die Erkenntnis der hohen Bedeutung der Qualität für die Wettbewerbsfähigkeit haben sich in den letzten Jahren zunehmend Unternehmen mit dem Qualitätsmanagement befaßt. Insbesondere auf Grund der Zertifizierungswelle nach den Qualitäts-

sicherungsnormen der DIN ISO 9000 ff. besitzt ein großer Teil der Unternehmen heute eine *Qualitätspolitik* und durch die Geschäftsleitung festgesetzte, allgemeine Qualitätsziele. Diese *generellen Qualitätsziele* dienen *als Leitlinien* und zur Begründung einer qualitätsorientierten Unternehmenskultur. Sie eignen sich jedoch selten als Basis für die unmittelbare Ableitung konkreter Qualitätsstrategien (Müller u. Zenz 1996).

Hinsichtlich operationalisierbarer strategischer Qualitätsziele besteht ein *Praxisdefizit*. Damit mangelt es auch an einer Verbindung der operativen Qualitätsplanung mit der Qualitätspolitik von Unternehmen. Dieses Praxisdefizit ist auf fehlende Konzepte und eine unzureichende Methodik der strategischen Qualitätsplanung zurückzuführen. Zur Beseitigung dieser Lücken beizutragen, ist Ziel dieses Beitrages.

Operationalisierte strategische Qualitätsziele werden selten entwickelt

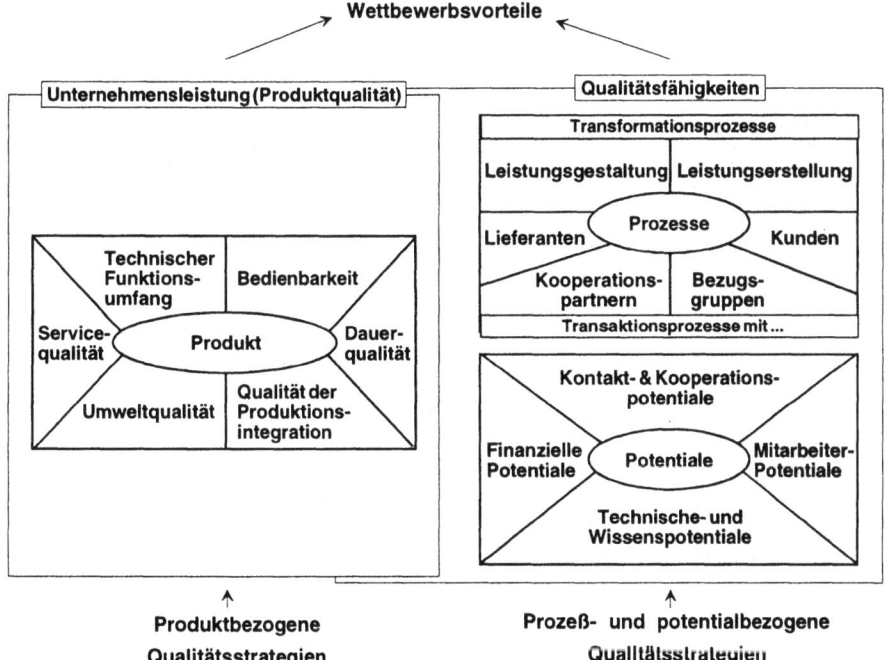

Abb. 2.2: Ansatzpunkte einer Qualitätsstrategie: Potentiale, Prozesse und Produkte des Unternehmens

2.2
Konzept der strategischen Qualitätsplanung

Die strategische Quali-
tätsplanung ist an inter-
nen und externen quali-
tätsbasierten Erfolgspo-
tentialen orientiert

Die *strategische Qualitätsplanung* dient der Identifikation, Schaffung und Erhaltung *qualitätsbasierter Erfolgspotentiale* sowie der *Entwicklung von Qualitätsstrategien*, die Unternehmen helfen, qualitätsbasierte
Erfolgspotentiale in tatsächliche Wettbewerbsvorteile
umzuwandeln. Die *Wettbewerbsvorteile* entstehen zum
einen durch Differenzierung über die nachhaltig überlegene Qualität der Unternehmensleistung am Markt,
zum anderen durch Effizienzvorsprünge über die internen Qualitätsfähigkeiten. Somit ergeben sich zwei
strategische Handlungsfelder für das Qualitätsmanagement, die durch produktbezogene sowie prozeß- und
potentialbezogene Qualitätsstrategien gestaltet werden
(Abb. 2.2).

2.2.1
Qualitätsfähigkeiten als strategische Planungsobjekte

Qualitätsfähigkeiten
beruhen einerseits auf der
Qualität der Prozesse

Die Realisierung von Wettbewerbsvorteilen kann zunächst auf der Qualität interner Prozesse und Potentiale, den *Qualitätsfähigkeiten*, beruhen (Schmitz 1996,
S. 22ff.). Dabei beinhalten die *Prozesse* nicht nur alle
wertschöpfenden Prozesse der Gestaltung und Herstellung von Produkten sowie deren Pflege durch Serviceleistungen. Auch die Qualität der Prozesse mit
Kontakt zu Externen trägt zu den Qualitätsfähigkeiten
eines Unternehmens bei: zu nennen sind z. B. die Qualität der Transaktionen mit Kunden und Lieferanten
oder dem Staat und der Gesellschaft.

Auch Unternehmenspo-
tentiale stellen die Basis
für Qualitätsfähigkeiten
dar

Die *Potentiale* umfassen neben den Humanpoten-
tialen (z. B. Mitarbeiterqualifikation), den technisch-
wissenschaftlichen (z. B. Versuchsanlagen) und den
finanziellen Potentialen auch die Kontakt- und Koope-
rationspotentiale eines Unternehmens (z. B. die Kun-
dennähe oder die Innovationsfähigkeit von Zuliefe-
rern).

Qualitätsfähigkeiten
wirken direkt auf die
Unternehmenseffizienz
und indirekt auf die Pro-
duktqualität

Die Potential- und Prozeßqualität (Qualitätsfähigkeiten) beeinflußt die Wettbewerbsposition eines Unternehmens in zweierlei Hinsicht: sie wirkt einerseits
direkt über die Effizienz der Prozesse und andererseits
indirekt über die Qualität der Unternehmensleistung
(Produktqualität).

Die Bedeutung der Qualitätsfähigkeiten - insbesondere als „enabler"[1] für die Qualität der Unternehmensleistung - wird durch ihre Rolle in den zahlreichen Modellen für Qualitätspreise wie den European Quality Award und den Malcolm Baldridge National Quality Award unterstrichen (Hummeltenberg 1995).

Im Rahmen der strategischen Planung der Qualitätsfähigkeiten müssen Unternehmen zunächst die Qualitätsdimensionen der Schlüsselprozesse und -potentiale identifizieren, die die Qualität der Unternehmensleistung maßgeblich beeinflussen. Einen Analyserahmen für die Ermittlung relevanter Prozesse bietet das Wertkettenkonzept von Porter (1990, S. 41); der Identifikation der Potentiale kann die gängige Systematik der Produktionsfaktoren (Kern 1990, S. 17) zugrunde gelegt werden kann. Die einzelnen Qualitätsdimensionen der Potentiale und Prozesse können innerhalb dieser Konzepte auch marktorientiert nach ihrer prinzipiellen Wirkung auf die Produktqualität ermittelt werden. Hierzu bietet sich z. B. das Ishikawa-Diagramm an (Schwickert 1990, S. 27f.).

Qualitätsfähigkeiten müssen zunächst identifiziert werden, damit sie bewußt in die Planung einbezogen werden

In einem weiteren Schritt sind für diese Qualitätsdimensionen *Qualitätsziele* zu setzen, durch die Qualitätsniveaus für die Prozesse und Potentiale festgelegt werden. Die Qualitätsziele sind anhand von strategischen Qualitätskennzahlen (z. B. Anzahl von Kundenbeschwerden, Kundenzufriedenheit, Fehler- und Abweichungshäufigkeiten) meßbar und damit kommunizierbar zu machen, um sie der strategischen Steuerung durch die Unternehmensführung zugänglich zu machen (Kandaouroff 1994, S. 780f.).

Die Planung interner Qualitätsverbesserungen erfordert die Bestimmung von Zielen in den Qualitätsdimensionen voraus

Auf die Formulierung potential- und prozeßorientierter Qualitätsstrategien wird in diesem Beitrag nur am Rande und nur insoweit eingegangen, als es für die Ableitung der im Mittelpunkt stehenden produktbezogenen Qualitätsstrategien erforderlich ist.

---

[1] „Enabler" werden im European Quality Award alle Faktoren genannt, die zur Verbesserung der Ergebniskategorien des Qualitätspreises führen.

2.2.2
Produktqualität als strategisches Planungsobjekt

Im Markt entstehen Wettbewerbsvorteile durch überlegene Produktqualität

Wettbewerbsvorteile basieren andererseits auf der *Qualität von Produkten*. Dabei kann es angesichts der Notwendigkeit, operationalisierbare strategische Qualitätsziele zu formulieren, nicht genügen, lediglich pauschal und undifferenziert die Qualitätsführerschaft für neue Produkte als strategisches Ziel zu postulieren. Vielmehr gilt es, die Produktqualität differenziert in ihren verschiedenen Dimensionen - z. B. der technisch-funktionalen Qualität, der Dauerqualität, der Umweltqualität oder der Servicequalität - zu betrachten.

Die Produktqualität ist nicht pauschal, sondern differenziert zu planen

Diese *Qualitätsdimensionen* stellen die Planungs- und Steuerungsobjekte für das strategische Qualitätsmanagement im Handlungsfeld produktbezogener Qualitätsstrategien dar. Dementsprechend sind hinsichtlich jeder einzelnen Qualitätsdimension Ziele so zu formulieren, daß insgesamt einerseits eine möglichst nachhaltige *Differenzierung* gegenüber den Wettbewerbern, andererseits eine relativ günstige Kostenposition erreicht wird (Wildemann 1994, S. 21-23). Als Instrumente für die Lösung dieser Aufgabe bieten sich insbesondere Qualitätsportfolios an (Dögl 1986, S. 190ff., Wilken 1993, S. 91ff.), auf die als Planungsinstrument noch eingegangen wird.

2.2.3
Synthese zu einem Konzept der strategischen Qualitätsplanung

Verschiedene Einflußgrößen sind in der strategischen Qualitätsplanung zu berücksichtigen

Die Festlegung von Qualitätsstrategien wird nicht nur von den langfristigen Kundenbedürfnissen und den Anforderungen anderer Bezugsgruppen eines Unternehmens - gesellschaftlicher Gruppen oder des Staates - bestimmt: Die Formulierung der Qualitätsstrategien ist auch von der Wettbewerbsstrategie des betreffenden Unternehmens und von den Verhaltensweisen sowie den Strategien der Konkurrenz abhängig. Darüber hinaus sind die vorhandene Produktqualität und die gegebenen Qualitätsfähigkeiten eines Unternehmens zu berücksichtigen, deren Position im Verhältnis zur Konkurrenz zu bestimmen ist.

Produktbezogene sowie prozeß- und potentialbezogene Qualitätsstrategien können nicht unabhängig voneinander entwickelt werden, da z. B. die zukünftig angestrebte Produktqualität Verbesserungen auf der

Ebene der Qualitätsfähigkeiten notwendig machen kann. Gleichzeitig können die prozeß- und potentialbezogenen Qualitätsstrategien eine Restriktion für die Verbesserung der Produktqualität darstellen. Die strategische Planung der Qualitäten muß daher *simultan* erfolgen (Abb. 2.3).

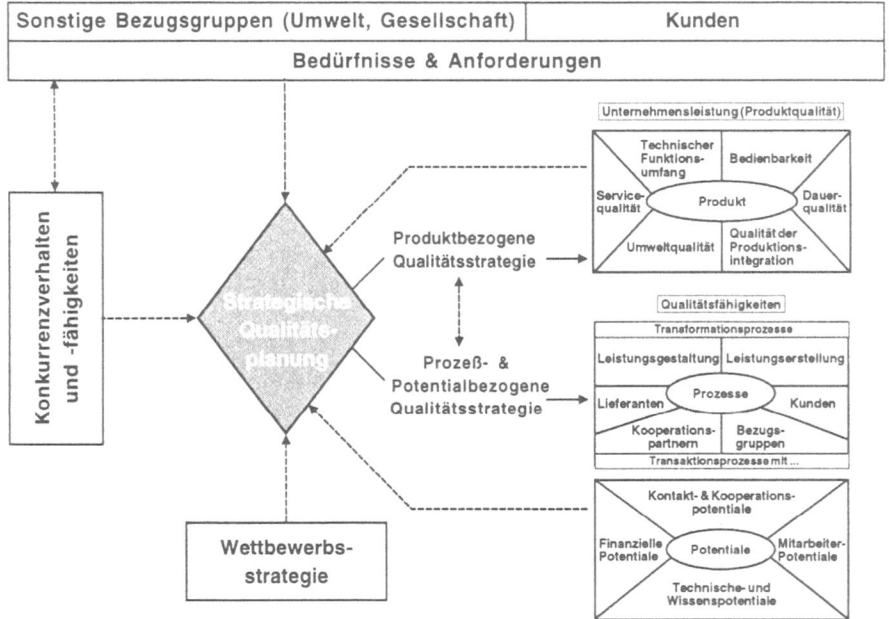

Abb. 2.3: Einflußfaktoren der strategischen Qualitätsplanung

Die Einflußgrößen der strategischen Qualitätsplanung können nur dann Berücksichtigung finden, wenn die strategische Qualitätsplanung im Unternehmen entsprechend strukturiert ist sowie durch eine geeignete Informationsversorgung und Planungsmethodik unterstützt wird.

Eine derartige Planungsstruktur wurde in der Form eines *Referenzprozesses* entwickelt (Zenz 1996). Er enthält über die Sollvorstellungen hinsichtlich der Prozeßstruktur der strategischen Qualitätsplanung hinaus Empfehlungen zu den benötigten Informationen sowie Methoden und Instrumente für die einzelnen Schritte der strategischen Qualitätsplanung (Abb. 2.4). Diese Struktur wird bei der näheren Erläuterung der pro-

Ein Referenzprozeß bietet eine Orientierung bei der Gestaltung der strategischen Qualitätsplanung

duktbezogenen strategischen Qualitätsplanung im folgenden zugrunde gelegt.

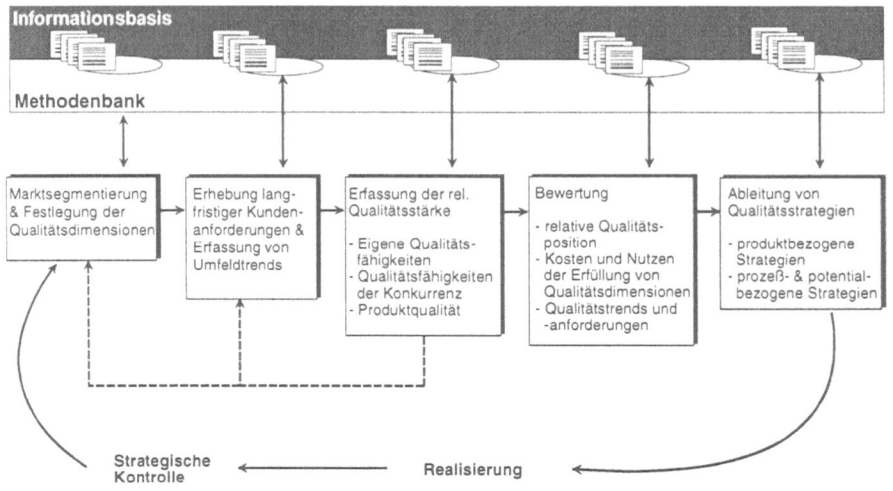

Abb. 2.4: Referenzprozeß der strategischen Qualitätsplanung

2.2.3.1
Marktsegmentierung und Festlegung der Qualitätsdimensionen

Qualitätsdimensionen eignen sich zur Operationalisierung der Produktqualität

Eine Voraussetzung für die Ableitung von produktbezogenen Qualitätsstrategien besteht darin, die Qualität von Produkten zu operationalisieren, um Qualität meßbar und in ihren einzelnen Facetten planbar zu machen. Die *Operationalisierung* wird durch die Zerlegung der Produktqualität in Qualitätsdimensionen erreicht. Sie beinhalten *eine Menge zusammengehöriger Qualitätsmerkmale.* Mit der Operationalisierung werden gleichzeitig die Objekte der strategischen Qualitätsplanung festgelegt.

Die Planung läuft ohne eine einheitliche Basis von Qualitätsdimensionen in die Irre

Ohne eine einheitliche Basis in Form von systematisch ermittelten Qualitätsdimensionen wird die Kommunikation zwischen den Planungsbeteiligten erschwert. Bei einer unstrukturierten, intuitiven Festlegung von Qualitätsdimensionen besteht zudem die Gefahr, wesentliche Aspekte zu vernachlässigen und jeweils unterschiedliche Vorstellungen von einem geplanten Neuprodukt und damit verbundenen Qualitätsanforderungen zu entwickeln. Weiterhin gerät ein

Vergleich mit Konkurrenzprodukten ohne einheitliche Kriterien zu einer willkürlichen Gegenüberstellung, so daß Differenzierungspotentiale nicht systematisch identifiziert werden können.

Als Ausgangspunkt für die Bestimmung der Qualitätsdimensionen können die in der Literatur genannten Kataloge dienen (Dögl 1986, S. 100ff., Garvin 1987). Sie sind jedoch stets unternehmensspezifisch an das Spektrum von Kundenproblemen und Nutzenerwartungen der (potentiellen) Kunden anzupassen; die Bestimmung der Qualitätsdimensionen ist insoweit also immer ein kreativer Akt. Einen Anhaltspunkt für die Anpassung bietet die Gegenüberstellung von (potentiellen) Kundenproblemen und Nutzenerwartungen einerseits und Qualitätsdimensionen andererseits. Dabei wird untersucht, ob zwischen den jeweiligen Kundenproblemen und den Nutzenerwartungen auf der einen Seite und den Qualitätsdimensionen auf der anderen Seite Beziehungen bestehen. Es muß gewährleistet sein, daß von jeder Qualitätsdimension Beiträge zur Lösung von Kundenproblemen und zur Befriedigung von Bedürfnissen geleistet werden. Ferner ist sicherzustellen, daß ein Beitrag mindestens einer Qualitätsdimension zur Lösung jedes Kundenproblems existiert. Schließlich sollten die Qualitätsdimensionen möglichst überschneidungsfrei sein.

> Die Qualitätsdimensionen müssen unternehmensspezifisch ermittelt werden - Kundenbedürfnisse sind dazu ein wichtiges Hilfsmittel

Die Qualitätsdimensionen wiederum können durch die einzelnen Qualitätsmerkmale als Indikatoren meßbar gemacht werden. Auch auf dieser Ebene der Operationalisierung sollten die Qualitätsmerkmale die zu messende Qualitätsdimension möglichst vollständig und voneinander unabhängig abbilden.

> Qualitätsdimensionen müssen meßbar gemacht werden

Die spätere Festlegung von Zielen in den jeweiligen produktbezogenen Qualitätsdimensionen beruht auf einer *Segmentierung der (potentiellen) Kunden* zwecks Bildung relativ homogener Kundengruppen mit ähnlichen Nutzenerwartungen. Zur Unterstützung bei der Marktsegmentierung können verschiedene Verfahren zur Abgrenzung der Kundengruppen auf Basis quantitativer Marktdaten, z. B. die Conjoint- und Clusteranalyse, eingesetzt werden (Mühlbacher et al. 1996, S. 211).

> Die Marktsegmentierung schafft die Grundlage für eine marktentsprechende Planung der Produktqualität

Die Marktsegmentierung ist eine der strategischen Qualitätsplanung vorgelagerte Aufgabe. Es ergeben sich aber insbesondere durch Aktivitäten innerhalb der strategischen Qualitätsplanung Rückkopplungen zur

Marktsegmentierung (s. Abb. 2.4). Z. B. kann die Erhebung neuer oder zusätzlicher Nutzenerwartungen der Kunden oder eine Veränderung des Leistungsangebotes der Konkurrenz zu einer Veränderung der Segmente führen.

2.2.3.2
Erhebung langfristiger Kundenanforderungen und Erfassung von Umfeldtrends

Langfristige Anforderungen an Neuprodukte und allgemeine Umfeldtrends werden erhoben, um Qualitätsanforderungen zu bestimmen

Eine zentrale Aufgabe der strategischen Qualitätsplanung ist die Erhebung und Analyse der langfristigen Anforderungen an ein Neuprodukt. Die Qualitätsanforderungen werden zum einen durch die *Anforderungen der Kunden* an die einzelnen Qualitätsdimensionen des Produktes bestimmt. Zum anderen werden Qualitätsanforderungen durch *allgemeine Trends* ökonomischer, technischer, ökologischer oder rechtlich-politischer Art beeinflußt, die die Anforderungen der sonstigen Bezugsgruppen eines Unternehmens zum Ausdruck bringen (s. Abb. 2.3). Diese exogenen Trends können auch die Kundenanforderungen langfristig verändern und haben hinsichtlich der Kundenanforderungen die *Funktion von Frühaufklärungsinformationen*. So lassen sich z. B. durch die Berücksichtigung ökologischer Trends oder sich abzeichnender Verschärfungen der Umweltschutzgesetzgebung Veränderungen der Kundenanforderungen voraussehen, bevor die Mehrheit der Kunden sich dieser Anforderungen überhaupt bewußt ist oder sie im Beratungs- und Entscheidungsprozeß für den Kauf eines neuen Produktes explizit formuliert. Zur Erfassung der Trends können Umfeldanalyse- und Prognosemethoden eingesetzt werden (Schröder 1989, Wolfrum 1994, S. 177ff., Geschka 1995, S. 630ff)

Das Need Assessment ist ein geeignetes Instrumentarium für die Erfassung von Kundenbedürfnissen

Zur Versorgung mit Informationen über die Kundenbedürfnisse bietet das *„need assessment"*[2] wichtige Instrumente an: Sie reichen von wenig aufwendigen Instrumenten mit geringer Kunden-Anbieter-Interaktion, wie der Auswertung von Kundenbeschwerden und -anfragen, bis hin zu aufwendigen Konzepten mit intensiver Kunden-Anbieter-Interaktion. Zu letzteren Instrumenten und Konzepten zählen z.B. die Anwen-

---

[2] Das „need assessment" umfaßt alle Instrumente zur Ermittlung von Anwenderbedürfnissen und -problemen.

derbefragung, die Kundenproblemanalyse, Kreativitäts-
sitzungen mit Kunden und die vorübergehende Be-
schäftigung eigener Mitarbeiter bei Kunden (Herstatt
1991, S. 57ff., Raabe 1993, S. 148ff.).

Die Auswahl der Kunden zur Erfassung langfristiger
Kundenanforderungen stellt ein Problem dar, von dessen Lösung letztlich auch die Güte des Inputs für die
strategische Qualitätsplanung abhängt. Als Quelle für
die Ermittlung von Kundenanforderungen kommen
neben den Endkunden auch Absatzmittler (Händler)
oder sogar Experten des eigenen Vertriebs in Frage.

Die Auswahl der Kunden für die Erhebung bestimmt maßgeblich den Wert der Informationen

Für den Investitionsgüterbereich oder den Bereich
industrieller Dienstleistungen bietet das *„Lead User"*-
Konzept (von Hippel 1986) Hilfestellung bei der Auswahl von Kunden als Quelle für die Erhebung langfristiger Kundenanforderungen und Trends. Als „Lead
User" werden Anwender neuer Produkte, Verfahren
und Dienstleistungen verstanden,

Lead User dienen als Quelle langfristiger Qualitätsanforderungen

– die sich neuer Probleme und daraus resultierender,
  neuer und veränderter Bedürfnisse früher bewußt werden als die Mehrheit der Anwender, und
– die von Lösungen für diese Anwendungsprobleme und
  einer Befriedigung ihrer Bedürfnisse wirtschaftlich besonders profitieren (von Hippel 1986, S. 796).

Die Interaktion mit „Lead User"-Kunden weist insbesondere in komplexen Investitionsgütermärkten eine
große Bedeutung für die Identifikation langfristiger
Kundenanforderungen auf: Zum einen existieren in
derartigen Märkten vielfach Anwender mit frühen
Erfahrungen oder Kenntnissen über neue Bedürfnisse
und Anwendungslösungen (Rogers 1983, S. 247), so daß
frühzeitige Erkenntnisse über die Kundenanforderungen gewonnen werden können. Zum anderen ist die
Identifikation dieser Anwender aufgrund der geringen
Anzahl von Marktteilnehmern im Vergleich zu Kon-
sumgütermärkten relativ einfach. Dabei werden die
jeweiligen „Lead User" in der Regel nur für bestimmte
Trendbereiche oder Anforderungen befragt.

Lead User bieten gerade im Investitionsgüterbereich eine geeignete Möglichkeit der Marktforschung

Neben der Quelle der zu ermittelnden Kundenanforderungen sind die Anzahl und Art der Erhebungen
(z. B. schriftliche oder mündliche Befragung, Einzel-
oder Gruppeninterviews) festzulegen.

Die langfristigen Anforderungen und die exogenen
Trends können für einzelne Kunden in *Qualitätstrend-
Profilen* visualisiert werden. Für eine zusammenfassen-

Informationen sind geeignet zu verdichten

de Darstellung bieten sich *Qualitätstrend-Diagramme* an, die die Verteilung der Einschätzungen aller Kunden wiedergeben (s. Abb. 2.5).

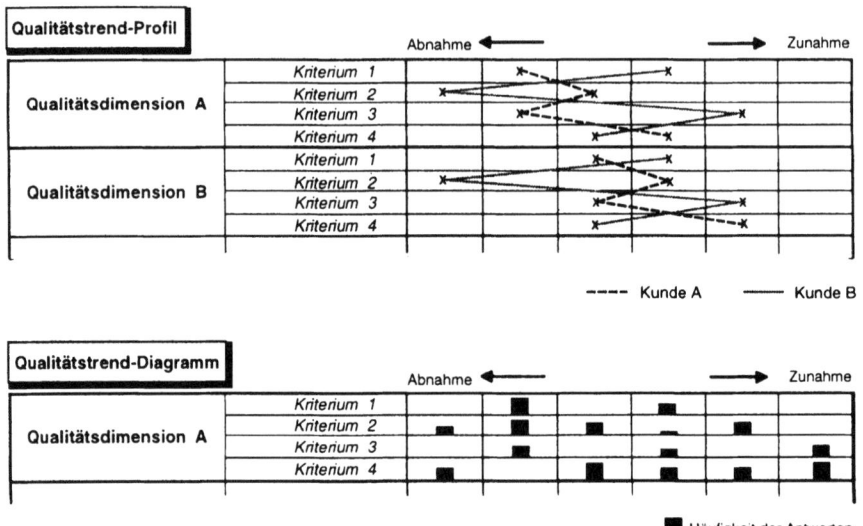

Abb. 2.5: Qualitätstrend-Profil und Qualitätstrend-Diagramm

2.2.3.3
Erfassung der relativen Qualitätsstärke

Die Konkurrenz stellt einen wichtigen Maßstab dar

Relevante Konkurrenten müssen identifiziert und als Maßstab in die Planung einbezogen werden

Die Formulierung produktbezogener Qualitätsstrategien erfordert weiterhin den Vergleich des Istzustandes der eigenen Qualität mit dem der Konkurrenz. Neben den Qualitätsfähigkeiten und der derzeitigen Produktqualität der Konkurrenz sind auch deren Qualitätsstrategien zu analysieren, die Aufschluß darüber geben, welche Schwerpunkte Konkurrenten im Qualitätsmanagement setzen und welche qualitätsbasierten Erfolgspotentiale die Konkurrenz anstrebt.

Grundlage des *Qualitätsvergleichs* ist die Identifikation der relevanten Konkurrenten. Hier besteht auf der einen Seite die Gefahr, bei kurzsichtiger Konzentration auf die bestehenden Wettbewerbsstrukturen potentielle neue Konkurrenten zu übersehen. Auf der anderen Seite ist aus Wirtschaftlichkeitsgründen zu vermeiden, den Kreis potentieller Konkurrenten zu weit zu spannen. Hilfestellung bei der Identifikation der relevanten Konkurrenten bieten verschiedene Konzepte der

Marktabgrenzung (Steffenhagen 1988, S. 45ff.) und die Eingrenzung von Wettbewerbern mit ähnlichen Ausstattungen und Strategien, sog. „Strategische Gruppen" (Lange 1994, S. 32ff.).

Der Vergleich der Qualität der eigenen Produkte mit derjenigen von Konkurrenzprodukten erfolgt differenziert anhand der im ersten Schritt festgelegten Qualitätsdimensionen. Die vergleichende Analyse der Qualitätsfähigkeiten wird entsprechend auf Basis der einzelnen Qualitätsdimensionen der Potentiale und Prozesse vorgenommen und kann durch Verfahren der Potential- und Prozeßanalyse unterstützt werden. Diese Verfahren basieren etwa auf den Modellen der Qualitätspreise (Zink et al. 1992a/b), den Ansätzen der strategischen Konkurrenzanalyse (Link 1988, S. 81ff.) oder den Konzepten für die Analyse spezifischer Potentiale, wie z. B. des technologischen Potentials eines Unternehmens (Schröder 1996, Sp. 1998ff.).

Für den Konkurrenzvergleich können vielfältige Modelle genutzt werden

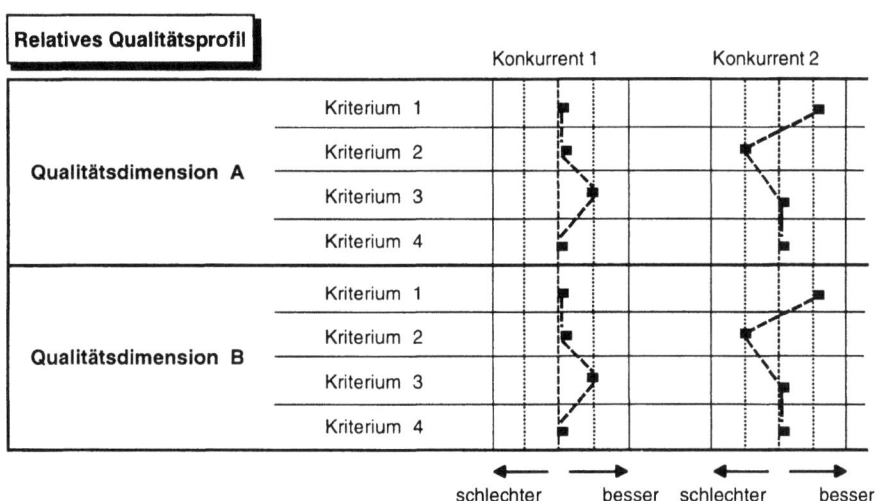

Abb. 2.6: Relatives Qualitätsprofil

Die Problematik der Datenbeschaffung kann dadurch gemildert werden, daß verschiedene unternehmensinterne und -externe Informationsquellen genutzt werden, die in (un)mittelbarem Kontakt zu Konkurrenten stehen; insbesondere die Kunden und Zulieferfirmen, aber auch die eigenen F&E- oder Vertriebsmitarbeiter verfügen über eine Vielzahl von Konkurren-

Die Beschaffung von relevanten Konkurrenzinformationen ist eine schwierige Daueraufgabe

zinformationen. Auch Messebesuche, Patentanalysen und die technische Analyse von Konkurrenzprodukten liefern wichtige qualitätsbezogene Informationen (Lange 1994, S. 71).

Die *relativen Qualitätsstärken* und -*schwächen* können in *Profildiagrammen* dargestellt werden (Abb. 2.6). Diese Diagramme visualisieren differenziert nach Qualitätsdimensionen Rückstände oder Vorsprünge gegenüber einzelnen Konkurrenten in der Produktqualität und den Qualitätsfähigkeiten.

2.2.3.4
Bewertung der erhobenen Informationen

Die Qualitätsmatrix ist ein Planungs-Tool zur Verdichtung kundenbezogener Informationen

Erste Anhaltspunkte für eine produktbezogene Qualitätsstrategie ergeben sich aus den geäußerten Erwartungen und Anforderungen der Kunden einerseits und den Aussagen zu allgemeinen Trends andererseits. Mittels einer *Qualitätsmatrix* lassen sich die aggregierten Erhebungsergebnisse zu den langfristigen Anforderungen der Kunden (Qualitätsveränderungsbedarf) und zu den allgemeinen Trends im Umfeld des Produkteinsatzes (Exogene Qualitätstrends) gegenüberstellen und auswerten (Abb. 2.7).

Die Positionierung der Qualitätsdimensionen gibt Entscheidern erste Aufschlüsse für die Qualitätsplanung

Die Schlußfolgerungen für die strategische Planung basieren auf der Positionierung der einzelnen Qualitätsdimensionen in der Qualitätsmatrix. Diese Position ergibt sich zum einen aus der Ab- oder Zunahme der Anforderungen der Kunden (Qualitätsveränderungsbedarf) und zum anderen aus der Ab- oder Zunahme von allgemeinen Trends bezüglich der Qualitätsdimensionen (Exogene Qualitätstrends). Die Bedeutung der Qualitätsdimensionen aus Kundensicht wird durch den Durchmesser der jeweiligen Kreise abgebildet. Zudem wird dem Planungsteam über die Schattierung der Kreise signalisiert, wie stark die Übereinstimmung der Antworten ist: Bei einer hohen Abweichung der Antworten wird mit der dunklen Einfärbung darauf hingewiesen, daß eine unbesehene Übernahme der Schlußfolgerung, die sich aus der Positionierung ergibt, gefährlich wäre und ein zusätzlicher Analysebedarf besteht.

Die Qualitätsmatrix bietet eine erste Orientierung

Ähnlich einem Kompaß verdeutlichen die vier Grundausrichtungen in der Qualitätsmatrix die grundsätzlichen *Schlußfolgerungen*, die aus der Positionie-

rung der Qualitätsdimensionen abgeleitet werden können.

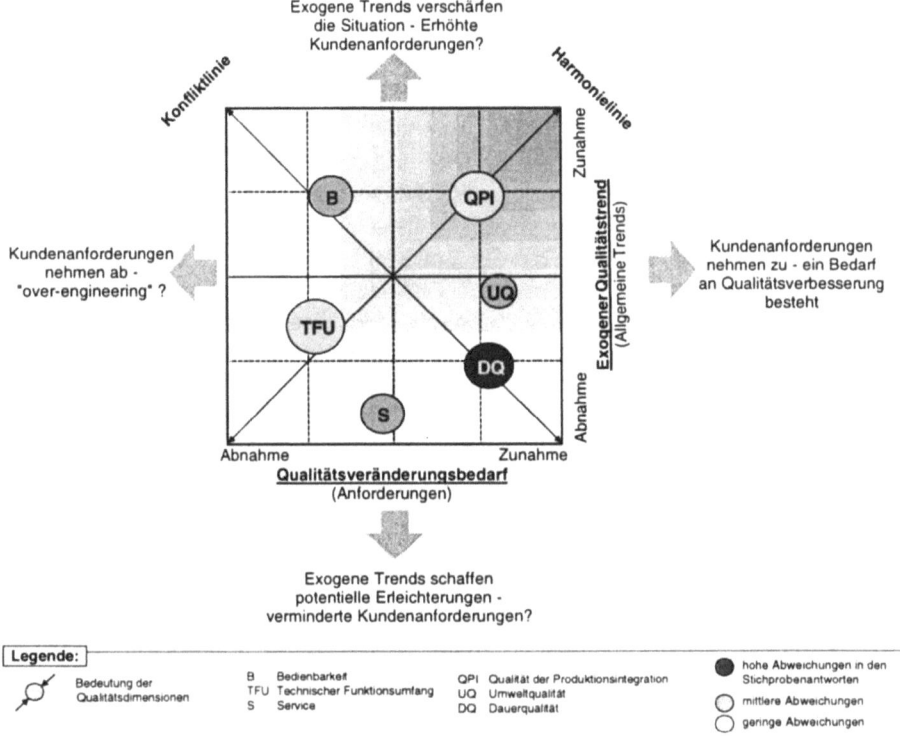

Abb. 2.7: Qualitätsmatrix

Dabei gibt die Nähe der Qualitätsdimensionen zu
den jeweiligen *Konflikt-* und *Harmonielinien* innerhalb
der Qualitätsmatrix an, ob Kundenanforderungen mit
den erhobenen allgemeinen Trends in Einklang stehen
oder nicht. Da die Harmonielinie durch gleichgerich-
tete Entwicklungen in beiden Dimensionen gekennzeichnet ist, sind die durch die Position der Qualitätsdimensionen in der Qualitätsmatrix zum Ausdruck
kommenden Veränderungstendenzen um so verläßlicher, je näher die betreffenden Qualitätsdimensionen
an der Harmonielinie positioniert sind (z. B. Qualität
der Produktionsintegration „QPI" und Technischer
Funktionsumfang „TFU"). In der Nähe der Konfliktli-
nien positionierte Qualitätsdimensionen (Bedienbarkeit „B" und Dauerqualität „DQ") hingegen sind einer

Antwortstreuungen
müssen interpretiert
werden

Detailanalyse bezüglich der langfristig zu erwartenden Anforderungen zu unterziehen, da die Entwicklung der Kundenanforderungen konträr zur Entwicklung der Umfeldtrends verläuft.

Die Matrix-Position ist ein Indikator für die Attraktivität einer Qualitätsdimension

Die Position der Qualitätsdimensionen in der Qualitätsmatrix und ihre jeweilige Bedeutung werden im weiteren zu einem Maß für die „*Qualitätsattraktivität*" als *Reaktionsparameter* der produktbezogenen Qualitätsplanung verknüpft. Dabei ist die Qualitätsattraktivität so definiert, daß sie zum einen mit der Bedeutung der jeweiligen Qualitätsdimension wächst. Zum anderen steigt die Qualitätsattraktivität - im Sinne einer Chance für den Fall der Nutzung der Veränderungen - bei einer Zunahme der langfristigen Anforderungen der Kunden und der exogenen Trends.

Während die Qualitätsattraktivität eine Randbedingung für die Planung darstellt, ...

Als zentrales Instrument der strategischen Qualitätsplanung zur Verknüpfung der Reaktionsgröße „Qualitätsattaktivität" mit einer intern beeinflußbaren *Aktionsgröße* werden *Qualitätsportfolios* verwendet (Dögl 1986, S. 190ff., Wilken 1993, S. 91ff.). Dabei beinhaltet die interne Aktionsgröße die direkt beeinflußbaren Parameter der strategischen Qualitätsplanung.

..., ist die Relative Qualitätsstärke der Aktionsparameter für die Planung

Als Basis für die Ermittlung direkt beeinflußbarer Größen gehen die derzeitige Produktqualität und die derzeitigen Qualitätsfähigkeiten in den Aktionsparameter ein. Diese werden in Relation zu der Produktqualität und den Qualitätsfähigkeiten der Konkurrenz gesetzt. Damit wird der interne Aktionsparameter „*Relative Qualitätsstärke*" gebildet, der sich optisch in den Profildiagrammen der relativen Qualitätsstärke niederschlägt (s. Abb. 2.6).

Qualitätsattraktivität und Relative Qualitätsstärke ergeben die Position im Qualitätsportfolio

Die Höhe der relativen Qualitätsstärke determiniert die horizontale Position in dem Qualitätsportfolio, während die Höhe der Qualitätsattraktivität die vertikale Position einer Qualitätsdimension bestimmt. Die unterschiedlichen Kreisgrößen aus der Qualitätsmatrix werden übernommen, um die Bedeutung auch separat zu visualisieren.

Bei der Bewertung der relativen Qualitätsstärke sollte zwischen zwei Perspektiven - mit möglicherweise verschiedenen Portfolios - unterschieden werden: Zum einen müssen die Qualitätsdimensionen der Produkte im Vergleich mit den Konkurrenzprodukten aus Kundensicht beurteilt werden. Dieses Urteil gibt Aufschluß über die subjektive Wahrnehmung der Qualitätsdimensionen durch die (potentiellen) Kunden. Zum anderen sollte eine Beurteilung der Qualitätsdimensionen aus technisch-objektiver Sicht durch das Unternehmen selbst erfolgen (Abb. 2.8).

Durch diese Differenzierung ergeben sich für strategische Planungszwecke zwei Ausgangspunkte: ein *Qualitätsportfolio aus objektiver (technischer) Sicht* (Qualitätsportfolio A) und ein *Qualitätsportfolio aus subjektiver (Kunden-)Sicht* (Qualitätsportfolio B). Die vertikale Positionierung der Qualitätsdimensionen ist in beiden Portfolios gleich, lediglich die horizontalen Positionen unterscheiden sich in dem Ausmaß, wie die subjektiven Wahrnehmungen der (potentiellen) Kunden von den technisch-objektiven Einschätzungen der Qualitätsdimensionen abweichen.

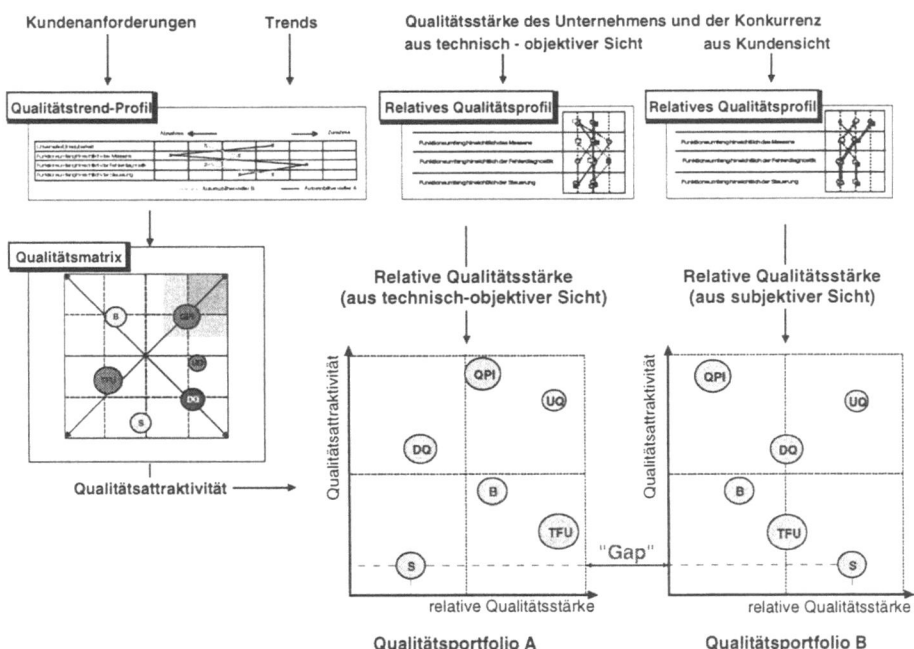

Abb. 2.8: Entwicklung eines Qualitätsportfolios

Eine solche Diskrepanz tritt z. B. auf, wenn eine positive Einstellung von Kunden dem Unternehmen gegenüber zu einer positiven Wahrnehmung der relativen Stärke einer Qualitätsdimension eines Produktes führt, obwohl aus technisch-objektiver Sicht

Erst die Differenzierung in zwei Portfolios eröffnet Entscheidern alle Handlungsmöglichkeiten

Konkurrenzprodukte hinsichtlich dieser Qualitäts-dimension überlegen sind (in Abb. 2.8 z. B. in der Dimension der Servicequalität „S"). Auch der ent-gegengesetzte Fall ist denkbar, wenn die Konkurrenz durch Marketing-Maßnahmen oder ein besseres Image in einer Qualitätsdimension aus Sicht der Kunden relativ stärker ist, obwohl hier der technisch-objektive Vorteil auf Seiten des eigenen Unternehmens liegt (in Abb. 2.8 z. B. in der Qualitätsdimension Technischer Funktionsumfang „TFU").

Unterschiede zwischen den Portfolios weisen auf erste technische oder marketingpolitische Handlungsmöglichkeiten hin

Aus den Positionierungen der Qualitätsdimensio-nen in den beiden Portfolios und den *Abweichungen („gaps") zwischen den beiden Portfolios* resultieren unterschiedliche *Handlungsoptionen für die Ableitung produktbezogener Qualitätsstrategien* (Staudt u. Hin-terwäller 1982, S. 1018ff.).

2.2.3.5
Ableitung von Qualitätsstrategien

Sollpositionen müssen für jede Qualitätsdimension bestimmt werden

Operationale Qualitätsstrategien für Neuproduktgene-rationen erfordern Aussagen über die angestrebten Ausprägungen in den Qualitätsdimensionen des Pro-duktes. Instrumenteller Ausgangspunkt für diese *Fest-legung von Sollpositionen* sind die beiden Qualitäts-portfolios, die die Qualitätsdimensionen entsprechend ihrer Qualitätsattraktivität und der mit ihnen verbun-denen relativen Qualitätsstärke aus subjektiver und technisch-objektiver Sicht abbilden. Ausgehend von den Unternehmenszielen und der angestrebten Wett-bewerbsstrategie sind die zukünftigen Sollpositionen für jede Qualitätsdimension eines Produktes festzule-gen.

Die im folgenden anhand der Sollpositionen in den beispielhaften *Zielportfolios* (Abb. 2.9) skizzierten ge-nerellen Handlungsoptionen unterscheiden sich - wie bereits erwähnt - zwischen den beiden Qualitätsport-folios:

Die Produktgestaltung ist die Handlungsoption, die Unternehmen in der Regel verfolgen

Für das Qualitätsportfolio A besteht - in technischer Sicht - neben der Möglichkeit des punktuellen Ausbaus (z. B. Dauerqualität „DQ") und der Beibehaltung des Qualitätsniveaus (z. B. Bedienbarkeit „B") auch die Möglichkeit der punktuellen Absenkung (z. B. Techni-scher Funktionsumfang „TFU") eines Qualitätsniveaus, welches von den Kunden nicht entsprechend erwünscht oder honoriert wird. Diese Handlungsoptionen erfordern Maßnahmen der *Produktgestaltung* und schlagen sich in einer horizontalen Verschiebung der entsprechenden Qualitätsdimension im Qualitätsportfolio A nieder (Abb. 2.9). Die Maßnahmen der Produktgestaltung verändern - ebenso wie Veränderungen der Qualität der Konkurrenzprodukte - die relative Qualitätsstärke in technisch-objektiver Hinsicht.

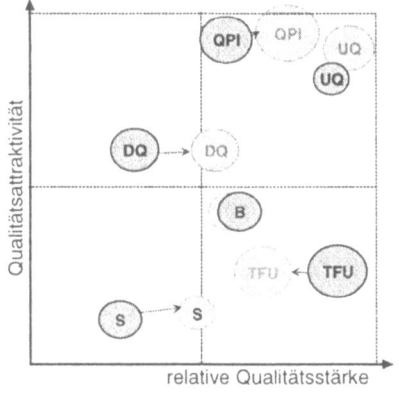

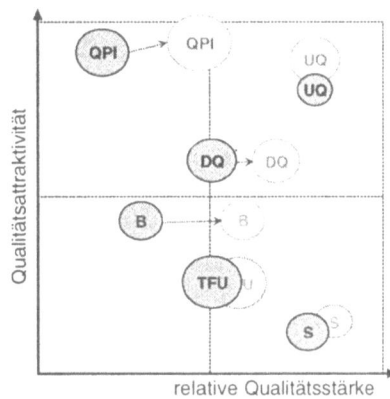

Abb. 2.9: Ableitung von Zielportfolios

Darüber hinaus ergeben sich aus dem Qualitätsportfolio B Hinweise auf geeignete Handlungsmöglichkeiten der *strategischen Marktbearbeitung*: Werbe-, Informations- und Kommunikationsmaßnahmen können die Kundenwahrnehmung des Produktes im Vergleich zu den Konkurrenzprodukten verändern. Eine erfolgreiche Anwendung dieser Maßnahmen führt ebenfalls zu einer horizontalen Rechtsverschiebung der jeweiligen Qualitätsdimension (z. B. Bedienbarkeit „B"). Dabei ist zu beachten, daß nicht nur die Maßnahmen der Marktbearbeitung zu einer verbesserten Wahrnehmung führen, sondern auch die Maßnahmen der Produktgestaltung selbst von den Kunden wahrgenommen werden und somit einen Beitrag zur Ver-

Nur wenige nutzen dagegen die Optionen der strategischen Marktbearbeitung

schiebung der Position leisten. Maßnahmen der technischen Produktgestaltung schlagen sich mithin in beiden Qualitätsportfolios nieder.

Langfristig kann auch die Bedeutung von Qualitätsdimensionen aktiv verändert werden

Eine dritte Klasse von Handlungsoptionen betrifft die Reaktionsparameter. Sie können durch die Beeinflussung der zukünftigen Anforderungen der Kunden und der Bedeutung der Qualitätsdimensionen langfristig verändert werden (Staudt u. Hinterwäller 1982, S. 1012ff.). Eine Veränderung der zukünftigen Anforderungen wird durch kommunikations- und informationspolitische Instrumente des Marketing ausgelöst. Insbesondere Informationen über qualitätsrelevante Trends können die Bedeutung der einzelnen Qualitätsdimensionen und die Kundenanforderungen beeinflussen. Zeichnet sich z. B. durch die Befragung von „Lead Users" ab, daß mit einer Verschärfung allgemeiner Trends zu rechnen ist, so können die Kunden auf diese Entwicklungen und ihre Wirkungen für den Produkteinsatz besonders hingewiesen werden. Dies erhöht ihr Bewußtsein für die jeweils betroffenen Qualitätsdimensionen und kann ihre Anforderungen bezüglich der Qualitätsdimensionen verändern (z. B. Umweltqualität UQ). In beiden Portfoliodarstellungen verändern sich die Größe und Position der Qualitätsdimensionen entsprechend (Abb. 2.9).

Die Handlungsoptionen sind in Abb. 2.10 zusammenfassend dargestellt.

Qualitätsstrategien ergeben sich aus den Qualitätszielen, die durch angestrebte Veränderungen der Positionen in den Qualitätsdimensionen ausgedrückt werden, und aus der Verbindung mehrerer Handlungsoptionen für einzelne Qualitätsdimensionen (Abb. 2.10). Dabei sollte als „*Normstrategie*" für das Qualitätsportfolio A angestrebt werden, die relative Qualitätsstärke in Einklang mit der Qualitätsattraktivität zu bringen. Eine solche *Gleichgewichtszone* ist in dem Qualitätsportfolio A angedeutet.

Normstrategien geben die generellen Handlungsrichtungen an

Die Normstrategie für das Qualitätsportfolio B hängt von der Soll-Position im Qualitätsportfolio A ab; als Mindestanforderung kann der Anspruch formuliert werden, eine zumindest gleich hohe Position der relativen Qualitätsstärke aus Kundensicht wie aus technischer Sicht zu erreichen.

Vor dem Hintergrund dieser Normempfehlungen müssen im ersten Schritt alternative Qualitätsstrategien formuliert werden, die in einem zweiten Schritt hinsichtlich ihrer Wirkung auf die Unternehmensziele zu bewerten sind: Neben dem Nutzen der Strategien (Erlöswirkung, Aufbau von Erfolgspotentialen) sind die Kostenwirkungen sowie die Dauer zu berücksichtigen, die für die Umsetzung der Strategie benötigt wird (Dögl 1986, S. 237ff.). Die *Auswahl der Qualitätsstrategie* richtet sich nach dem höchsten Erwartungsnutzen unter Beachtung aller finanziellen, kapazitiven und zeitlichen Restriktionen. Zur methodischen Absicherung der Auswahlentscheidung können verschiedene Entscheidungsmodelle und -verfahren dienen (Eisenführ u. Weber 1993).

Die Auswahl einer Qualitätsstrategie ist vor dem Hintergrund der Unternehmensziele vorzunehmen

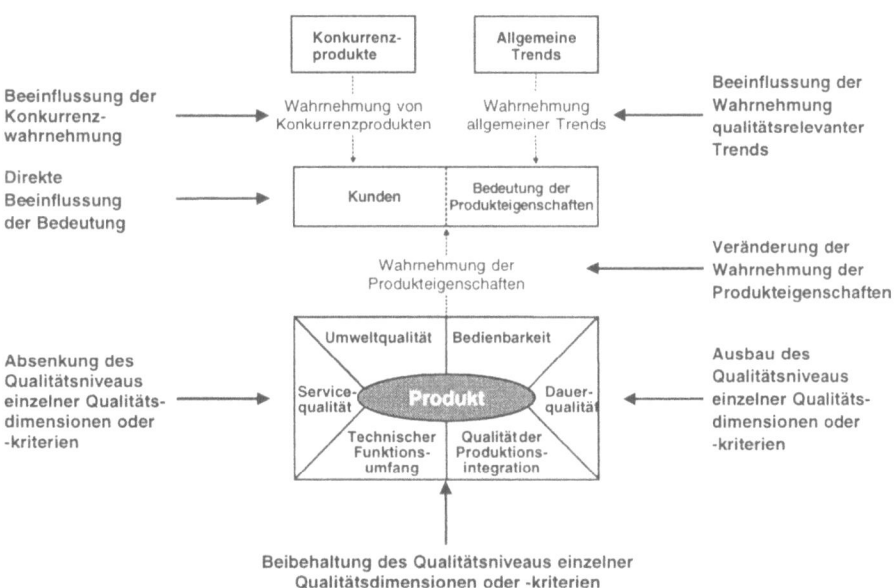

Abb. 2.10: Handlungsoptionen einer produktbezogenen Qualitätsstrategie

Mit den dargestellten Instrumenten der strategischen Qualitätsplanung werden Hilfsmittel zur Verfügung gestellt, die qualitätsbezogene Informationen ordnen, verdichten und bewerten. Diese Instrumente ersetzen keineswegs eine vertiefte Analyse der Erhebungsergebnisse und deren Diskussion im Rahmen der strategischen Qualitätsplanung. Sie zwingen aber dazu,

Konkrete Planungsinstrumente tragen zur effektiven und effizienten Qualitätsplanung bei

sich mit allen Aspekten einer produktbezogenen Qualitätsstrategie auseinanderzusetzen und gewährleisten damit die *Vollständigkeit der Planung*. Weiterhin stellen sie die *Dokumentation* der Planungsprämissen sicher, auf die für Prämissenkontrollen oder eventuell erforderliche Anpassungsplanungen der Produktqualität zurückgegriffen werden kann. Letztlich ermöglichen sie eine *methodische Unterstützung der Entscheidungsprozesse* bei der strategischen Planung von Produktqualitäten.

2.3
Schnittstellen zu anderen Instrumenten

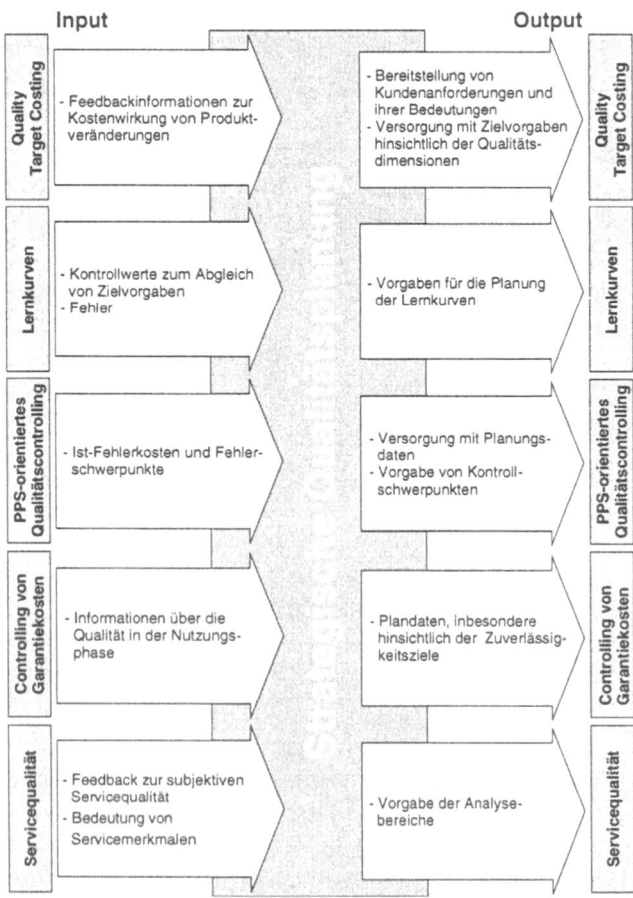

Abb. 2.11: Schnittstellen zu anderen Instrumenten

Die beschriebene Gestaltung der strategischen Qualitätsplanung erhöht die Koordination im *strategischen Qualitätsmanagement*. Darüber hinaus bestehen Schnittstellen zu den weiteren, in diesem Band dargestellten Instrumenten und Konzepten (Abb. 2.11).

Die strategische Qualitätsplanung nimmt in der Beziehung zu diesen Instrumenten in erster Linie die Funktion eines *Sollwertgebers* wahr: Sie setzt die strategischen Ziele und gibt die generellen Maßnahmen vor, die als Planungsdaten in die Instrumente wie die Lernkurvenplanung oder das Controlling von Garantiekosten eingehen. Das Quality Target Costing übernimmt die in der strategischen Qualitätsplanung erhobenen Informationen zu Kundenanforderungen und deren Bedeutungen. Zugleich werden in der strategischen Qualitätsplanung die Analyse- und Kontrollbereiche, z. B. für die Messung der Servicequalität oder das PPS-orientierte Qualitätscontrolling bestimmt.

Die strategische Qualitätsplanung fungiert als Sollwertgeber

Neben der Zielwertvorgabe besteht zudem in entgegengesetzter Richtung ein Informationsrückfluß von den anderen Instrumenten in die strategische Qualitätsplanung. Diese *Feedback-Beziehung* besteht hinsichtlich Informationen zu Qualitätsveränderungen, Fehlerschwerpunkten und Kostenwirkungen von Qualitätsveränderungen.

Feedback für die strategische Qualitätsplanung durch die anderen Instrumente

2.4
Praxisdefizite und Verbesserungspotentiale bei der strategischen Qualitätsplanung

Die *Praxis der strategischen Qualitätsplanung* wurde im Rahmen des Verbundprojektes in Detailstudien bei 4 Industrieunternehmen näher untersucht. Zielsetzung war die Identifikation konkreter Verbesserungspotentiale in der strategischen Qualitätsplanung der beteiligten Industrieunternehmen. Hierzu wurden Interviews mit Mitarbeitern geführt, die an der Planung der Qualität neuer Produkte beteiligt sind.

Dem Referenzmodell steht eine verbesserungsbedürftige Praxis gegenüber!

Der so erfaßte Ist-Zustand der strategischen Qualitätsplanung wurde der in Abschn. 2.2 dargestellten Vorgehensweise gegenübergestellt (Zenz 1996). Die aus dem Soll-Ist-Vergleich abgeleiteten Defizite der strategischen Qualitätsplanung verdeutlichen, daß die diagnostizierte Praxislücke im wesentlichen auf eine unzureichende Versorgung mit qualitätsbezogenen In

Mangelnde Information und Methodik kennzeichnen die Lage in der Praxis

formationen und eine mangelnde instrumentelle Unterstützung zurückzuführen ist (Abb. 2.12).

Auffällig ist, daß die verfügbaren Methoden der Erhebung von Kundenbedürfnissen und -anforderungen kaum genutzt werden, obwohl deren Nutzung häufig nur geringen zusätzlichen Aufwand erfordert: Die benötigten Informationen liegen - z. B. aus dem Beschwerdemanagement oder aus Kundenanfragen, Kundendienstberichten oder Vertriebsprotokollen - zum Teil schon vor. Darüber hinausgehende externe Informationen über die Konkurrenz oder zukünftig für den eigenen Markt relevante Trends werden nur sehr fragmentarisch erhoben und eher zufällig in der strategischen Qualitätsplanung berücksichtigt.

Selbst leicht verfügbare Methoden werden selten genutzt

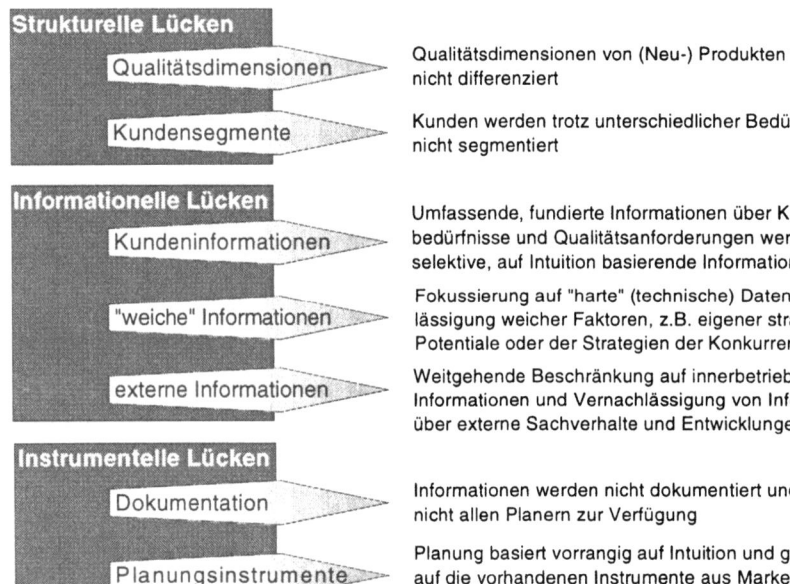

Abb. 2.12: Defizite der strategische Qualitätsplanung

2.5
Implementierung bei einem Hersteller von Schleifmaschinen

Das skizzierte Konzept der strategischen Qualitätsplanung wurde bei der SCHAUDT Maschinenbau GmbH, einem mittelständischen Hersteller von Schleifmaschinen, implementiert. Die *Planung der Qualität von Neuprodukten* steht in diesem Unternehmen - bedingt durch Neuentwicklungen der internationalen Konkurrenz und durch sich ständig ändernde Anforderungen der Kunden an komplexe Schleifmaschinen - unter großem Zeitdruck. Die Neuprodukte müssen in der Regel binnen kurzer Zeit und ohne technische „Kinderkrankheiten" entwickelt sein, um keine Marktanteile zu verlieren. Zudem müssen die Schleifmaschinen die langfristigen Anforderungen der Kunden erfüllen, um den Konkurrenzprodukten auch auf lange Sicht überlegen zu sein und so die in die Entwicklung investierten Finanzmittel zu amortisieren.

> Zeitdruck, rasch wandelnde Anforderungen und starke Konkurrenz bestimmen den Schleifmaschinenmarkt

Die intensive Wettbewerbssituation erforderte Verbesserungen der Struktur der strategischen Qualitätsplanung ebenso wie Verbesserungen in ihrer Informationsversorgung und bei den eingesetzten Instrumenten. Die Verbesserung der Struktur der strategischen Qualitätsplanung erfolgte dabei auf der Basis des *Referenzprozesses der strategischen Qualitätsplanung*. Damit wurde zugleich der Rahmen für den Einsatz der entwickelten Informations- und Planungsinstrumente geschaffen.

> Mithilfe des Referenzprozesses der strategischen Qualitätsplanung wurde konkreter Verbesserungsbedarf ermittelt

2.5.1
Festlegung der Qualitätsdimensionen als Basis für die strategische Qualitätsplanung

Ein wesentliches Manko der strategischen Qualitätsplanung bestand darin, daß die Qualität von Produkten und die eigenen Qualitätsfähigkeiten nicht anhand einheitlicher Qualitätsdimensionen meßbar gemacht wurden. Insbesondere bei der langfristigen Planung der Produktqualität wurden keine einheitlichen Kriterien in Form von Qualitätsdimensionen zugrunde gelegt. Differenzierungspotentiale konnten daher nicht systematisch identifiziert werden. Auch die nachvollziehbare Dokumentation der Planung und eine Prämissenkontrolle waren erschwert.

> Zentrales Problem war die Schaffung einheitlicher Planungsgrundlagen

Die Qualitätsdimensionen stellen eine einheitliche Planungsgrundlage her

Um eine Basis für die strategische Qualitätsplanung zu schaffen, wurde das Leistungsprogramm der SCHAUDT Maschinenbau GmbH zunächst mit Hilfe von *Qualitätsdimensionen* operational beschrieben. Dabei wurden Kundenprobleme und -bedürfnisse gesammelt, geordnet und Qualitätsdimensionen aus der Literatur (Dögl 1986, S. 100ff.) gegenübergestellt. Aus der Anpassung, Bereinigung und Vervollständigung dieser Sammlung potentieller Qualitätsdimensionen entstand ein Katalog von Qualitätsdimensionen, der neben den fünf maschinenspezifischen Dimensionen

- Technischer Funktionsumfang,
- Bedienbarkeit,
- Qualität der Produktionsintegration,
- Dauerqualität und
- Umweltqualität

noch die Servicequalität beinhaltete, die alle Nebenleistungen des Schleifmaschinenanbieters zusammenfaßt. Diese Qualitätsdimensionen wurden durch einzelne Kriterien weiter spezifiziert und dienten als Grundlage für die Entwicklung eines Fragebogens zur *Erhebung der langfristigen Qualitätsanforderungen und Qualitätstrends* (s. Abb. 2.13).

2.5.2
Erhebung der langfristigen Kundenanforderungen und Erfassung von Umfeldtrends im Schleifmaschinenmarkt

Erhebung langfristiger Kundenanforderungen als zentrale Aufgabe

Im Mittelpunkt der Verbesserung der strategischen Qualitätsplanung stand die Entwicklung eines Instrumentarium zur Erhebung und Analyse der langfristigen Qualitätsanforderungen an eine neue Schleifmaschinen-Generation unter Berücksichtigung der Umfeldentwicklungen. Gerade für einen Schleifmaschinenhersteller ist neben der direkten Erfassung langfristiger Kundenanforderungen die Berücksichtigung von Umfeldentwicklungen besonders wichtig. Zudem müssen deren Einflüsse auf die Veränderung der langfristigen Kundenanforderungen prognostiziert werden, noch bevor die Mehrheit der Kunden sich dieser Anforderungen bewußt ist.

Die direkte Diskussion mit Anwendern weist das höchste Informationspotential auf!

Zur Verbesserung der *Informationsversorgung der strategischen Qualitätsplanung* wurde bei der SCHAUDT Maschinenbau GmbH eine Kombination aus den Instrumenten einer Anwenderbefragung bezüglich der Bedürfnisse der Kunden und einer Diskussionssitzung mit Kundenexperten gewählt. Als Grundlage für die Erhebung wurde ein Fragebogen auf der Basis folgender *Anforderungen* entwickelt:

– Um den kurzfristigen Fokus der Produktplanung zu durchbrechen, müssen *langfristige Kundenanforderungen* mit einem Zeithorizont von ca. 5 Jahren erhoben werden können. Zudem sind die Bedeutungen der Qualitätsdimensionen und der einzelnen Kriterien innerhalb der Dimensionen zu ermitteln.

Der langfristige Fokus der Erhebung ist wichtig

– *Allgemeine Trends* im Umfeld des Schleifmaschineneinsatzes sind abzubilden, da diese Trends die Anforderungen an Schleifmaschinen beeinflussen können. Dabei muß berücksichtigt werden, daß einzelne Kunden der SCHAUDT Maschinenbau GmbH mitunter profunde Kenntnisse über das Umfeld des Schleifmaschineneinsatzes besitzen und somit wichtige und zuverlässige Hinweise auf diese allgemeinen Trends geben können. Innerhalb der Qualitätsdimension „Bedienbarkeit" wurde z. B. abgefragt, inwieweit sich die Qualifikation der Bediener von Schleifmaschinen langfristig verändern wird, da Auswirkungen der Bedienerqualifikation auf zukünftige Anforderungen an die Bedienbarkeit oder die Automatisierung einer Schleifmaschine angenommen werden können.

Allgemeine Trends können Qualitätsanforderungen beeinflussen

– Zur Identifikation speziell der *technologischen Trends* sollen Informationen über die zukünftigen Bearbeitungsprobleme von Schleifmaschinenanwendern erhoben werden können. Diese Informationen können Ausgangspunkt für *innovative Produktkonzepte* sein, wenn neue, zukünftig bedeutsame Bearbeitungsprobleme genannt werden. Zudem geben die genannten Bearbeitungsprobleme Aufschluß über die Gefahr einer Verringerung der Anwendungsfelder von Schleifmaschinen durch den Wegfall von Bearbeitungsproblemen. Eine Spezifikation dieser Informationen wurde durch die Erhebung von technologischen Trends hinsichtlich der zu bearbeitenden Teilefamilien, der Werkstoffe und der Geometrien erreicht, die in der Zukunft mit einem Produkt des Schleifmaschinenherstellers zu bearbeiten sind.

Technologische Entwicklungen müssen Unternehmen nicht überraschen!

Auf der Basis der Qualitätsdimensionen mit ihren jeweiligen Kriterien wurden Fragen zu den zukünftigen Kundenanforderungen entwickelt. Dabei wurde zunächst eine Einschätzung zu den allgemeinen Umfeldtrends erfragt. Weiterhin wurden die Kunden zu

Kundenanforderungen wurden für einen Zeithorizont von ca. 5 Jahren ermittelt

den Anforderungen befragt, die sich aus ihrer Sicht in ca. 5 Jahren ergeben (Abb. 2.13). In einem zweiten Teil des Fragebogens waren speziell technologische Trends Gegenstand der Erhebung.

Um zu aussagefähigen Ergebnissen hinsichtlich zukünftiger Kundenanforderungen und Trends im Umfeld des Schleifmaschineneinsatzes zu gelangen, wurden Erhebungen bei *„Lead User"-Kunden* (von Hippel 1986) durchgeführt. Als „Lead User" wurden hier technologisch führende Kunden der SCHAUDT Maschinenbau GmbH mit hohem Interesse an innovativen Problemlösungen ausgewählt. Diese Kunden weisen einen hohen Grad an Vertrautheit mit der Anwendung von Schleifmaschinen auf.

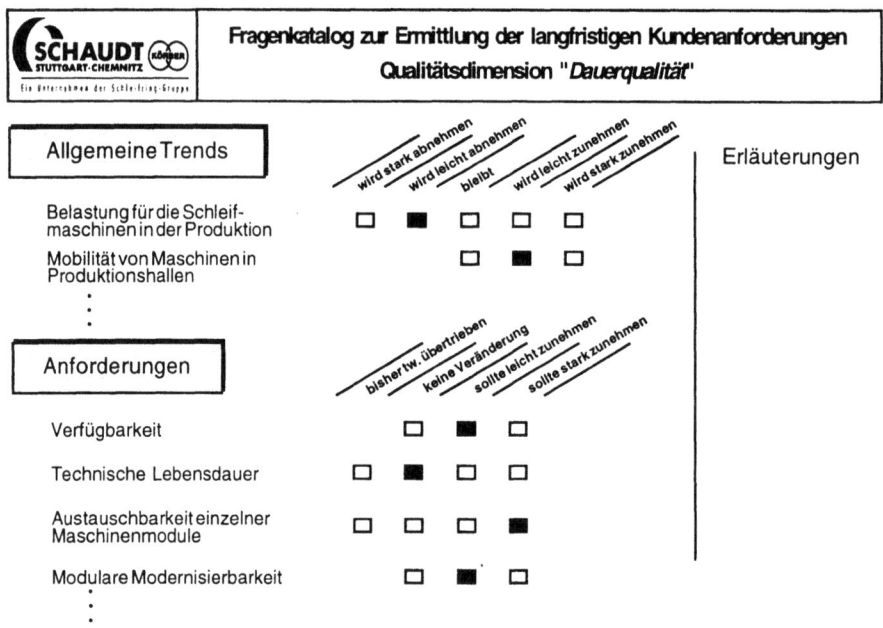

Abb. 2.13: Auszug aus dem Erhebungsbogen

Die Erhebung wurde in Form eines teilstrukturierten Interviews mit Experten der Entwicklungsplanung der Kunden durchgeführt; diese tragen die Verantwortung für die mit Schleifmaschinen gefertigten Teile. In den Interviews wurden die Fragebögen ausgefüllt und parallel dazu die einzelnen Fragestellungen detailliert diskutiert.

Die ersten Interviews ergaben bereits ein differenziertes Bild der zukünftigen allgemeinen Trends und Kundenanforderungen. Im Zuge der Diskussion zwischen den Experten der Kunden und der SCHAUDT Maschinenbau GmbH wurden auch einige wesentliche, bislang unbekannte Anforderungen ermittelt. So kamen konkrete Zusatzanforderungen der Kunden hinsichtlich der Entsorgung von Hilfs- und Betriebsstoffen zur Sprache, denen langfristig eine hohe Bedeutung für die Umweltqualität der Schleifmaschinen und die Servicequalität beigemessen wird.

Zudem ergaben sich wichtige Hinweise auf technologische Trends aus dem weiteren Umfeld der Schleifmaschinen und aus dem Produktionsbereich der Kunden, die teilweise starke Einflüsse auf die zukünftige Produktqualität ausüben können. So wurden z.B. sich abzeichnende Entwicklungen in der Forschung und Entwicklung auf dem Gebiet der Maschinensteuerungen für Werkzeugmaschinen, die sich auf die Qualitätsdimensionen „Technischer Funktionsumfang" und „Qualität der Produktionsintegration" auswirken, detailliert mit den Kundenexperten diskutiert. Auch wiesen die Kunden auf langfristig wirksame, ökologische Trends hin, die sowohl eine Chance zur Differenzierung als auch eine Gefahr hinsichtlich der Umweltqualität darstellen.

Für die systematische Integration der erhobenen Informationen in die strategische Qualitätsplanung wurden *Qualitätstrend-Profile* (s. Abb. 2.14) und *Qualitätstrend-Diagramme* eingesetzt.

Wichtige und neue Informationen aus der Befragung von Lead User-Kunden

Kunden kennen relevante Trends oft früher als der Hersteller

2.5.3
Vergleich der eigenen Qualitätsstärke mit der Konkurrenz

Die *Bestimmung der relativen Qualitätsstärke* wurde durch eine Konkurrenzanalyse unterstützt. Dabei wurde die Erhebung der relativen Qualitätsstärke zunächst nur auf Basis der Qualitätsdimensionen des Produktes vorgenommen. Sie erfolgte in pauschaler Form durch die befragten Kunden und in differenzierter Form durch fünf Experten aus den Bereichen Entwicklung, Service, Auftragskonstruktion, Angebotserstellung und Qualitätsmanagement der SCHAUDT Maschinenbau GmbH. Die Gegenüberstellung derartiger Expertenmeinungen und die Diskussion der Abweichungen

Durch den Vergleich mit Konkurrenten wird dringender Handlungsbedarf erkannt

fördern die Entwicklung eines genaueren Bildes der relativen Qualitätsstärke.

Für die Bewertung wurden die einzelnen Beurteilungen gemittelt. Alternativ wäre - dem Konzept der Delphi-Methode folgend - nach einer Diskussion der Abweichungen die Durchführung einer zweiten Einschätzung möglich, um die Abweichungen zu verringern.

Als Resultat ergibt sich ein Profil relativer Qualitätsstärke

Aus der Erfassung der relativen produktbezogenen Qualitätsstärken ergaben sich *Profile relativer Qualitätsstärke*, aus denen die derzeitige relative Qualitätsposition aus der internen Sicht (Abb. 2.14) und der Sicht der Kunden hervorgeht.

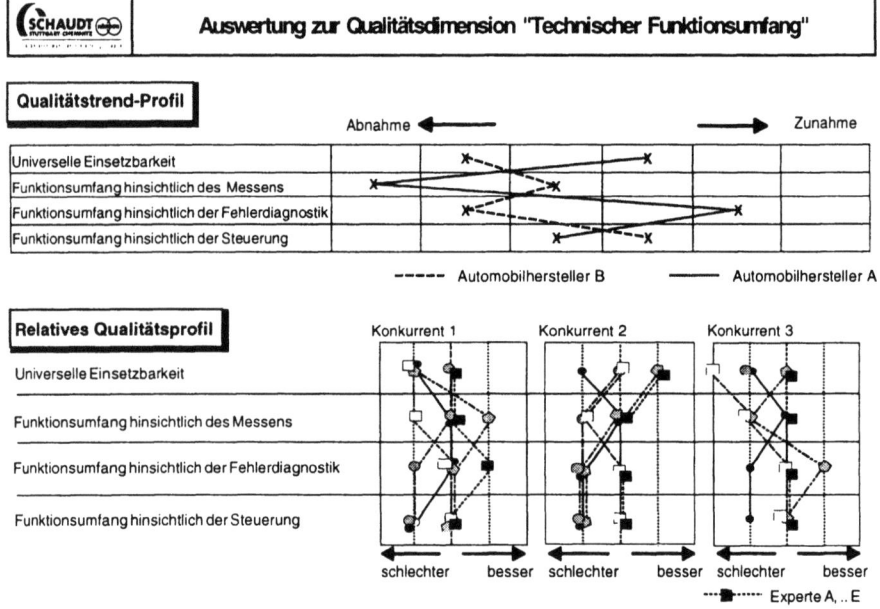

Abb. 2.14: Qualitätstrend-Profil und Relatives Qualitätsprofil der SCHAUDT Maschinenbau GmbH

2.5.4
Bewertung der Qualitätsanforderungen und Ableitung der Qualitätsstrategien

Zu den relevanten Trends und Qualitätsanforderungen gaben die Kunden detailliert Auskunft

Mithilfe der Darstellungsinstrumente konnten mitunter grundlegende Veränderungen der direkt geäußerten Anforderungen und der Trends festgestellt werden, die für den Schleifmaschineneinsatz bedeutsam sind. Die

Veränderungen wurden anhand der Qualitätsdimensionen und ihrer Kriterien genau lokalisiert.

Während bei einigen Qualitätsdimensionen für alle Kriterien einheitlich höhere Anforderungen formuliert wurden, ergaben die Aussagen der Kunden bei anderen Qualitätsdimensionen nur eingeschränkt verschärfte Qualitätsanforderungen. Hinsichtlich weniger Kriterien deuten die Angaben der Kunden sogar auf eine Entschärfung von Anforderungen in den nächsten 5 Jahren hin. Diese Aussagen wurden in Diskussionen mit den Kunden vertieft, so daß von einem fundierten Urteil der befragten Spezialisten ausgegangen werden kann. Darüber hinaus wurde durch die Erhebung und Analyse der langfristigen Kundenanforderungen ermittelt, welche Qualitätsdimensionen und -kriterien tatsächlich kaufentscheidenden Charakter besitzen.

Kundenanforderungen verschärfen sich nicht nur - vielmehr ergibt sich ein differenziertes Bild

Ohne die materiellen Ergebnisse im einzelnen wiederzugeben, kann festgehalten werden, daß im Schleifmaschinenmarkt neben der Qualitätsdimension „Technischer Funktionsumfang" insbesondere der „Dauerqualität", der „Umweltqualität" und der „Servicequalität" eine besondere Bedeutung zukommt. Gerade die Aussagen der Kunden zu diesen Qualitätsdimensionen ergaben auch Hinweise auf *Innovationsbedarf* und neue Leistungsschwerpunkte. Insbesondere in der Qualitätsdimension „Servicequalität" konnten die Erhebung und Analyse wichtige zukunftsweisende Anregungen zur Veränderung des Leistungsangebotes geben. Diese Impulse betrafen sowohl die „Pre-Sales"- als auch die „After-Sales"-Dienstleistungen. Die Servicepolitik beinhaltet für die SCHAUDT Maschinenbau GmbH ein entsprechend hohes Differenzierungspotential und die Möglichkeit, neue Geschäftsfelder zu erschließen.

Konkreter Innovationsbedarf und neue Geschäftsfelder werden aufgezeigt

In der Qualitätsmatrix wurden die aggregierten Ergebnisse zu den langfristigen Anforderungen der „Lead User"-Kunden (Qualitätsveränderungsbedarf) und zu den allgemeinen Trends im Umfeld des Einsatzes von Schleifmaschinen (Exogene Qualitätstrends) aus den Interviews gegenübergestellt. Die Erhebung der qualitätsrelevanten Trends konnte regelmäßig die beider Erhebung der langfristigen Kundenanforderungen beobachteten Antwortmuster erklären. So ist z. B. die prognostizierte Verschärfung der Entsorgungsbestimmungen eine Ursache für höhere Qualitätsanforderun-

Aussagen der Kunden bieten SCHAUDT eine wichtige Orientierung für die Zukunft

gen bzgl. der „Umweltqualität". Bei abweichenden Ergebnissen aus der Erhebung der langfristigen Kundenanforderungen und der qualitätsrelevanten Trends im Schleifmaschinenmarkt lagen die Gründe für eine Abweichung in kundenspezifischen Produktionsbedingungen.

Die Instrumente und das Konzept unterstützen die Ableitung der Qualitätsstrategie

Die Formulierung produktbezogener Qualitätsstrategien bei der SCHAUDT Maschinenbau GmbH wurde durch die in Abschn. 2.2.3 vorgestellten Instrumente fundiert und strukturiert. Insbesondere die Unterscheidung der beiden Qualitätsportfolios in ein subjektives, wahrnehmungsbezogenes und ein technisch-objektives Portfolio war ein wichtiger Ansatzpunkt für die Geschäftsleitung, qualitätsstrategische Überlegungen über die technische Produktgestaltung hinaus auf die Verbesserung der Wahrnehmung der Qualität auszuweiten. Zudem wurde in der Bewertung der Informationen auch deutlich, daß zukünftige Qualitätsstrategien der Dimension „Servicequalität" eine höhere Bedeutung zumessen müssen, wie sie traditionell nur den technischen Qualitätsdimensionen zugekommen ist.

Durch die Planungsinstrumente und das Spektrum der Qualitätsstrategien wird es der SCHAUDT Maschinenbau GmbH möglich, Optionen der strategischen Planung der Produktqualität systematisch und konkret zu einer Qualitätsstrategie zu kombinieren (s. Abb. 2.10). Eine nähere Darstellung der Ergebnisse muß an dieser Stelle aus Wettbewerbsgründen unterbleiben.

2.6
Schlußfolgerungen für die Unternehmenspraxis

Qualitätsstrategien dürfen nicht nebulös bleiben!

Mit dem vorgestellten Referenzmodell der strategischen Qualitätsplanung wird der Unternehmensführung ein Konzept geboten, die Qualität der Produkte zu erfassen und die darauf basierenden Erfolgspotentiale zu identifizieren, zu schaffen und zu erhalten. Damit wird die Lücke zwischen der (zu) allgemeinen Qualitätspolitik einerseits und der (zu) operativen Qualitätsplanung andererseits geschlossen, indem die erfaßten Informationen mit den beschriebenen Planungsinstrumenten geeignet verdichtet und strukturiert werden.

Die dargestellten Erhebungs- und Analyseinstrumente zur Unterstützung der strategischen Qualitätsplanung können wesentlich dazu beitragen, die Informationsdefizite sowie die methodischen Lücken in der strategischen Qualitätsplanung zu beseitigen. Sie tragen damit zu einer fundierten und systematischen Qualitätsplanung bei.

Durch die Erhebung der langfristigen Kundenanforderungen und allgemeiner qualitäts- und technologiebezogener Trends wird der oft kurzfristige Fokus der qualitätsbezogenen Produktplanung überwunden. Dadurch eröffnet sich zum einen die Möglichkeit, kundengerechtere und wettbewerbsfähigere Produkte zu entwickeln. Zum anderen können Vorentwicklungen und der Aufbau von qualitätsrelevanten Unternehmenspotentialen und -kompetenzen frühzeitig initiiert werden. Ein positiver Nebeneffekt der Erhebung der Kundenanforderungen bei „Lead User"-Kunden ist die Festigung der Kundenbindung.

Das Konzept sowie die Erhebungs- und Analyse-Instrumente zur Unterstützung der strategischen Qualitätsplanung tragen damit in mehrfacher Weise zur Schaffung qualitätsbezogener Erfolgspotentiale bei, deren Bedeutung für den Unternehmenserfolg durch die PIMS-Studie nachdrücklich unterstrichen wird.

Die Planungsinstrumente erhöhen die Rationalität, die Transparenz und die Nachvollziehbarkeit der Planung

Die Qualitätsplanung darf nicht allein Domäne der operativen Bereiche bleiben!

2.7
Literatur

Buzzell, R. D., Gale, B. T.: Das PIMS-Programm. Wiesbaden: Gabler 1989.

Dögl, R.: Strategisches Qualitätsmanagement im Industriebetrieb. Göttingen: Vandenhoeck & Ruprecht 1986.

Eisenführ, F., Weber, M.: Rationales Entscheiden. Berlin et al.: Springer-Verlag 1993.

Gale, B. T., Buzzell, R. D.: Market Perceived Quality. In: Planning Review 2, S. 6-15 (1989).

Garvin, D. A.: Competing on the Eight Dimensions of Quality. Harvard Business Review 6, S. 101-109 (1987).

Geschka, H.: Methoden der Technologiefrühaufklärung und der Technologievorhersage. In: Zahn, E.: Handbuch Technologiemanagement. Stuttgart: Schäffer-Poeschel 1995, S. 623-644.

Herstatt, C.: Anwender als Quellen für die Produktinnovation. Dissertation. Universität Zürich 1991.

Horváth, P.: Controlling. 5. Aufl., München: Vahlen 1994.

Hummeltenberg, W.: Bewertungsmodelle für TQM. In: Preßmar, D. B.: Total Quality Management I. Wiesbaden: Gabler 1995.

Kandaouroff, A.: Qualitätskosten. Zeitschrift für Betriebswirtschaft 6, S. 765-786 (1994).

Kern, W.: Industrielle Produktionswirtschaft. 4. Aufl., Stuttgart: Poeschel 1990.

Lange, V.: Technologische Konkurrenzanalyse. Wiesbaden: Deutscher Universitäts-Verlag 1994.

Link, U.: Strategische Konkurrenzanalyse im Konsumgütermarketing. Idstein: Schulz-Kirchner 1988.

Montoya-Weiss, M., Calantone, R.: Determinants of New Product Performance: A Review and Meta-Analysis. Journal of Product Innovation Management 11, S. 397-417 (1994).

Mühlbacher, H., Dreher, A., Gabriel-Ritter, A.: Strategische Positionierung - Grundpfeiler des Marketings in komplexen und dynamischen Umwelten. Die Betriebswirtschaft 2, S. 203-219 (1996).

Müller, M., Zenz, A.: Qualitätsmanagement und Qualitätscontrolling in Deutschland. VDI-Z 4, S. 40-43 (1996).

Porter, M. E.: The Competitive Advantage of Nations. New York: The Free Press 1990.

Raabe, T.: Konsumentenbeteiligung bei der Produktinnovation, Frankfurt a.M., New York: Campus 1993.

Rogers, E. M.: The Diffusion of Innovation. 3. Ed., New York, London: The Free Press 1983.

Rommel, G., Kempis, R.-D., Kaas, H. W.: Does Quality Pay? The McKinsey Quarterly 1, S. 50-63 (1994).

Schmitz, J.: Qualitätscontrolling und Unternehmenserfolg. München: Vahlen 1996.

Schröder, H.-H.: Technologiemanagement. In: Kern, W., Schröder, H.-H., Weber, J.: Handwörterbuch der Produktionswirtschaft. 2. Aufl., Stuttgart: Schäffer-Poeschel 1996, Sp. 1994-2011.

Schröder, H.-H.: Technologische Vorhersagen. In: Szyperski, N., Winand, U.: Handwörterbuch der Planung. Stuttgart: Schäffer-Poeschel 1989, Sp. 2015-2026.

Schwickert, G.: Organisatorische Aspekte einer Implementierung von Qualitätsstrategien in Industriebetrieben. Arbeitspapier Nr. 33 Universität Köln 1990.

Staudt, E., Hinterwäller, H.: Von der Qualitätssicherung zur Qualitätspolitik - Konzeption einer integralen unternehmerischen Qualitätspolitik. Zeitschrift für Betriebswirtschaft 11/12, S. 1000-1042 (1982).

Steffenhagen, H.: Marketing. Stuttgart et al.: Kohlhammer 1988

von Hippel, E.: Lead User: A Source of Novel Product Concepts. Management Science, S. 791-805 (1986).

Weber, J.: Einführung in das Controlling. 6. A., Stuttgart: Poeschel 1995.

Wildemann, H.: Qualität und Produktivität - Erfolgsfaktoren im Wettbewerb. In: Wildemann, H.: Qualität und Produktivität. Frankfurt a. M.: Frankfurter Allgemeine Zeitung Verlag 1994.

Wilken, C.: Strategische Qualitätsplanung und Qualitätskostenanalysen im Rahmen eines Total Quality Management. Heidelberg: Physika 1993.

Wolfrum, B.: Strategisches Technologiemanagement. 2. Aufl., Wiesbaden: Gabler 1994.

Zenz, A.: The Assessment of the Strategic Quality Planning Process: Concept, Method and Empirical Results. Proceedings of the Third EOQ Forum on TQM Development „Self-Assessment and Benchmarking. The Key to Strategic Improvement Planning", 21.- 22.3.1996. Wien, S. 7-17 (1996).

Zink, K. J., Hauer, R., Schmidt, A.: Quality Assessment, Teil 1. Qualität und Zuverlässigkeit 10, S. 585-590 (1992a).

Zink, K. J., Hauer, R., Schmidt, A.: Quality Assessment, Teil 2. Qualität und Zuverlässigkeit 11, S. 651-658 (1992b).

3 Quality Target Costing

Winfried H. Karsten, Jan Chandra Gupta,
Marcus Schramm, Andreas Kaiser

3.1
Einführung

3.1.1
Kundenzufriedenheit durch Produktqualität

Qualität ist im weiteren Sinne die Erfüllung der Kundenwünsche durch die Eigenschaften des Produktes
und der dazugehörenden Dienstleistungen.

Neben den Eigenschaften des Produktes im Sinne
der Qualität bilden der Preis bzw. die Kosten und die
Lieferbereitschaft des Produktes bzw. die Servicebereit-
schaft ein Spannungsdreieck, in dem sich jedes Unternehmen befindet (Abb. 1). Veränderungen einer Dimension dieses Spannungsdreiecks lassen sich meist nur zu
Lasten der beiden anderen realisieren. Das Optimie-
rungsproblem dieser drei Dimensionen ist somit die
Hauptaufgabe innerhalb der Produktentwicklung (vgl.
Kaiser, 1995, S. 106).

Die zunehmende Individualisierung der Kundenwünsche und Globalisierung des Wettbewerbs hat zu
einem stetig steigenden Konkurrenz- und Kostendruck
geführt. Hierbei fällt es vielen Unternehmen immer
schwerer, entweder durch Kostenführerschaft oder
durch technologische Differenzierung der Produkte in
einem attraktiven Marktsegment sich gegenüber dem
Wettbewerb zu behaupten. Die Verfolgung einer Misch-
Strategie zwischen einem preisgünstigen Produkt und
einem hohen technologischen Standard im Produkt
kann den Unternehmenserfolg entscheidend beeinflussen (vgl. Kato 1993, S. 37). Die Grundlagen hierfür sind
bereits in der Produktentwicklung zu legen. Die richtige
Balance zwischen dem Preis und den Eigenschaften

Qualitätsbegriff

Optimierung von Qualität,
Zeit und Kosten

Wettbewerbsdruck durch
zunehmende Individuali-
sierung und Globalisie-
rung

eines Produktes zu finden, läßt sich in der Regel nur durch eine stärkere Kundenorientierung erreichen (vgl. Seidenschwarz, 1993, S. 101).

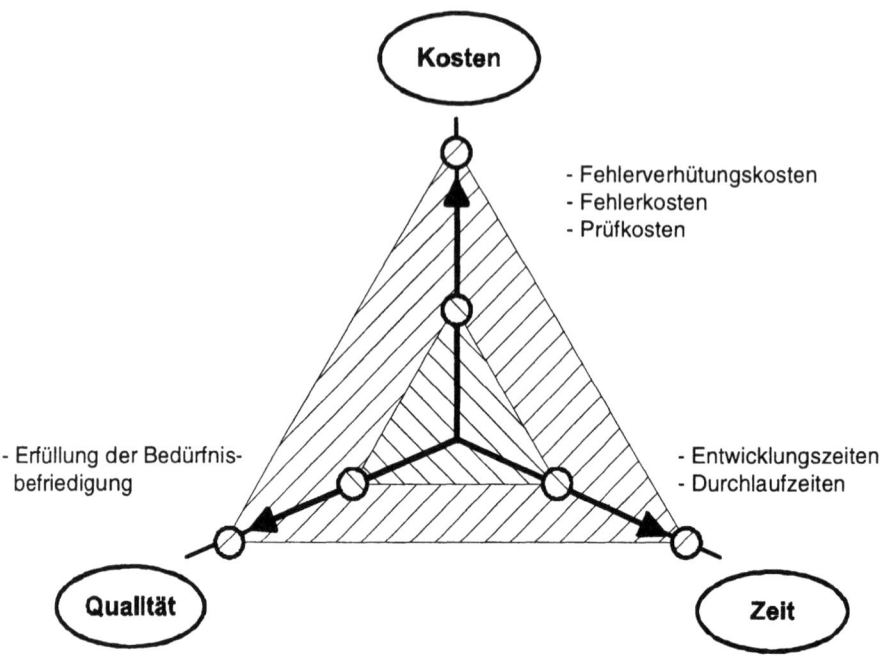

Abb. 1: Spannungsdreieck Kosten, Qualität und Zeit

3.1.2
Qualität und Target Costing

Was darf das Produkt kosten versus was wird das Produkt kosten?

Der Preis, den der Kunde zu zahlen bereit ist, legt er in Abhängigkeit vom Vorhandensein bestimmter Produkteigenschaften im Hinblick auf seine persönlichen Nutzenpräferenzen fest. Es geht hierbei um die Frage, was das Produkt bzw. die einzelnen Komponenten kosten dürfen und nicht was sie kosten werden. Diese beiden Fragen sind Kernfragen des Zielkostenmanagements (Target Costing).

Quality Target Costing

Die Aussagekraft der Ergebisse des Target Costing hängt wesentlich von der Güte der Eingangsinformationen ab. Beim Target Costing sind dies vor allem die Kundenanforderungen und deren Gewichtung. Da die Erfüllung der Kundenanforderungen im wesentlichen den Grad der Kundenzufriedenheit und somit die Qualität des Produktes und der Dienstleistungen darstellt, wird in diesem Beitrag von „Quality Target Costing" gesprochen.

3.2 Zielkostenmanagement

Im Rahmen der Produktentwicklung werden konsequent und von Anfang an die Kundenwünsche bzw. die Marktanforderungen an das zu entwickelnde Produkt in Form von Zielkosten je Produktkomponente berücksichtigt und als Steuergröße für die Tätigkeiten in der Produktentwicklung eingesetzt. Durch die Orientierung am Markt und die sich daraus ergebenden Konsequenzen für die Produktentwicklung wird eine Richtungsänderung der Denkweise notwendig (Abb. 2). Wurden bisher die Preise für Produkte durch eine Kosten-plus-Gewinn-Kalkulation ermittelt, erfordert das Zielkostenmanagement eine Ermittlung des (Darf-) Preises durch eine Preis-Minus-Gewinn-Kalkulation.

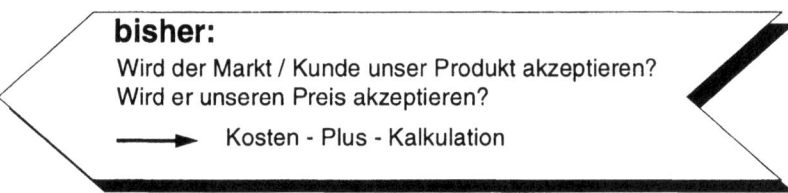

bisher:
Wird der Markt / Kunde unser Produkt akzeptieren?
Wird er unseren Preis akzeptieren?

→ Kosten - Plus - Kalkulation

Richtungsänderung der Denkweise

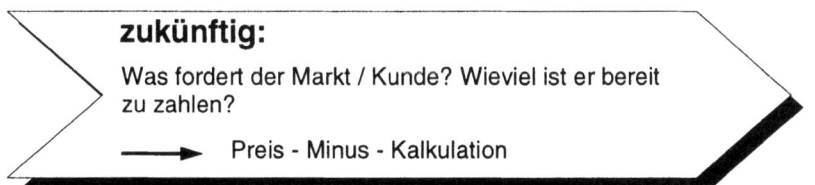

zukünftig:
Was fordert der Markt / Kunde? Wieviel ist er bereit zu zahlen?

→ Preis - Minus - Kalkulation

Abb. 2: Richtungsänderung der Denkweise

Das in der Serienproduktion und hier vor allem von großen Unternehmen angewandte Zielkostenmanagement war bisher nur mit starken Einschränkungen bei Einzel- und Kleinserienproduzenten einsetzbar. Insbesondere der hohe erforderliche Aufwand bedingte, daß die Umsetzung bisher nur im Bereich der Serienpro-

Target Costing in der Einzel- und Kleinserienproduktion

duktion lag. Des weiteren ergab sich bisher das Problem, die vom Markt vorgegebenen Kosten auf die einzelnen Produktkomponenten zu verteilen. Die genannten Defizite waren Grund, das Zielkostenmanagement für den Einsatz in mittelständischen Unternehmen zu operationalisieren.

Kostenorientierte Koordination durch entwicklungsbegleitende Kalkulation

Innerhalb des Zielkostenmanagements (Target Costing) ist die kostenorientierte Koordination aller am Produktentwicklungsprozeß beteiligten Bereiche wie z.B. Vertrieb, Marketing, Konstruktion/Entwicklung und Controlling sicherzustellen. Ein wichtiger Bestandteil dabei ist die entwicklungsbegleitende Kalkulation der Produkte und Komponenten bereits in sehr frühen Phasen des Entwicklungsprozesses, in denen beispielsweise die zu entwickelnden Produktvarianten und die zu verwendenden Technologien etc. festgelegt werden. Nur so kann sichergestellt werden, daß auch die teilweise mit weitreichenden Konsequenzen verbundenen Entscheidungen unter Kosten- und Rentabilitätsgesichtspunkten getroffen werden können.

Verursachungsgerechte Kalkualtion

Für eine derart frühe Produkt- und Bauteilkalkulation bedarf es eines Kalkulationsinstrumentes, das zum einen durch Simulationsmöglichkeiten über den gesamten Produktlebenszyklus Kostenaussagen machen kann sowie zum anderen auch Aufwendungen des Gemeinkostenbereichs verursachungsgerecht berücksichtigt.

Drei Phasen im Target Costing

Das Zielkostenmanagement wird als Prozeß verstanden, der sowohl die Entwicklungs- und Konstruktionsphase, als auch den kompletten Produktlebenszyklus bis zum Marktaustritt des Produktes abdeckt. Ausgehend von den Zielsetzungen des Zielkostenmanagementprozesses kann man diesen in drei Phasen unterteilen (Abb. 3).

Phase 1: Produktlebenszyklusplanung

Die erste Phase, auch als Produktlebenszyklusplanung bezeichnet, hat die Grobdefinition des Entwicklungsvorhabens sowie der zu realisierenden Zielkosten zum Ziel. Die Erreichung dieser Zielkosten soll die gewünschte Mindestrentabilität des Entwicklungsprojektes sicherstellen. Ausgehend von Marktanalysen bzw. Kundenbefragungen werden alternative Produktversionen mit ihren Komponenten entsprechend der Kundensicht gewichtet.

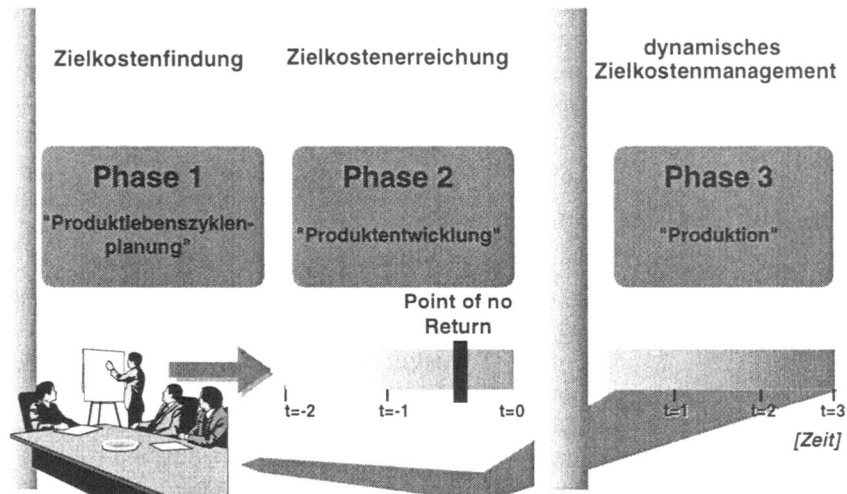

Abb. 3: Phasen des Zielkostenmanagements

Zur Analyse der Kundenanforderungen bzgl. der Eigenschaften des Produktes in Relation zu dessen Preis ist die Conjoint Measurement Methode das am meisten eingesetzte Verfahren (vgl. Theuerkauf, 1989, S. 1179-1192). Gegenstand der Conjoint-Analyse ist die Messung psychologischer Werturteile mit dem Ziel, aus den Gesamturteilen des Kunden auf die Produktfunktionen schließen zu können. Mit Hilfe dieser Methode ist es möglich, den relativen Beitrag einzelner Produktmerkmale wie z.B. Design, Funktionalität, Bedienerfreundlichkeit oder Garantieleistungen zur Gesamtbewertung eines Produktes zu ermitteln und somit zur Preisfindung zu nutzen. Ausgangspunkt der Conjoint-Analyse ist die Annahme, daß die Präferenzen für Produkte (Varianten) durch die Bewertung von mehreren Eigenschaften zustande kommen. Die Conjoint Analyse eignet sich zur Simulation von Kaufentscheidungen und bietet auf der Grundlage der daraus ableitbaren Preis-Absatz-Funktion Ansatzpunkte im Hinblick auf die Ermittlung eines vom Markt akzeptierten Preises für ein Produkt (Variante) mit bestimmten Eigenschaften.

Der Kunde stellt bzgl. der ihm bekannten Produktfunktionalitäten Anforderungen an deren Qualität und Gestaltung. Mit einer steigenden Anzahl an Produktfunktionalitäten nimmt damit die Anzahl potentieller Kundenanforderungen zu. Zusätzlich zu den durch den

Analyse der Kundenanforderungen mit der Conjoint Measurement Methode

Kunden artikulierten Anforderungen sind gerade bei komplexen Investitionsgütern die Verhaltensweisen des Kunden (z.B. Fehlbedienungen) innerhalb einer Anforderungsliste mit zu berücksichtigen.

Aus der Relation der Erfüllung der Kundenanforderungen mit dem am Markt absetzbaren Preis ergeben sich die erlaubten Kosten, die im folgenden als Darfkosten bezeichnet werden.

Ermittlung der Zielkostenlücke

Diese Darfkosten werden im Rahmen der nachfolgenden Zielkostenkontrolle den Standardkosten gegenübergestellt. Die Standardkosten stellen die Ist-Kosten nach dem derzeitigen Technologiestandard und den aktuellen Prozessen im Unternehmen dar (vgl. Seidenschwarz, 1993, S. 101). Nach der Gegenüberstellung der Standard- und Zielkosten stehen prinzipiell drei Alternativen zur Auswahl (Abb. 4). Ist kein Target Gap vorhanden, so kann das Produkt entsprechend der Konzeption und in der geplanten Variantenvielfalt produziert werden. Ist das Target Gap so groß, daß es nicht zu schließen ist, so ist im Rahmen einer Make-or-Buy-Entscheidung eine Fremdvergabe zu prüfen oder das Produkt aus dem Angebot zu nehmen. Ist zu erwarten, daß das Gap schließbar ist, so sind die Möglichkeiten zum Redesign des Produktes oder der relevanten Prozesse zu simulieren.

Zielkostenspaltung

Zielkostenvorgaben auf Gesamtproduktebene sind zu undifferenziert, um die Zielkostenerreichung effektiv kontrollieren und steuern zu können. Deshalb ist es notwendig, die Gesamtzielkosten weiter (z.B. auf Komponentenebene) herunterzubrechen. Diese Phase wird als Zielkostenspaltung bezeichnet. Den am Markt amortisierbaren Komponentenkosten (Darfkosten je Komponente) können dann die Selbstkosten für die Produkterstellung gegenübergestellt werden.

Ziel der Zielkostenspaltung ist es, die Zielkosten des Produktes derart auf die Produktkomponenten zu verteilen, daß sie den vom Kunden an das Produkt gestellten Anforderungen entsprechen. Die Komponentenkosten sollen sich daher zu den Gesamtkosten genau so verhalten, wie der Nutzenbeitrag der Komponenten zum Gesamtnutzen des Produktes.

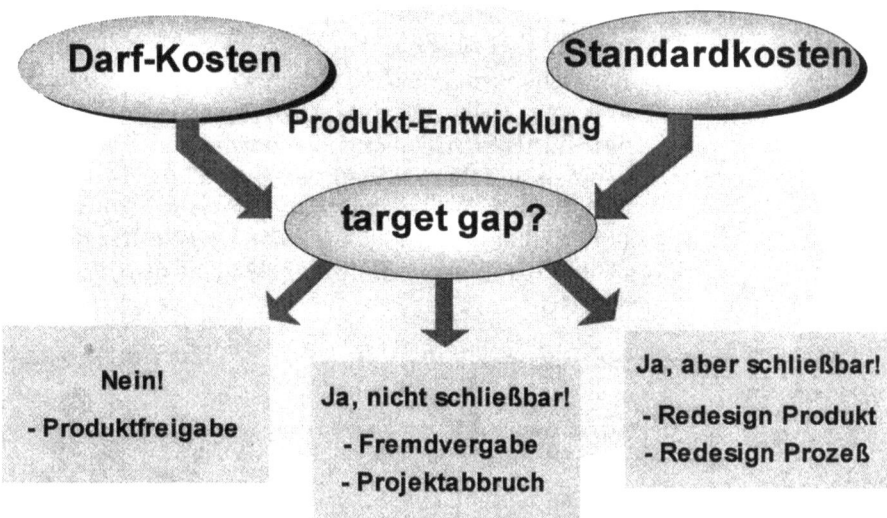

Abb. 4: Target Gap

Dazu wird zunächst auf Basis der Kundenbefragungen eine Gewichtung sämtlicher Produktfunktionen innerhalb einer Matrix durchgeführt. Die jeweilige Relevanz einer Produktfunktion zur Erfüllung einer bestimmten Kundenanforderung wird dabei abgeschätzt. Der geschätzte Anteil der Erfüllung wird in der Matrix durch Gewichtungsziffern festgelegt. Der Aufbau dieser Spaltungsmatrix zeigt die konzeptionelle Verwandtschaft mit dem House of Quality des Quality Function Deployment (QFD). Daher wird diese Systematik analog dem QFD als Target Cost Deployment bezeichnet (Abb. 5).

Gewichtung der Produktfunktionen

Diejenige Produktversion, für die eine Erreichung der Darfkosten wahrscheinlich ist, wird als Entwicklungsprojekt definiert. Hierbei wird mit Hilfe der Simulation verschiedener Kostensenkungsmaßnahmen (Kneten) das Optimum im Hinblick auf die Erreichung der Zielkosten angestrebt.

Projektentscheidung

Im Anschluß daran folgt die Produktentwicklung (Entwicklungsphase) (Phase 2). Die Entwicklungsphase hat die Zielkostenerreichung bei den konstruktiv ausgestalteten Komponenten sowie beim Gesamtprodukt zum Ziel. Im Zuge der Konkretisierung der Produktgestalt werden regelmäßig mit den verfügbaren Informa-

Phase 2: Produktentwicklung

tionen die Selbstkosten für die Komponente ermittelt und mit den zu erreichenden Zielkosten verglichen. Bei Abweichungen zwischen den ermittelten Selbstkosten und den Zielkosten sind entsprechende Maßnahmen des Kostenmanagements vorzunehmen. Diese Maßnahmen umfassen sowohl den Bereich der Fertigungskosten, aber auch denjenigen der Gemeinkosten. Die Entwicklungsphase endet mit der Freigabe der Komponenten bzw. des Gesamtproduktes und dem Produktionsstart.

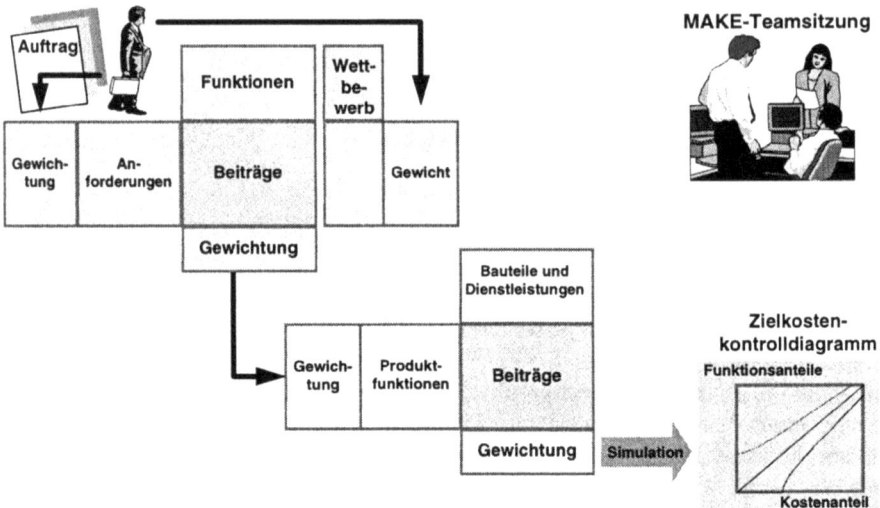

Abb. 5: Target Cost Deployment

Phase 3:
Zielkostenmanagement

Mit der Markteinführung des Produktes beginnt die Phase 3 des Zielkostenmanagements, das dynamische Zielkostenmanagement. Hier ist ein permanentes Projekt- und Produktcontrolling der Ist-Kostenentstehung für das Produkt durchzuführen, um die gesteckten Ziele zu erreichen bzw. zu sichern.

3.3
Unterstützung durch das Programmsystem MAKE

Programmsystem MAKE

Im Rahmen eines vom Bundesministerium für Bildung, Wissenschaft, Forschung und Technologie (BMBF) geförderten Verbundprojektes mit namhaften Industriepartnern und dem Laboratorium für Werkzeugmaschinen und Betriebslehre (WZL) der RWTH Aachen wurde von der Firma GPS das Programmsystem MAKE (Markt- und kostenorientierte Entwicklung) entwickelt, daß unter Einbeziehung der Prozeßkostenrechnung ein durchgängiges Instrumentarium zum Zielkostenmanagement bietet. An dem Verbundprojekt sind mittelständische Unternehmen unterschiedlicher Größe und Fertigungsmodalitäten beteiligt, die ihr Know-how sowie ihre spezifischen Anforderungen in die Software-Entwicklung einbrachten. Mit den Instrumenten des Programmsystems werden die nachfolgenden Ablaufschritte systematisch unterstützt (Abb. 6):

- In Marktdatentabellen werden für alle Produktvarianten und Märkte, auf denen das Produkt plaziert werden soll, aus dem erwarteten Preis und den Absatzstückzahlen in den einzelnen Perioden der Umsatz berechnet und durch Kalkulation einer Soll-Rendite das Zielkostenbudget für den Gesamtmarkt des Produktes abgeleitet.
- Die Kundenanforderungen für einzelne Produktvarianten werden gewichtet und über eine Systematik, die der Methodik des Quality Function Deployment ähnelt, wird diese Gewichtung der Anforderungen auf die Produktkomponenten und dem Produkt zugehörige Dienstleistungen übertragen. Das Ergebnis dieses Target Cost Deployments ist die Gewichtung der einzelnen Komponenten im Hinblick auf die Erfüllung der Anforderungen aus der Sicht des Kunden.
- Für diese Produktkomponenten und Dienstleistungen werden notwendige Investitionen über den geplanten Produktlebenszyklus in den einzelnen Perioden in einer Projektkostentabelle systematisch erfaßt.
- Mittels dieser Daten (Umsatz, Rendite, Zielkosten und Projektkosten) werden parallel dazu innerhalb der Simulationen in einer Wirtschaftlichkeitsrechnung übliche Kennzahlen der Investitionsrechnung (Kapitalwert, Endwert, interner Zinsfuß, Annuität etc.) ermittelt, die während des gesamten Entwicklungsprozesses konkretisiert werden und auch zur Entscheidungsfindung herangezogen werden.
- Entscheidend für die Erreichung der gewünschten Rendite ist eine verursachungsgerechte Verrechnung der Prozeß- und Produktkosten auf das zu konkretisierende Produktkonzept. Dies wird durch eine prozeßorientierte Verrechnung der Gemeinkosten auf die Produktkomponenten erreicht.

– Im Rahmen der Zielkostenkontrolle werden die vom Markt ermittelten Zielkosten und Standardkosten auf Produktkomponentenebene gegenübergestellt. Ergebnis dieser Gegenüberstellung ist die Aussage, welche Produktkomponenten relativ zu ihrer Bedeutung zu hohe Kosten verursachen bzw. wie hoch der Kostenreduzierungsbedarf je Komponente ist.

– Zum Vergleich der Produktversionen einzelner Entwicklungsteams werden in Projektverfolgungsdateien systematisch alle projektrelevanten Informationen, Projekthistorie und Teamdokumentation gesammelt und ausgewertet. So wird nicht nur die Planung einzelner Produktvarianten ermöglicht, sondern darüber hinaus auch die Planung von Produktfamilien.

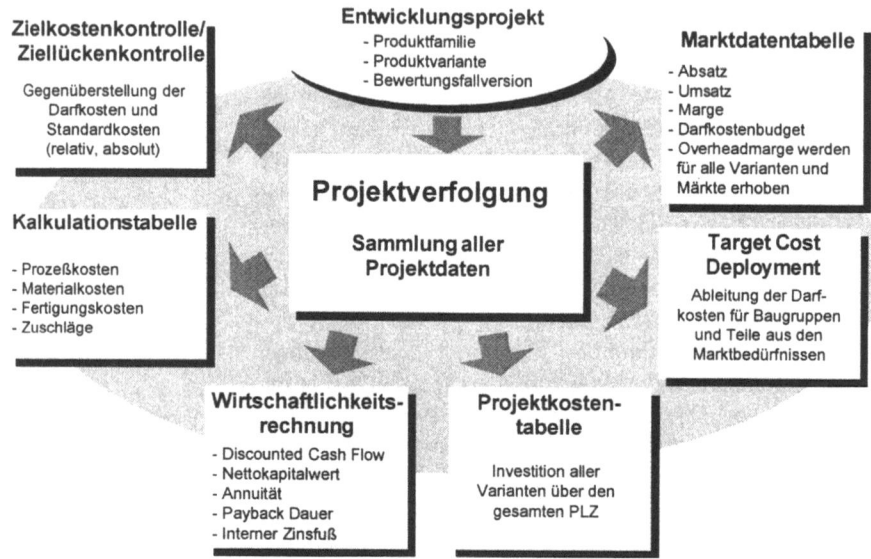

Abb. 6: Instrumente des Programmsystems „MAKE"

3.4
Einordnung in das Gesamtkonzept

Quality Target Costing als ein Baustein des „prozeß-orientierten Qualitätscontrollings" ermöglicht Einzel- und Kleinserienherstellern die Kundenanforderungen monetär abzubilden und den Standardkosten gegenüber zu stellen. Damit ist es ein Instrumentarium zur Qualitätssteigerung und Kostensenkung.

Im Zusammenspiel mit anderen Bereichen des Qualitätscontrollings stehen vor allem Informationen über den Kunden und Kosten im Vordergrund (Abb. 7).

Input bzgl. des Kunden wird insbesondere von den Bereichen „Strategische Qualitätsplanung" und „Kundenzufriedenheitsmessung" geliefert. Die „Strategische Qualitätsplanung" erhebt langfristige Kundenanforderungen. Diese grundsätzliche Kundenorientierung gibt erste Anhaltspunkte bei der Untersuchung der produktspezifischen Kundenanforderungen im Quality Target Costing. Ebenso werden die Kundenanforderungen durch die „Kundenzufriedenheitsmessung" ergänzt und ein Feedback bzgl. der Zielerreichung ermöglicht.

Die Bereiche „Lernkurveninstrument" und „Controlling von Garantiekosten" hingegen lassen Aussagen bezüglich auftretender Kosten zu. In dem Bereich „Lernkurveninstrument" werden Aufwände für die Qualitätssicherung erfaßt, wie z.B. der Nacharbeitsaufwand. Diese Informationen können bei der Erhebung der Standardkosten teilweise einfließen. Das „Controlling von Garantiekosten" untersucht die Wirtschaftlichkeit von qualitätsrelevanten Unternehmensprozessen und leistet somit einen Beitrag zur Erfassung der Standardkosten.

Der Bereich „PPS-orientiertes Qualitätscontrolling" stellt grundsätzliche Informationen über Aufträge zur Verfügung. Der Output des Quality Target Costing resultiert aus der kundenorientierten Betrachtung der Kosten. Quality Target Costing liefert, wie beschrieben, einen Beitrag zur monetären und qualitativen Orientierung der Produkte und der Produktion an den Anforderungen des Kunden. Die in diesem Prozeß erstellten Informationen können von anderen Bereichen des Qualitätscontrollings verwendet werden. Insbesondere die Kostendaten sind ein Output des Quality Target

Schnittstellen des Qualitätscontrollings zum Quality Target Costing

Costing. Einerseits werden mittels der ressourcenorientierten Prozeßkostenrechnung die Standardkosten ermittelt. Andererseits werden mittels erfaßter Kundenanforderungen die Darfkosten ermittelt. Neben den Kostendaten sind die Kundenanforderungen noch ein wesentlicher Input für andere Bereiche.

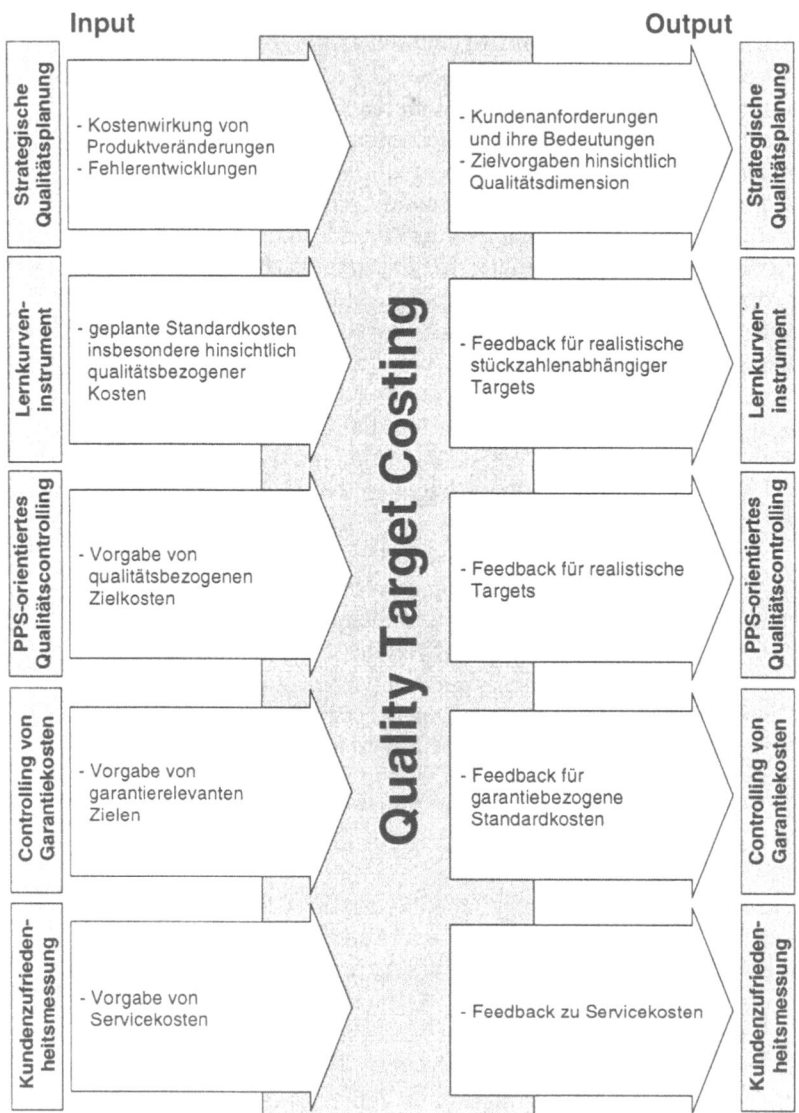

Abb. 7: Schnittstellen des Qualitätscontrollings zum Quality Target Costing

3.5
Praxisbeispiel

Die im Rahmen des Quality Target Costing dargestellte Thematik wird nachfolgend anhand eines Produktes aus der Einzel- und Kleinserienfertigung vorgestellt. Im Rahmen des vorliegenden Beispiels soll auf die Besonderheiten der Anwendung des Zielkostenmanagement in kleinen und mittleren Unternehmen hingewiesen werden.

Das hier betrachtete Unternehmen produziert komplexe Hochdruckwasserstrahlsysteme für Reinigungs- und Abtragungsanwendungen. Die Anwendung des Target Costing bei dem Unternehmen der Einzel- und Kleinserienfertigung untergliederte sich in unternehmensintern und unternehmensextern ausgerichtete Arbeitschritte (Abb. 8).

Zielkostenmanagement in kleinen und mittleren Unternehmen

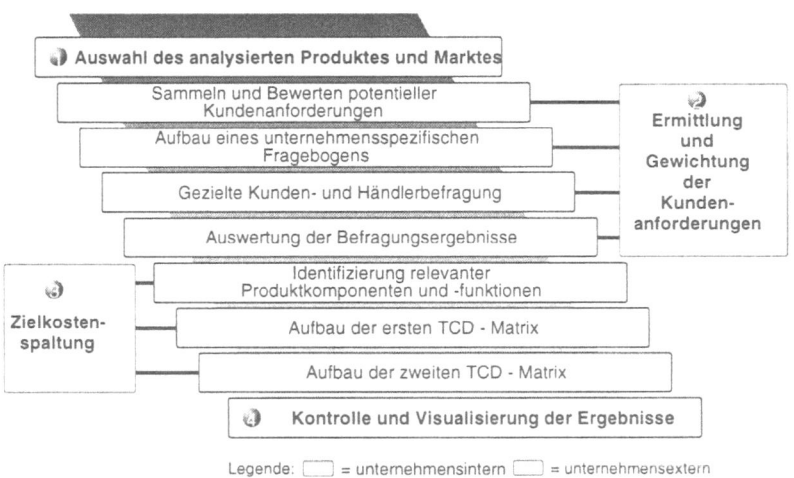

Abb. 8: Anwendung des Target Costing

3.5.1
Klärungsbedarf des Target Costing

Im ersten Schritt wurde zunächst geklärt, für welchen Markt und welches Produkt die Untersuchungen durchgeführt werden sollen (Abb. 9). Dazu sind die Märkte bzw. Kunden der analysierten Firma in Marktsegmente geclustert worden. Die Clusterung erfolgte dabei entsprechend des Standortes der Kunden/Märkte in länderspezifische Gruppen und produktspezifische Grup-

Bildung von Marktsegmenten

pen, so daß homogene Marktsegmente gebildet werden konnten. Unter einer produktspezifischen Kundengruppierung wird in diesem Zusammenhang eine Gruppe von Kunden verstanden, die in bezug auf ein bestimmtes Produkt des Unternehmens über das gleiche Betreiber-Know-how verfügen. Eine detaillierte Betrachtung des Marktes ist entscheidend, da sich Kundenpräferenzen, Preisniveau, Anzahl potentieller Kunden sowie die Umsatzanteile der verschiedenen Märkte stark unterscheiden können.

Festlegung der Produktart und des Kundentyps   Daraufhin wurde festgelegt, welche Produktart und welcher Kundentyp untersucht werden sollte und welche Rückschlüsse sich daraus für die Art der Kaufentscheidung und die Form der Befragungsanalyse ergaben.

Wo
Welcher Markt soll betrachtet werden?

🌑 Kundenpräferenzen

🌑 Preisniveau

🌑 Anzahl potentieller Kunden

🌑 Umsatzanteil

Was
Welches Produkt soll analysiert werden?

🌑 Basisprodukt des Unternehmens

🌑 Hoher Umsatzanteil

🌑 Kein Exote bezüglich der Komplexität

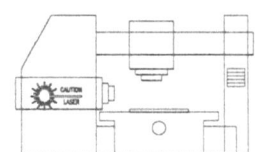

Abb. 9: Klärungsbedarf des Target Costing

Im Mittelpunkt der Analysen bei der Firma stand ein Basisprodukt des Unternehmens. Es handelte sich um eine fahrbare, gräuschgekapselte Hochdruckwasserstrahlanlage für Betriebsdrücke bis 2500 bar. Der zu untersuchende Markt wurde auf Deutschland sowie die wichtigsten europäischen Nachbarstaaten beschränkt. Die Marktanalysen ergaben, daß innerhalb dieses Marktes in bezug auf das untersuchte Produktspektrum weitgehend homogene Kundenanforderungen auftreten und länderspezifische Anforderungen kaum gegeben sind.

Vor dem eigentlichen Prozeß des Target Costing wurden zunächst die Standardkosten des ausgewählten Produktes berechnet. Ziel des Target Costing ist es, die abgeleiteten Zielkosten mit den berechneten Standardkosten zu vergleichen und damit potentielle Kostenreduzierungsbedarfe auszuweisen. Daher sollte eine möglichst verursachungsgerechte Berechnung der Standardkosten erfolgen. Bei der Berechnung der Standardkosten wurde aus diesem Grunde die Prozeßkostenrechnung eingesetzt. Die auf dieser Basis durchgeführte Bewertung des Produktes ermöglicht neben der Ermittlung der gesamten Standardkosten in Höhe von DM 134.000,00 ein differenziertes „Kostenbild".

Ermitteln der Standardkosten

3.5.2
Kundenanforderungen und deren Gewichtung

Der wirtschaftliche Einsatz der Conjoint Methode bei Einzel- und Kleinserienproduzenten, die sich zumeist durch Produkte mit einer hohen Komplexität auszeichnen, ist allerdings problematisch. Die große Produktkomplexität beruht dabei auf der Anzahl der realisierten Produktfunktionalitäten sowie der verwendeten Anzahl an Produktkomponenten. Die im Rahmen einer Conjoint Analyse zu bewertende potentielle Anzahl an Produktvarianten steigt exponentiell zu der Anzahl der Produktkomponenten und deren möglichen Ausprägungen. So ergeben sich bereits bei drei Produktkomponenten mit jeweils drei Ausprägungen 27 mögliche Kombinationen.

Einsatz der Conjoint Methode

Analysen im Rahmen des Projektes haben gezeigt, daß selbst bei einer Anzahl von neun Produktprofilen, die sich z.B. aus drei Kundenanforderungen mit jeweils drei Merkmalsausprägungen ergeben, der Kunde durch eine Relativbewertung der neun Produktprofile überfordert ist.

Des weiteren verfügen Einzel- und Kleinserienhersteller im Gegensatz zu Serienherstellern über einen weitaus kleineren Kundenstamm. Die für eine Conjoint Methode notwendige statistische Grundgesamtheit zur objektiven Auswertung und Validierung der Kundenbefragung ist nicht gegeben. Der Einsatz der Conjoint Analyse für komplexe Investitionsgüter ist in der Praxis damit nicht wirtschaftlich realisierbar, daher wurde eine

Wirtschaftlichkeit der Conjoint-Methode

praxisorientierte Vorgehensweise gewählt, die eine wirtschaftliche Bewertung der Kundenanforderungen auch für Investitionsgüter ermöglicht.

Da in der Regel kleine und mittlere Unternehmen (KMU) im Gegensatz zu Serienfertigern über einen begrenzten, aber meist bekannten, Kundenkreis verfügen, ist es sinnvoll, eine vollständige Datenerhebung (d.h. Kundenbefragung) durchzuführen sowie diese durch eine direkte Befragungen bei den Kunden vor Ort zu realisieren. In vielen Fällen liegen aufgrund der engen Kundenbeziehungen bereits detaillierte Informationen über die Kundenwünsche vor. Im vorliegenden Beispiel wurden daher zunächst die im Unternehmen vorhandenen Informationen bzgl. potentieller Kundenanforderungen aufbereitet.

Paarweiser Vergleich   Ziel war es dabei, die notwendigen Anforderungen vor der Bewertung durch den Kunden zu identifizieren und analog zur Conjoint Analyse ein geeignetes Befragungsmuster zu entwickeln. Die potentiellen Kundenanforderungen an das untersuchte Produkt wurden dazu in einem interdisziplinären Team, bestehend aus Vertretern des Vertriebs, des Service, der Produktentwicklung und der Produktion, gesammelt und in einem paarweisen Vergleich miteinander verglichen und bewertet. Zu den identifizierten Kundenanforderungen gehören z.B.:

- Geringe Störanfälligkeit
- Große Zubehörauswahl
- Langlebigkeit
- Niedrige Geräuschentwicklung

Erstellen eines unternehmensspezifischen Fragebogens   Basierend auf den unternehmensintern ermittelten potentiellen Kundenanforderungen wurde ein unternehmensspezifischer Fragebogen erarbeitet (Abb. 10). Unter Verwendung diese Fragebogens wurden in zweistündigen Interviews bei Kunden und Händlern der Firma weitere Kundenanforderungen ermittelt und gegenüber bestehenden Anforderungen gewichtet. Das Ergebnis dieser Befragungen war eine Liste der Kundenanforderungen und deren Gewichtung.

Ermittlung des Darfkostenbudgets   In den Interviewrunden (Experten-Meetings) wurden ebenfalls die Planzahlen für die Absatzstückzahlen in den verschiedenen Märkten sowie die erzielbaren Preise ermittelt und dokumentiert. Aus diesen Daten läßt sich das sog. Darfkostenbudget für das Produkt ermitteln. Es ergibt sich aus dem Gesamtumsatz in allen Märkten abzüglich der geplanten Gewinnmarge in den jeweiligen Teilmärkten. Die Darfkosten stellen die aus den Marktanforderungen resultierende Kostengrenze dar.

1.1 Kundenanforderungen

In der folgenden Tabelle sind einige uns bekannte Kundenanforderungen in alphabetischer Reihenfolge aufgelistet. Wieviel Wert legen Ihre Kunden beim Kauf eines Ecomasters auf diese Anforderungen?

	Bewertung: 1	2	3	4	5
a) Design des Produkts (optische Anforderungen an Form und Farbe des Produktes)	❏	❏	❏	❏	❏
b) Druckflexibilität (Einstellbarer Druckbereich)	❏	❏	❏	❏	❏
c) Einfachheit des Produkts (schnelle Herstellung der Betriebsbereitschaft und leichte Bedienbarkeit)	❏	❏	❏	❏	❏
d) große Zubehörauswahl und Flexibilität (Anzahl und Einsatzmöglichkeiten der verfügbaren Werkzeuge)	❏	❏	❏	❏	❏
e) Wartungsfreundlichkeit (geringeAufwand für Wartung und Pflege des Produkts)	❏	❏	❏	❏	❏
f) geringe Störanfälligkeit (Störungen außerhalb der Wartungsintervalle sowie Funktionsfähigkeit unter verschiedensten Witterungsbedingungen)	❏	❏	❏	❏	❏
g) Langlebigkeit (zu erwartende Lebensdauer in Betriebsstunden)	❏	❏	❏	❏	❏
h) leichte Bauweise und kleine Abmessungen (Größe und Gewicht in Bezug auf Transportmöglichkeiten)	❏	❏	❏	❏	❏
i) leichtes Handling, gute Ergonomie der Werkzeuge (Bedienungskomfort der Werkzeuge)	❏	❏	❏	❏	❏
j) niedrige Geräuschentwicklungdes Werkzeuges (Lärmpegel der Werkzeuge während des Betriebes)	❏	❏	❏	❏	❏
k) niedrige Geräuschentwicklung des Gerätes (Lärmpegel des Gerätes während des Betriebes)	❏	❏	❏	❏	❏

Legende: 1 = unverzichtbar,   2 = sehr wichtig,   3 = wichtig,   4 = weniger wichtig,   5 = unwichtig

Abb. 10: Auszug aus dem unternehmensspezifischen Fragebogen

Die Verwendung eines Fragebogen wird von „Verfechtern" der Conjoint Analyse mit der Begründung abgelehnt, daß der Kunde seine Kaufentscheidung auf Basis eines Profilvergleichs trifft und dieser nur mittels einer Conjoint Analyse nachempfunden werden kann. Dieser Argumentation kann ohne weiteres zugestimmt werden. Allerdings kann das durch die große Anzahl potentieller Kundenanforderungen verursachte

Erfahrungen aus der Kundenbefragung

Komplexitätsproblem auch durch neue Ansätze der Conjoint Analyse nicht zufriedenstellend gelöst werden.

Eine weitere Problematik ergibt sich innerhalb der Phase der eigentlichen Kundenbefragung. So ist die Kaufentscheidung bei komplexen Produkten der Investitionsgüterindustrie oftmals durch getrennte Entscheidungsträger gekennzeichnet. Im Gegensatz zu Konsumgütern, bei denen der Kunde die Produktbewertung, -auswahl und die Kaufentscheidung „alleine" durchführt, sind innerhalb eines Investitionsgüterkaufs meist mehrere Entscheidungsträger involviert. So ist es üblich, daß vor dem Kauf eine Produktbewertung sowohl durch einen Techniker als auch Kaufmann erfolgt. Dieser getrennte Bewertungs- und Entscheidungsprozeß führt dazu, daß der Kaufmann nur aufgrund von Vorschriften und Preisen ein Produkt bewertet, der Techniker vielmehr die Produktfunktionalitäten sowie die Qualität beachtet.

Im Rahmen einer Kundenbefragung für Produkte der Investitionsgüterbranche ist deshalb eine differenzierte Identifizierung und Befragung der Entscheidungsträger vorzusehen, da ansonsten die getrennte Entscheidungsfindung beim Kunden zu einer ungerichteten Bewertung der Anforderungen führt.

3.5.3
Zielkostenspaltung

Den ermittelten Kundenanforderungen sind nun im nächsten Schritt die Produktfunktionen zuzuordnen (Abb. 11). Im vorliegenden Beispiel wurden die Produktfunktionen in Haupt- und Unterfunktionen gegliedert. Zu den ermittelten Hauptfunktionen gehören z.B.:
– Druck erzeugen
– Wasser fördern
– Schall dämmen
– Gerät steuern

1. Spaltungsmatrix (TCD-Matrix I)

Nachdem die Gesamtkosten mit Hilfe der ersten Spaltungsmatrix auf die einzelnen Teilfunktionen der Funktionsstruktur des Erzeugnisses heruntergebrochen sind, erhält man die sog. Funktionskosten. Um die Ergebnisse der ersten Spaltungsphase sinnvoll weiter zu nutzen, müssen jedoch für die betreffenden Funktionen mindestens das Wirkprinzip und die wichtigsten Leistungsparameter bekannt sein.

| Kundenanforderungen | Gewichtung | **Produktfunktionen** | | | | | | | | | |
		Druck erzeugen	Wasser fördern	Pumpe antreiben	Schall dämmen	Corporated Identity erzeugen	Gerät steuern/regeln	Druck in kin. Energie umwandeln	Komponententräger verbinden	Gerät transportieren	Schnittstellen realisieren
geringe Störanfälligkeit	14,5 %	5	5	3	1	0	5	3	0	0	3
Wirtschaftlichkeit	11,2 %	3	3	5	1	0	3	5	0	0	0
große Zubehörauswahl und Flexibilität	13,0 %	0	0	1	0	0	3	5	0	0	3
Langlebigkeit	6,9 %	5	1	3	1	0	3	1	3	0	1
niedrige Geräuschentwicklung des Gerätes	5,4 %	3	1	5	5	0	1	3	1	0	0
Einfachheit des Produktes	7,5 %	1	3	1	1	0	5	3	1	0	1
Druckflexibilität	6,6 %	5	3	5	0	0	5	3	0	0	1
leichtes Handling/Ergonomie der Werkzeuge	14,1 %	0	0	0	0	0	3	5	0	0	3
Wartungsfreundlichkeit/Bedienfreundlichkeit	8,7 %	5	1	3	1	0	5	3	3	1	3
leichte Bauweise und kleine Abmessungen	1,8 %	3	1	3	5	0	3	0	3	5	0
Design des Produkts	1,2 %	0	0	0	5	3	0	0	3	3	0
niedrige Geräuschentw. der Werkzeuge	9,0 %	1	1	1	1	0	1	5	0	0	0
absolute Gewichtung[1]:		256	180	241	100	4	342	372	69	21	172
relative Gewichtung[1]:		15 %	10 %	14 %	6 %	0 %	19 %	21 %	4 %	1 %	10 %

[1] Die Werte sind im Interesse des Unternehmens verändert worden.

Abb. 11: 1. Spaltungsmatrix des Beispielproduktes

Im nächsten Schritt sind auf Basis der bis dahin ermittelten Ergebnisse (d.h. Kundenanforderungen, Produktfunktionen und Funktionsgewichtung) ein erster Grobentwurf des Produktes zu erstellen, um die notwendigen Komponenten des neuen Produktes zu identifizieren. Im Rahmen dieser ersten Produktkonzeption wurden im Beispiel z.B. die folgenden Hauptkomponenten des Produktes festgelegt:
– Steuerung
– Antriebseinheit
– Grundrahmen
– Kompressor

2. Spaltungsmatrix (TCD-Matrix II)

In der zweiten Spaltungsphase wurden daraufhin analog zu der vorhergehenden Spaltungsmatrix, die gewichteten Produktfunktionen in einer zweiten Matrix den zugeordneten Produktkomponenten gegenübergestellt und die Relevanz der einzelnen Produktkomponenten zur Erfüllung der Kundenanforderungen bewertet (Abb. 12).

Durch die spaltenweise Addition aller Einzelwerte einer Produktkomponente (z. B. Antriebseinheit) erhält man die prozentuale Gewichtung der jeweiligen Komponente zur Realisierung des gesamten Produktes und damit aller vom Kunden an das Produkt gestellten Anforderungen. Diese Verteilung der Gewichtung beschreibt die Bedeutung der Produktkomponenten letztlich zu Erfüllung der Teilnutzen des Produktes (Kundenanforderungen) aus Sicht des Kunden. Daher ist diese Verteilung auch Grundlage für die Kostenspaltung der Zielkosten des Gesamtproduktes auf die einzelnen Komponenten und Bauteile.

Hauptfunktionen	Unterfunktion	TC-1 Gewichtung	PN-Steuerung	Antriebseinheit	Grundrahmen	Kraftstoffbehälter	Kompressor	Vorlaufbehälter
Druck	Aufbau Vordruck	14,5 %	0	1	0	0	0	1
erzeugen	Aufbau Enddruck	14,5 %	5	5	0	0	3	1
Wasser	Wasserzufuhr regeln	10,3 %	0	0	0	0	0	1
fördern	Wasserversorgung	10,3 %	1	1	0	0	1	5
	Wasser puffern	10,3 %	0	0	0	0	0	5
Pumpe	Pumpe antreiben	13,7 %	0	5	1	5	0	0
antreiben	Luftkompressor antreiben	13,7 %	1	5	0	5	1	0
Schall dämmen		5,7 %	0	1	1	0	1	0
Corporate Identity erzeugen		0,2 %	1	0	1	0	0	0
Gerät	Motor ein /aus	19,5 %	0	1	0	0	0	0
steuern und	Steuerung Pneumatik	19,5 %	5	3	0	0	5	1
regeln	Steuerung Wasserkreislauf	19,5 %	3	0	0	0	0	
	Drehzahlregelung	19,5 %	5	5	0	0	1	
	fernbedienbare Steuerung	19,5 %	5	0	0	0	1	
	Druckregelung	19,5 %	5	5	0	0	1	
Druck in kin. Energie umwandeln		21,2 %	0	0	0	0	0	
Komponenten-	Stabilität	3,9 %	0	0	5	1	0	
träger verbinden	Kompaktheit	3,9 %	0	1	5	1	0	
Gerät transportieren		1,2 %	0	0	5	0	0	
Schnittstellen realisieren		9,8 %	1	0	0	0	0	
	absolute Gewichtung:		555	517	65	145	229	
	relative Gewichtung:		32 %	30 %	4 %	8 %	13 %	
	Darfkosten in DM*:		41.233	38.452	4.826	10.801	17.034	
	Standardkosten in DM*:		7.950	20.000	4.300	2.680	4.820	
	Kostendifferenz in DM*:		-33.283	-18.452	-526	-8.121	-12.214	-1

* Die Werte sind im Interesse des Unternehmens verändert worden.

Abb. 12: 2. Spaltungsmatrix des Beispielproduktes

Nach einer Multiplikation der prozentualen Komponentengewichtung mit dem vorher ermittelten gesamtproduktbezogenen Zielkosten, erhält man die Zielkosten der jeweiligen Produktkomponente (z. B. für die Antriebseinheit: DM 14.110[1]). Durch einen Vergleich der abgeleiteten Zielkosten mit den vorher mittels der Prozeßkostenrechnung berechneten Standardkosten kann das komponentenspezifische Kostenreduzierungspotential ausgewiesen werden. Im Fall der Antriebseinheit bedeutet dieses, daß der Kostenanteil der Komponente

---

[1] Die Zahl ist im Interesse des Unternehmers verändert worden.

im Verhältnis zum Nutzen zu hoch und damit zu teuer
ist (absolut besteht eine Kostendifferenz von DM 5.890[1])

Zur Visualisierung der mit Hilfe des Target Costing
ermittelten Nutzen-Kosten-Verhältnisse der einzelnen
Produktkomponenten (-funktionen) wurde das Zielkostenkontrolldiagramm aufgebaut (Abb. 13). In dem Zielkostenkontrolldiagramm wird der sog. Zielkostenindex
jeder Produktkomponente errechnet und visualisiert.
Der Zielkostenindex stellt den Anforderungen an eine
Komponente den derzeitigen Zustand gegenüber und
weißt somit den notwendigen Handlungsbedarf auf.
Der Zielkostenindex kann damit zum einen durch das
Verhältnis von Nutzengewichtung zu Kostenanteil gebildet werden und zum anderen durch das Verhältnis
von Ziel- zu Standardkosten berechnet werden.

Optimalerweise müßte der Zielkostenindex jeweils
dem Wert 1 entsprechen. Dies würde bedeuten, daß die
durch das Target Costing abgeleiteten Nutzengewichte
der Produktkomponente (-funktion), den durch die
Kostenrechnung ermittelten Kostenanteilen entsprä-
chen. D. h. der Zielkostenindex weist darauf hin, ob die
derzeitige Realisierung einer Funktion den Kunden-
wünschen entspricht. Liegen die Produktkomponenten
innerhalb der Zielkostenzone, sind sie ebenfalls noch im
Bereich der Kundenerwartungen (wie beispielsweise
der Grundrahmen). Die Antriebseinheit in diesem Fallbeispiel zeigt, daß die verwendete Lösung vom Kunden
nicht entsprechend honoriert wird. D. h. die verwendeten Motoren sind aufwendiger gestaltet als vom Kunden
gefordert. Andererseits zeigen die Beispiele der Steue-
rungen, daß der Kunde den Nutzen dieser Baugruppen
stärker gewichtet.

Die innerhalb der Zielkostenkontrolldiagramme lediglich im Verhältnis dargestellte Abweichung der Ziel-
von den Standardkosten macht einen zusätzlichen Aus-
weis der absoluten Kostenabweichungen je Komponente
z.B. in Form einer Tabelle erforderlich. Die ausgewiese-
nen Kostenreduzierungspotentiale sind nachfolgend
detailliert zu untersuchen. Aus der Analyse der ausge-
wiesenen Kostenreduzierungspotentiale ist daraufhin
abzuleiten in welcher Weise diese am schnellsten erschlossen werden können.

*Zielkostenkontroll-
diagramm*

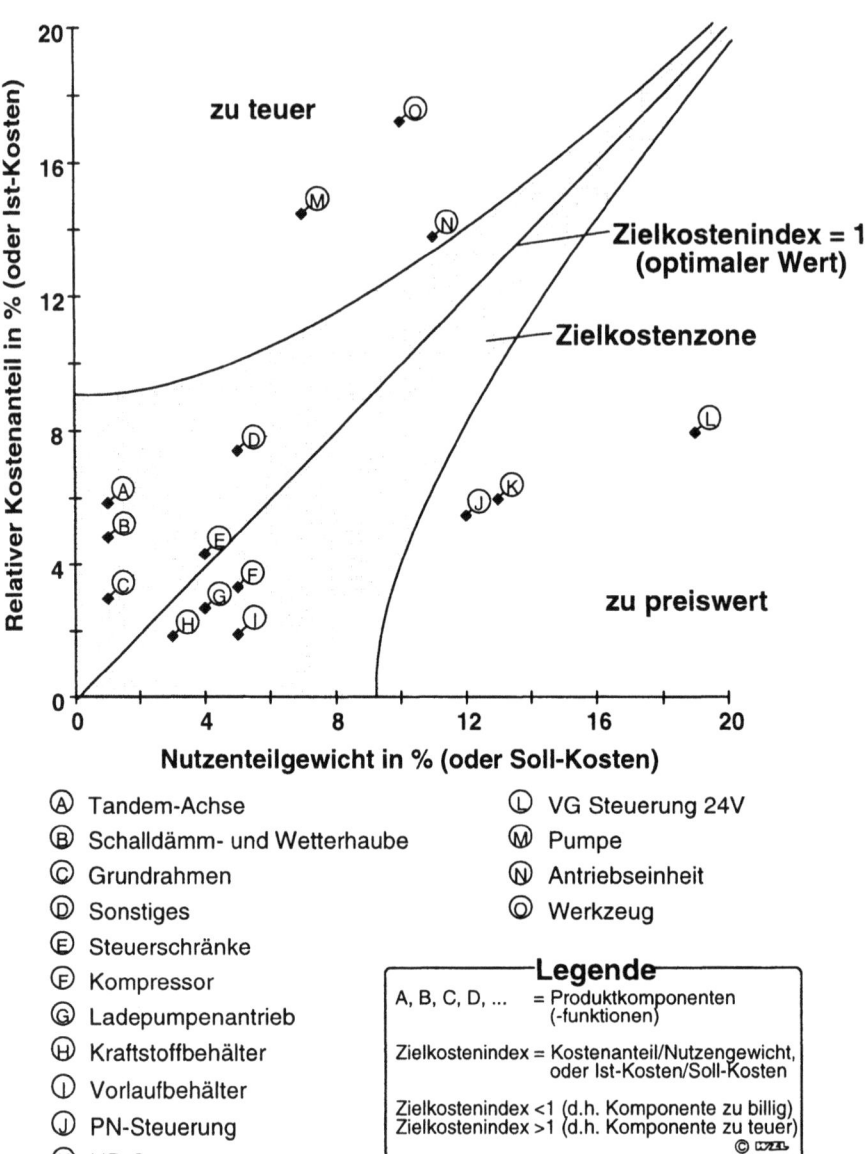

Abb. 13: Zielkostenkontrolldiagramm des betrachteten Produktes

So kann zum einen eine Kostenreduzierung auf der Produktseite z.B. durch konstruktive Änderungen am Produkt bzw. Änderungen an den Materialen oder eine Veränderung der Variantenvielfalt realisiert werden. Hierbei ist jedoch zu beachten, daß dies eventuell eine Veränderung des Kundennutzens nach sich zieht und somit der gesamte Target Costing-Prozeß erneut durchlaufen werden muß. Neben dem Produkt-Redesign ist die Änderung der relevanten Prozesse zu prüfen. Prozeßverbesserungen können beispielsweise durch Rationalisierungsmaßnahmen oder durch Einführung neuer Technologien realisiert werden.

3.6
Erfahrungen mit Quality Target Costing

Die Einführung des Zielkostenmanagements und der Einsatz des Programmsystems MAKE bei einem Einzel- und Kleineserienproduzenten hat gezeigt, daß der methodische Ansatz des Target Costing ein gängiger Weg ist, die Kundenorientierung in der Produktentwicklung zu erhöhen und insbesondere durch die kostenorientierte Planung der Produkte ein nachhaltiger Kosteneffekt erzielt werden kann.

Erfahrungen

Der Einsatz der Methode und auch des Programmsystems erfordert jedoch einen Aufwand für die Einführung und die Anwendung. Einerseits sind die beteiligten Unternehmensbereiche in den Target Costing-Prozeß zu integrieren sowie die Mitarbeiter in der Methodik und der Bedienung des Tools zu schulen. Andererseits müssen die erforderlichen Daten erhoben und in das System eingegeben werden. Die Investition in diese Maßnahmen lohnt sich aber. Durch die kommunikative Integration der Bereiche und auch Integration der Daten in einem einheitlichen Programmsystem kann die Produktentwicklung zeitlich im Sinne des Simultaneous Engineering verkürzt werden. Darüber hinaus wird sichergestellt, daß die Produkte enger an den Bedürfnissen des Marktes konzipiert und produziert werden und daher auch einen höheren wirtschaftlichen Erfolg versprechen.

3.7
Literatur

Kato,Y.: Target Costing support systems: lessons from leading Japanese companies, in: Management Accounting Research, 4, 1993, S. 33-37

Seidenschwarz, W.: Target Costing - Marktorientiertes Zielkostenmanagement, 1993

Kaiser, A.: Integriertes Variantenmanagement mit Hilfe der Prozeßkostenrechnung, Dissertation Universität St. Gallen, 1995

Theuerkauf, I.: Kundenmessung mit Conjoint, in: Zeitschrift für Betriebswirtschaft (ZfB), Gabler Verlag, 59. Jg. (1989), Heft 11; S. 1179-1192

4 Qualitätsmanagement und Lernkurven

E. WESTKÄMPER, TH. WAHLE, O. LÜCKE

Das Bestreben des Qualitätsmanagement muß es sein, Verbesserungspotentiale aufzuzeigen und für die Nutzung dieser Potentiale geeignete Mittel und Methoden bereitzustellen, um auf diese Weise zum kontinulierlichen Verbesserungsprozeß beizutragen. Die erfolgreiche Umsetzung einer kontinuierlichen Verbesserung bedarf jedoch - insbesondere bei zunehmender Dezentralisierung der Verantwortung - nachvollziehbarer Zielvorgaben für alle Mitarbeiter im Unternehmen.

Aufzeigen von Verbesserungspotentialen durch das Qualitätsmanagement

Mit der Veröffentlichung von T. P. Wright wurde 1936 das erste Mal für die Verbesserungen und das Lernen in der Produktion eine Gesetzmäßigkeit formuliert, die als empirisch belegte Methode für verbesserungsorientierte Zielvorgaben herangezogen werden kann: Die Lernkurve (s. Wright 1936).

Die Lernkurve als verbesserungsorientierte Zielvorgabe

Im folgenden soll gezeigt werden, auf welche Art der Einsatz der Lernkurven die Effizienz des Qualitätsmanagement durch Unterstützung der Informationsfunktion aber auch der Integrationsfunktion des Qualitätscontrolling steigern kann (s. Kap. 1). Zielsetzung ist es, ein praxiserprobten Gesamtkonzept in einem Überblick vorzustellen, so daß die Anforderungen, die Funktionen sowie das Zusammenwirken der einzelnen Komponenten nachvollzogen werden kann.

Vorstellung eines praxiserprobten Gesamtkonzepts

4.1
Einsatz von Lernkurven im Qualitätsmanagement

Die ständige Verbesserung der Produktionsprozesse führt zu einer höheren Qualität und damit zwangsläufig auch mehr Produktivität. Das Streben nach einer Null-Fehler-Produktion senkt die Gesamtkosten (s. Crosby 1972; Westkämper 1996b). Dieses erlaubt niedrigere Preise und stärkt somit die Position im Wettbe-

Null-Fehler-Produktion senkt Gesamtkosten

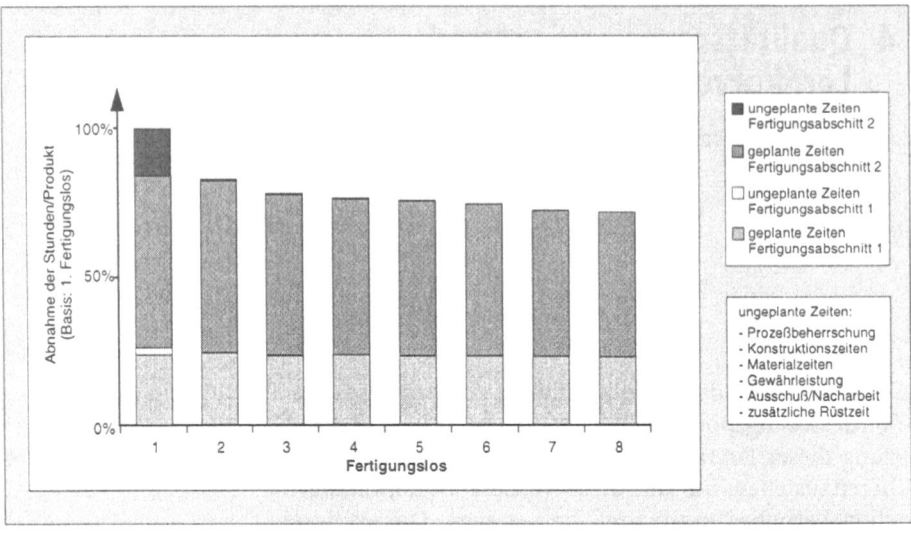

Abb. 4.1: Lernkurve in der Kleinserienfertigung

werb. Es entstehen so z. B. weniger Ausschuß und Nacharbeit oder Störungen der nachfolgenden Prozesse durch fehlerhafte Zwischenprodukte. Die Mitarbeiter, die diese ständige Verbesserung erreichen sollen, benötigen dazu Meßgrößen, die Ihnen als Zielvorgabe und zur Bestimmung ihres Erfolgs dienen können. (s. Imai 1992). Diese Aufgabe kann durch die Lern- und Erfahrungskurven erfüllt werden.

Lernkurvenmodelle wurden empirisch abgeleitet

Zahlreiche Untersuchungen in den unterschiedlichsten Branchen haben das Vorhandensein von Lerneffekten über die kumuliert produzierte Fertigungsmenge bestätigt. Auf der Basis empirischer Daten wurden neben sehr einfachen Lernkurvenmodellen, wie der Linearhypothese, auch sehr komplexe Modelle entwickelt, die die speziellen Rahmenbedingungen einer bestimmten Produkt- und Produktionsart abbilden (vgl. Abschnitt 4.2).

Fehlerlernkurven

Bei Analysen in der auftragsbezogenen Kleinserienfertigung komplexer Produkte wurden im Rahmen des Verbundprojekts QS-VP.2 nicht nur Lernkurven hinsichtlich des Fertigungsaufwands nachgewiesen (Abb. 4.1), sondern auch bezüglich der Qualität bzw. der Nicht-Qualität der Produkte, ausgedrückt durch die Fehleranzahl. Es zeigte sich, daß ein unmittelbarer Zusammenhang zwischen dem Verlauf der Gesamtkostenkurven und den Aufwendungen für nicht geplante

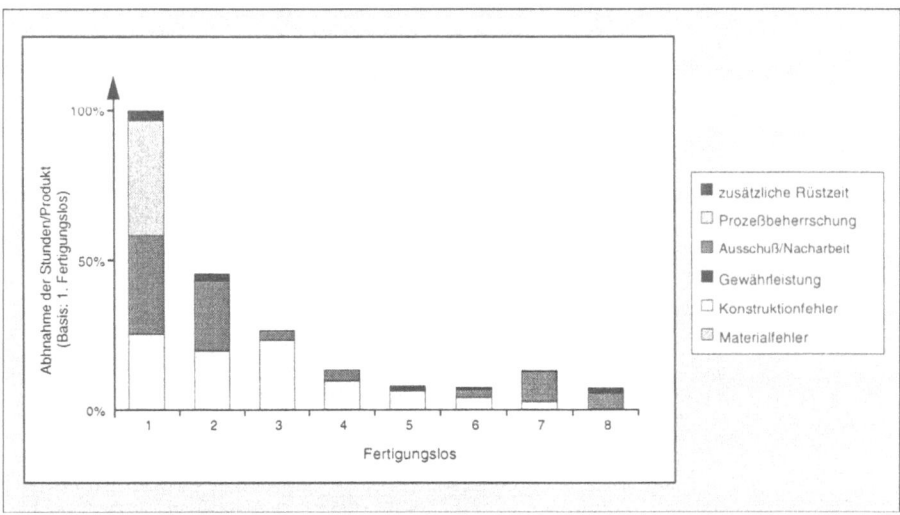

Abb. 4.2: Lernkurve der Aufwendungen für Abweichungen

Tätigkeiten besteht (Abb. 4.2). Diese nicht geplanten Tätigkeiten bestimmen zum größten Teil die Entwicklung der Gesamtkostenkurve und lassen die Lernkurve in diesem Uumfang erst entstehen. Mit zunehmender Produktionsdauer werden Schwachstellen in der Produkt- und Prozeßdefinition identifiziert und durch gezielte Maßnahmen eliminiert. Die Verbesserung der Qualität durch diese Maßnahmen führt offensichtlich zu einer Produktivitätssteigerung: Der Aufwand pro Einheit sinkt. Der Einfluß dieser Produkt- und Prozeßverbesserung auf die Lernrate ist um ein Vielfaches höher als die Lernerfolge der Mitarbeiter bei der manuellen Tätigkeitsausführung, die bei einer Akkordentlohnung für das Unternehmen sowieso nicht zum Tragen kommen.

Darüber hinaus ergibt sich auch für die Fehlerzahlen ein analoger Kurvenverlauf und die Auswirkungen einer konstruktiven Umstellung werden unmittelbar aufgezeigt (s. Abb. 4.3). Die Fehler stellen also eine - in der Regel nicht lineare - Meßgröße für die Gesamtkostenentwicklung dar.

Aufgrund dieser Zusammenhänge von Fehlern, Kosten für die Abweichungen und die Gesamtkosten ist es sinnvoll Lernkurven und Qualitätsmanagement mit einander zu verbinden und ein Instrument für die

Fehler als Meßgröße für Gesamtkostenentwicklung

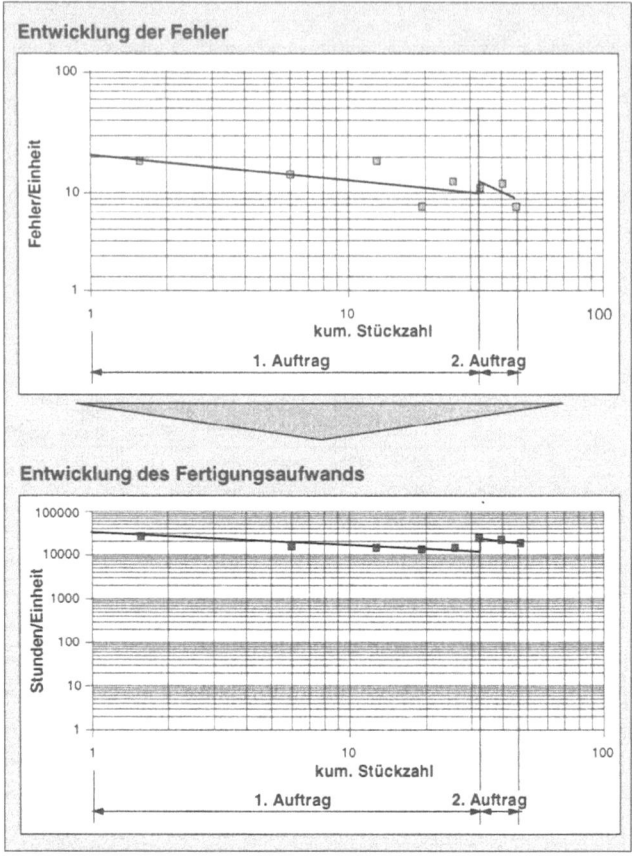

Abb. 4.3: Zusammenhang von Fehler und Fertigungsaufwand

Ziele des
Planungsinstrments

Lernkurvenplanung einzusetzen. Durch das Planungs-instrument sollen folgende Ziele erreicht werden:

- Konkrete Angaben für ein verbesserungsorientiertes Zielsystems
- Erfahrungsgeleitetes Einbeziehen von Lerneffekten in Qualitätsplanung und -lenkung
- Verdichtete Qualitätsinformationen für das Projektmanagement
- Aufzeigen von Planungs- und Investionsbedarf
- Erhöhen der Planungssicherheit und -transparenz für die Vorkalkulation
- Effizientes Unterstützen des Planers beim Ermitteln und Planen der Lernkurven

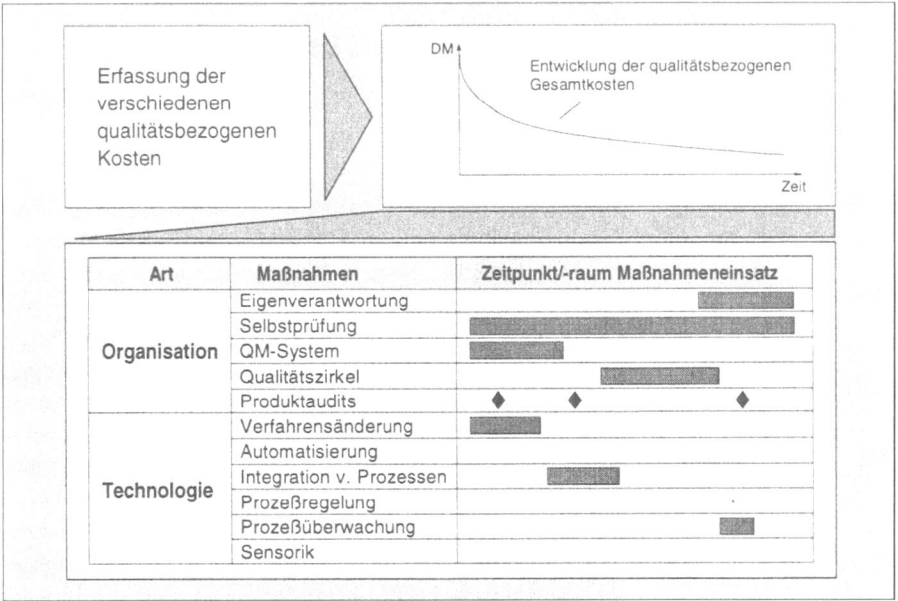

Abb. 4.4: Maßnahmenplanung zur Lenkung qualitätsbezogener Kosten

Mit einem Planungsinstrument können demnach aufgrund der Kenntnis der Kostenentwicklung für Abweichungen Angebote genauer kalkuliert und in der Auftragsbearbeitung Maßnahmen zur Erreichung der geplanten Kostenverläufe festgelegt werden (Abb 4.4). Die Sollkurve stellt dabei ein realistisches Mindestziel dar, das sich auf die Erfahrungen mit der Kostenentwicklung eines ähnlichen Auftrags abstützt.

Beispielsweise kann die Preisgestaltung für ein Angebot bei noch nicht genau feststehender Stückzahl dadurch wesentlich sicherer erfolgen, daß die Kosten pro Stück mit der Durchschnittswert-Lernkurve ermittelt werden (vgl. 4.2). Wird diese Art der Betrachtung gewählt, können direkt die Kosten/Stück in Abhängigkeit von der angefragten Menge abgelesen werden. Je größer die Angebotsmenge ausfällt, desto größer ist das Gesamtverbesserungspotential und demzufolge geringer sind die Kosten pro Stück. Da die erreichbare Verbesserung aber mit zunehmender Fertigungsmenge abnimmt, kann auch nur ein geringer werdender Nachlaß auf den Angebotspreis pro Stück entsprechend der Durchschnittskostenkurve gewährt werden.

Durch den Lernkurveneinsatz wird die Angebotskalkulation abgesichert

4.2
Übersicht der Lern- und Erfahrungskurven

4.2.1
Die Lernkurve

Geschichtliche Entwicklung der Lernkurven

Bereits seit mehreren Jahrzehnten wird die Lern- und Erfahrungskurventheorie erfolgreich für die Planung von stückzahlbezogenen Verbesserungen in der Produktion eingesetzt (s. De Jong 1960; Baur 1967). Im Laufe der Zeit wurden für die unterschiedlichsten Branchen eine große Zahl weiterer Modelle entwickelt (s. Breit 1985; Hieber 1991). Dazu gehören z. B. die konkave Stanford-B-Kurve, die den Umfang bereits bestehender Erfahrungen in der amerikanischen Luftfahrtindustrie berücksichtigen soll, oder die konvexe Lernkurve, mit der abnehmende Lernraten in der Großserienfertigung abgebildet werden. Das bis heute am weitesten verbreitete Lernkurvenmodell ist aber die Linearhypothese, die von T. P. Wright auf der Basis von Daten aus der Flugzeugindustrie formuliert wurde. Die Bezeichnungen „linear", „konvex" oder „konkav" ergeben sich dabei aus der Erscheinungsform der Lernkurve bei doppelt-logarithmischer Achseneinteilung (s. Abb. 4.5).

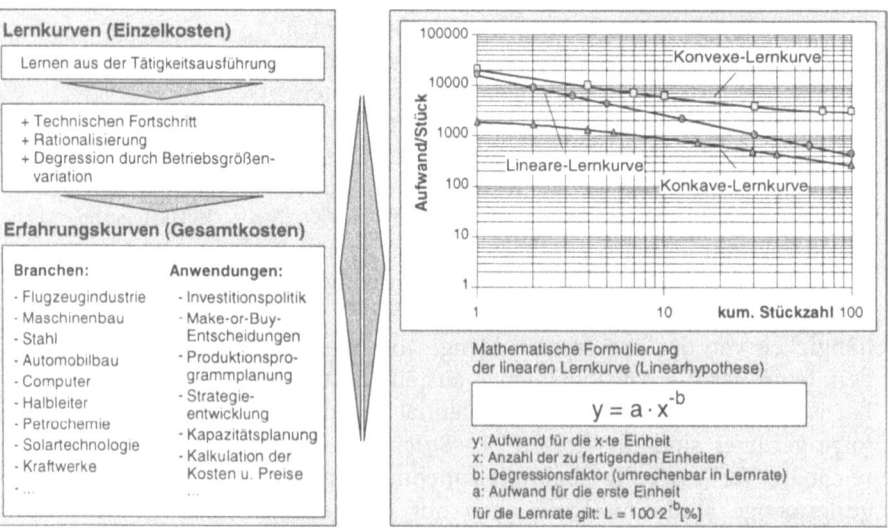

Abb. 4.5: Übersicht der Lern- und Erfahrungskurven

In der praktischen Anwendung ist der Einsatz der Linearhypothese meistens am zweckmäßigsten, zumal der zur Verfügung stehende Datenumfang und die Qualität der Daten eine komplexeres Modell oftmals nicht rechtfertigen. Beispielsweise können inflatorische Einflüsse oder auch unterschiedliche Handhabungen der Daten in der Praxis des Rechnungswesens oder der Arbeitsvorbereitung eine analytische Auswertung erheblich verfälschen.

Linearhypothese in der Regel am zweckmäßigsten

Außerdem spricht für die Linearkurve, daß sie durch eine relativ einfache mathematische Formulierung beschrieben wird und mit leicht anzuwendenden statistischen Verfahren bestimmt werden kann. Trotz der einfacheren Handhabung liefert sie für die Planung aber brauchbare Ergebnisse (s. Hieber 1991). Die Bevorzugung der Linearhypothese wird auch durch die statistisch-theoretische Herleitung des Lernkurvenphänomens unterstützt, da eine mit der Lernkurve mathematisch übereinstimmende Exponentialfunktion ermittelt wurde (s. Muth 1986).

Linearhypothese durch statistisch-theoretische Herleitung bestätigt

4.2.2
Die Erfahrungskurve

Als Weiterführung der Lernkurventheorie wurde von B. D. Henderson als Begründer der Bosten-Consulting-Group in den 60er Jahren das Erfahrungskurvenkonzept aufgestellt (s. Henderson 1974). Es wird daher auch oft von dem Boston-Effekt gesprochen.

Boston-Effekt und Erfahrungskurvenkonzept

Die Erfahrungskurve beinhaltet neben dem durch die Lernkurve beschriebenen Lernen bei der Tätigkeitsausführung, auch Effekte durch technischen Fortschritt und Rationalisierung oder Degressionseffekte, wie z.B. durch Betriebsgrößenvariation. Im Gegensatz zur Lernkurve bildet sie daher nicht nur die variablen Kosten, sondern die Gesamtkosten ab. Sie beschreibt ein Kostensenkungspotential, daß durch Maßnahmen ausgeschöpft werden kann (s. Bamberger 1981). Die Anwendung der Erfahrungskurve umfaßt verschiedenste Einsatzgebiete und Branchen (s. Abb 4.5).

Lernkurve als Teilaspekt der Erfahrungskurve

Da die mathematische Beschreibungen von Lern- und Erfahrungskurve im Fall der Linearhypothese identisch und in den folgenden Ausführungen die Degressionseffekte nicht relevant sind, wird im weiteren nur noch der Begriff 'Lernkurve' verwendet, obwohl die Gesamtkosten betrachtet werden.

Mathematische Beschreibungen von Lern- und Erfahrungskurve identisch

4.2.3
Unterschiedliche Betrachtungen der Linearhypothese

Einheit- und Durch-
schnittbetrachtung

Bei der Interpretation der Kostenverläufe entsprechend der Linearhypothese muß zwischen zwei grundsätzlichen Betrachtungsformen unterschieden werden: der Einheit- und der Durchschnittbetrachtung. Dieses ist für die praktische Anwendung von elementarer Bedeutung.

Kumulierte Durch-
schnittswerte bei Durch-
schnittlernkurve

Bei der Durchschnittlernkurve werden immer die kumulierten Durchschnittswerte ermittelt. Das bedeutet, bei einer Produktionsmenge von 100 Stück wird der gemittelte Aufwand für alle Produkte durch die Kurve angegeben. Diese Art der Betrachtung ist z. B. in der Vorkalkulation interessant, wenn die Kosten bzw. der Preis in Abhängigkeit von der Auftragsmenge bestimmt werden sollen. Denn ein Auftrag mit einer geringeren Stückzahl bietet ein niedrigeres Verbesserungspotential.

Einheitbetrachtung für
Einzelwerte

Bei der Einheitbetrachtung wird dagegen durch die Kurve der Wert für die x-te Einheit beschrieben. Diese Betrachtungsart ist z. B. für die Ermittlung des gesamten Prüfaufwands für die x-te Einheit im Rahmen von Planung und Steuerung relevant.

Beide Betrachtungsformen sind als gleichwertig einzustufen; welcher Form der Vorzug gegeben wird, ist allein vom Anwendungsfall abhängig.

Stückzahlabhängige
Lernrate

Werden nun die Einheit- und Durchschnittlernkurve für ein identisches Datenmaterial betrachtet, so muß für eine der beiden Kurven die Linearhypothese aufgehoben werden (s. Abb. 4.6) (s. Breit 1985; Henfling 1978). Liegt für die Einheitlernkurve ein linearer Verlauf vor, so ist die Durchschnittlernkurve zwangsläufig nicht linear, sie nähert sich jedoch asymptotisch einer linearen Lernkurve mit derselben Lernrate wie die Einheitlernkurve. Bei großen Stückzahlen kann daher mit hinreichender Genauigkeit mit derselben Lernrate gerechnet werden. Bei kleinen Stückzahlen ist jedoch Vorsicht geboten. Liegt z. B. eine Lernrate von $L = 90\%$ für die Einheitkurve vor, so beträgt die Lernrate der Durchschnittkurve bei 20 Stück $L = 93{,}0\%$, für 100 Stück $L = 92{,}2\%$ und für 200 Stück $L = 91{,}9\%$.

Umrechnung der
Betrachtungsarten

Sollen beide Betrachtungsformen eingesetzt werden, so wird ausgehend von den häufigsten Anwendungen eine Form als Basis gewählt und die andere Kurvenart daraus berechnet werden (Formeln nach

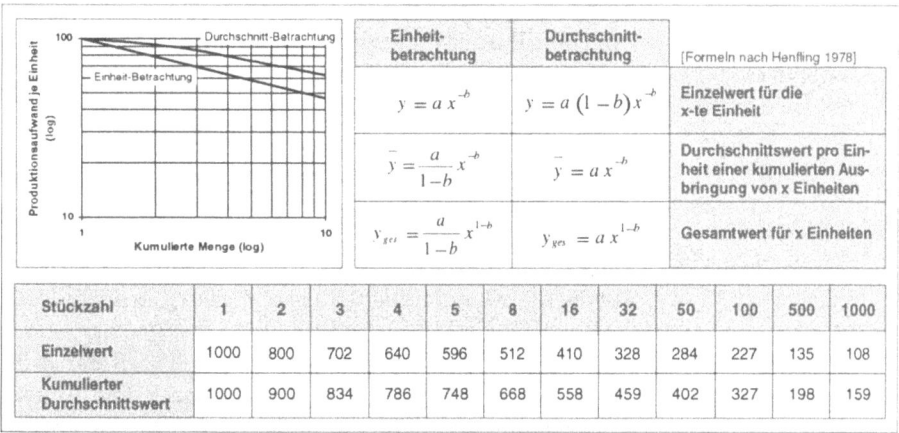

Abb. 4.6: Gegenüberstellung von Einzelwert- und Durchschnittswertbetrachtung

Henfling 1978, s. Abb. 4.6). Zur Vermeidung von Verwechselungen und Mißverständnissen ist bei der gleichzeitigen Verwendung beider Betrachtungsformen eine eindeutige Kennzeichnung der Kurven bzw. Werte besonders wichtig.

4.3
Systematik der Lernkurvenplanung im Qualitätsmanagement

4.3.1
Grundlagen der Planungssystematik auf der Basis von Lernkurven

Die Lernkurven ergeben sich nicht von allein. Sie stellen vielmehr ein Kostensenkungspotential dar (s. Abschnitt 4.2.2), dessen Ausmaß von dem Neuartigkeitsgrad des Produkts und der Produktionsprozesse abhängt. Durch sie werden die Kosten in der Auftragsfertigung zu einer dynamischen Zielgröße. Sie können somit z. B. als Anreizsystem innerhalb einer Prämienentlohnung herangezogen werden.

Lernkurven beschreiben Kostensenkungspotential

Durch die Festlegung einer Lernkurve kommt zum Ausdruck, daß die Kosten als eine von allen an der Auftragsabwicklung Beteiligten zu verringernde Größe angesehen werden, wobei das Ausmaß und die Art der Kostenreduzierung bereits bei ähnlichen, abgeschlossenen Aufträgen bewiesen wurde. Zur Auftragsab-

Nachvollziehbare, dynamische Zielsetzung in der kundenauftragsbezogenen Produktion

wicklung zählen dabei alle Teilprozesse der auftragsbezogenen Produktion von der kundenspezifischen Entwicklung und Konstruktion, über die Arbeitsplanung bis zur Fertigung und Montage. Des weiteren werden die relevanten Vertriebs- sowie Versand- bzw. Inbetriebnahmetätigkeiten einbezogen. Wird auf der Basis von Vergangenheitsdaten die Lernkurve für ein Angebot festgelegt, so kann diese Kostenentwicklung nur durch umfangreiche, zielgerichtete Tätigkeiten in kollektiven und individuellen Lernprozessen erreicht werden.

Trennung indiviudeller und kollektiver Lernprozesse

In der betrieblichen Praxis ist der Prozeß der Auftragsabwicklung mit seinen unmittelbaren und mittelbaren Einflüssen derart komplex, daß die subjektiven, objektiv-qualitativen, physiologischen, psychologischen und technischen sowie betriebswirtschaftlichen Einflußgrößen in den seltensten Fällen eine Trennung von individuellen und kollektiven Lernprozessen erlauben (s. Baur 1967).

Aggretion und Detaillierung von Lernkurven

Lernkurvenbasierte Auftragsüberwachung mit Hilfe eines Regelkreises

Ebenso problematisch ist die Aggregation vieler Einzelkurven zu einer Gesamtkurve. Einzelkurven können für eine differenzierte Betrachtung der Teilkomponenten des Produkts und/oder der Produktionsprozesse auf unterschiedlichen Detaillierungsebenen gebildet werden. Eine Addition der einzelnen linearen Lernkurven ergibt jedoch nur dann eine lineare Gesamtkurve, wenn die Lernraten aller Teilkomponenten des Produkts und/oder der Produktionsprozesse gleich sind. Dieses wird allerdings niemals der Fall sein. Des weiteren müssen bei zunehmender Detaillierungsebene geringere Lernraten angesetzt werden, da das vergleichsweise große Potential für die Koordination und Integration der Einzelsysteme nicht Berücksichtigung findet.

Gesamtlernkurve am sinnvollsten

Es empfiehlt sich daher, mit einer Gesamtkurve zu arbeiten, da so die größten Verbesserungspotentiale erschlossen werden können. Außerdem hält sich der Aufwand für die Datenbeschaffung in vertretbaren Grenzen und Ungenauigkeiten bei Detaildaten fallen nicht ins Gewicht. Besteht für ein Teilsystem die Notwendigkeit, so kann z.B. für eine Baugruppe oder einen Fertigungsprozeß immer noch eine Detaillernkurve aufgestellt werden.

Für die Auftragsüberwachung werden die Soll- und Istdaten der Gesamtkurve fortlaufend gegenüberge-

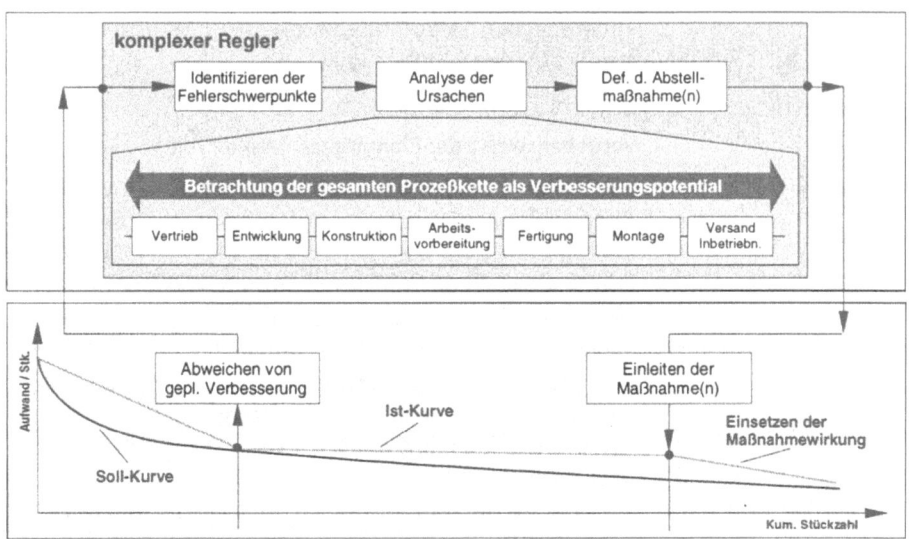

Abb. 4.7: Durchsetzen der Lernkurven mit Regelkreisen

stellt. Es wird so ersichtlich, ob in der Gesamtheit die eingeleiteten Maßnahmen ausreichen, um mindestens die beabsichtigte Verbesserung und so den kalkulierten Gewinn zu erzielen, oder ob weitere Maßnahmen initiiert werden müssen: Die Nutzung der Verbesserungspotentiale wird steuerbar. Wird die Aufwandsreduzierung nicht in dem geplanten Umfang realisiert, so müssen im Sinne eines Regelkreises Fehlerschwerpunkte als Indikatoren für Verbesserungspotentiale identifiziert, deren Ursachen analysiert und schließlich Abstellmaßnahmen definiert werden (s. Abb. 4.7).

Es handelt sich um einen sehr komplexen Regler, da dieser Regler alle Unternehmensebenen und die gesamte Prozeßkette umfaßt. Für die Verbesserung müssen Mitarbeiter verschiedener Unternehmensbereiche in formellen und informellen Abläufen zusammenarbeiten und durch Qualitätsdatenauswertungen mit adressatenbezogenen Inhalt und Detaillierungsgrad unterstützt werden. Zu den formellen Abläufen zählen in diesem Zusammenhang z. B. die im Unternehmen festgelegten Verfahren zu Korrektur- und Vorbeugemaßnahmen, falls das Unternehmen ein wirksames Qualitätsmanagementsystem betreibt. Die Effizienz des Reglers wird demnach maßgeblich durch die Gestaltung der Unternehmensorganisation und der eigenver-

Effizienz des Reglers

antwortlichen Handlungsweise der Mitarbeiter bestimmt (s. Westkämper 1994).

4.3.2
Vorgehensweise der Planung mit Lernkurven

Umfang des Lernkurveneinsatzes

Der Einsatz der Lernkurven erstreckt sich sowohl auf die Angebots- als auch die Auftragsphase. In der Angebotsphase dient die Lernkurve der Vorkalkulation. Durch sie wird der Aufwand pro Stück als dynamische Größe in die Preisgestaltung einbezogen. Nach Anlauf eines Auftrags besteht die Aufgabe dann darin, die geplante Aufwandsentwicklung zu realisieren und hierzu Maßnahmen unter Berücksichtigung ihres Einflusses auf die Lernkurvenentwicklung auszuwählen und umzusetzen (Abb. 4.8).

Der Begriff 'Lernkurvenplanung'

Anhand der Abbildung 4.8 wird deutlich, daß unter dem Begriff 'Lernkurvenplanung' nicht nur die Bestimmung der Sollkurven, sondern auch die Unterstützung der Planung und Durchführung der Maßnahmen zur Realisierung der Kostenreduzierungen subsummiert werden.

Abb. 4.8: Vorgehensweise der Lernkurvenplanung

Angebotsphase

In der Angebotsphase müssen Aussagen über die voraussichtliche Kostenentwicklung in Abhängigkeit von der Stückzahl getroffen werden, um einen Angebotspreis festlegen zu können. Je höher die produzierte Stückzahl, desto größer ist das Verbesserungspotential. Da von früheren Aufträgen die Fertigungsdaten in der Regel als Einzelwerte und nicht als kumulierte Durchschnittswerte im PPS-System gespeichert sind (s. hierzu 4.3.3), bietet es sich an, zuerst eine Soll-Lernkurvenplanung mit Einzelwertbetrachtung vorzunehmen, die Lernkurvenparameter festzulegen und anschließend in die Durchschnittsbetrachtung umzurechnen, um für die Verkaufsverhandlungen Angaben über die Kosten pro Stück gemessen am beabsichtigten Auftragsvolumen zu erhalten (vgl. 4.2.3).

 Entscheidend für die Güte der Sollkurvenplanung ist die Festlegung realistischer Lernkurvenparameter. Die Basis hierfür bilden Auswertungen und Ähnlichkeitsbetrachtungen der Konstruktions- und Fertigungsdaten von abgeschlossenen Aufträgen. Für eine möglichst hohe Genauigkeit der Planung wird dem aktuellen Angebot die Entwicklung der Kosten pro Stück - ggf. mit kleinen Modifikationen - desjenigen abgeschlossenen Auftrags mit der höchsten Überstimmung zugrunde gelegt. Dazu ist die Bestimmung eines Ähnlichkeitswerts erforderlich, der es erlaubt, das angebotene Produkt als ähnlicher zu einem Produkt A als einem Produkt B einzustufen.

 Da für die Ähnlichkeitsbestimmung eine große Anzahl von verschiedenartigen Merkmalen aus Konstruktion, Technologie und Fertigungsorganisation mit differierendem Einfluß zu berücksichtigen sind, wird das Ergebnis der Untersuchung durch eine methodische Vorgehensweise erheblich verbessert und objektiviert. Aufgrund der hohen Anzahl von Merkmalen bietet sich eine Methodik basierend auf der Clusteranalyse an (s. Abb. 4.9), die sich zur Strukturierung einer umfangreichen Menge von Elementen durch Bildung homogener Gruppen mit großer Ähnlichkeit innerhalb einer Gruppe und großer Verschiedenheit zwischen den Gruppen bewährt hat (s. Bock 1974; Steinhausen u. Langer 1977).

Vorgehensweise in der Angebotsphase

Ähnlichkeitsbetrachtung als Basis für die Festlegung der Lernkurvenparameter

Methodik für die Ähnlichkeitsbetrachtung

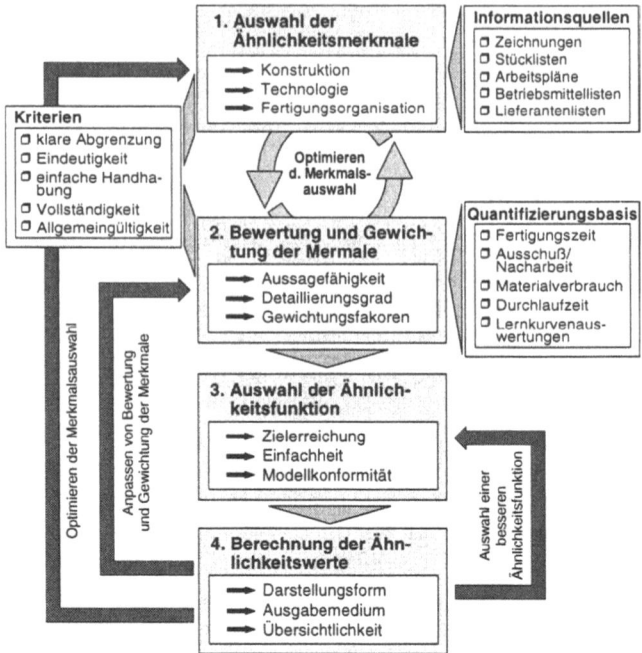

Abb. 4.9: Ablauf der Ähnlichkeitsbetrachtung

Auswahl der Ähnlich-
keitsmerkmale

Für die Anwendung der Methodik müssen einmalig die Ähnlichkeitsmerkmale ausgewählt und gewichtet werden. Im Hinblick auf das Planungsziel - die Soll-Lernkurve - ist das Kriterium hierfür der Einfluß eines Merkmals auf den Fertigungsaufwand (s. Praxibeispiel Abb. 4.16). Hilfreich ist für die Auswahl und Gewichtung der Merkmale die Durchführung von ABC-Analysen zur Untersuchung des Einflusses z. B. von Baugruppen, eingesetzten Technologien, benötigten Maschinen und Anlagen etc. auf den Fertigungsaufwand. Bei der Auswahl der Merkmale muß darauf geachtet werden, daß die einzelnen Merkmale klar von einander abgrenzt und eindeutig sind, damit nicht verwandte Paramter mehrfach einfließen und so eine unbeabsichtigte Gewichtungsverstärkung eintritt. Des weiteren müssen sie weitestgehend vollständig und allgemeingültig sein, damit mit denselben Merkmalen die unterschiedlichen Produkte hinreichend genau beschrieben und miteinander verglichen werden können.

Aufbauend auf den Merkmalen wird eine möglichst einfache Ähnlichkeitsfunktion aufgestellt[1]. Mit der Ähnlichkeitsfunktion werden die Ähnlichkeitswerte für das aktuelle Angebot in bezug auf die abgeschlossenen Aufträge bestimmt und der Auftrag mit der größten Übereinstimmung als weitere Planungsgrundlage ausgewählt.

Nachdem der ähnlichste Auftrag ermittelt worden ist, werden Differenzen des angefragten Produkts hinsichtlich ihres Neuartigkeitsgrads in bezug auf die Produktgestalt und die Produktionsprozesse und somit hinsichtlich der Verbesserung und des Verbesserungspotentials bewertet. Mit diesem Ergebnis können die Lernkurvenparameter „Startwert a für die erste Einheit" und „Degressionswert" bzw. „Lernrate" (s. 4.2.1) für das Angebot aus den Lernkurvenparametern des ähnlichen Produkts abgeleitet werden. Ein hohes Verbesserungspotential z. B. bedeutet, daß die Lerneffekte höher sind, d. h. die Lernrate kleiner anzusetzen ist. Eine neue Konstruktion dagegen, die die Anzahl der zu montierenden Elemente einer Baugruppe erheblich reduziert, führt zu einem niedrigeren Startwert, da der Aufwand für Montagetätigkeiten verringert wird.

Liegen noch keine Erfahrungswerte mit Lernkurvenparametern von anderen Aufträgen vor, weil diese Art der Planung erst aufgebaut werden soll, und existieren auch keine auswertbaren Fertigungsdaten, kann nur eine Schätzung der Lernkurvenparameter durchgeführt werden. Dazu wird die durchschnittliche Lernrate der Branche angesetzt und mit dieser Lernrate eine Lernkurve durch einen Flächenvergleich mit den bisher bekannten Durchschnittskosten berechnet (s. Abb 4.10). Um die Schätzung zu verbessern, kann die Lernrate in Abhängigkeit von der Verteilung der eingesetzten Produktionsprozesse an das planende Produkt angepaßt werden. Ein ausführliche Aufstellung von prozeßbezogenen Lernraten ist bei Liebau (1981) zu finden.

Genauer ist es allerdings, z. B. über eine lineare Regression, aus den aggregierten Fertigungseinzeldaten die Lernkurvenparameter zu bestimmen. Dieser Weg

Berechnen der Ähnlichkeitswerte mit Ähnlichkeitsfunktion

Korrigieren der Lernkurvenparameter

Ermitteln der Parameter, wenn noch keine Werte von vorherigen Aufträgen vorliegen

Lernkurvenparameter am besten aus Fertigungsdaten bestimmen

---

[1] Für die Bildung der Ähnlichkeitsfunktion kann an dieser Stelle nur auf die Literatur zur Clusteranalyse verwiesen werden (z. B. Bock 1974; Steinhausen u. Langer 1977)

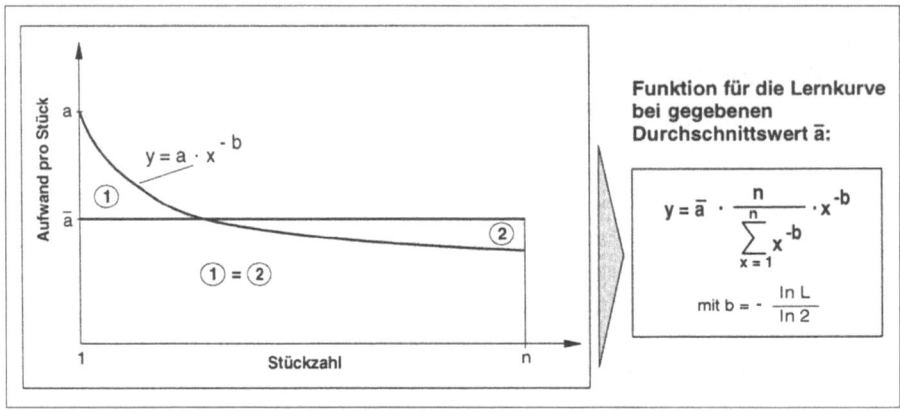

Abb. 4.10: Ermitteln der Lernkurve über eine Schätzung

ist - wenn möglich - vorzuziehen, da auch kleine Veränderungen der Lernrate große Auswirkungen auf den Stückkostenverlauf haben. Zu hohe Lernraten täuschen nicht vorhandene Verbesserungspotentiale vor und führen zu Fehlkalkulationen, zu niedrige Lernraten dagegen lassen mögliche Kostensenkungen ungenutzt.

Auftragsphase

Anpassen der Soll-Kurve

Während eines laufenden Auftrags gilt es, die ursprünglich geplanten Kosten zu realisieren. Wenn bei der Angebotsverhandlung vom Kunden eine Preisreduzierung erreicht wurde, muß die erforderliche Kostenverringerung entweder durch eine bessere Lernrate, einen niedrigeren Startwert oder eine Kombination von beidem in Abhängigkeit von den zur Verfügung stehenden Kostensenkungsmaßnahmen in einer modifizierten Soll-Lernkurve berücksichtigt werden. Ebenso sind weitere absehbare Ereignisse mit kostenbeeinflussende Wirkung, wie z. B. Tarifverhandlungen, Rohstoffverknappungen, in den Lernkurvenverlauf mit einzubeziehen und darzustellen, da zu ihrer Kompensation zum gegebenen Zeitpunkt Maßnahmen durchgeführt werden müssen. Erfahrungsgemäß beeinflussen viele der zu berücksichtigenden Faktoren, wie z. B. die Änderungen durch zusätzliche oder verspätete Kundenwünsche gerade den Beginn der Produktion. Diese Faktoren können jedoch meistens, da nur eine Gesamtkurve als Rahmen prognostiziert wird, die eine gewisse Zielvariation erlaubt, bereits im Vorfeld entsprechend abgebildet werden. Diese durch die Ereignisse modifizierte Soll-Kurve bildet schließlich die Basis für die Auftragsüberwachung und Kostenoptimierung.

Für die Auftragsüberwachung werden die Ist-Daten der Produktion verdichtet und stückbezogen ausgewiesen. Neben dem Fertigungsaufwand müssen auch die Entwicklungen der Fehler und Fehlerursachen als Indikatoren und Ansatzpunkte für Verbesserungen ermittelt werden (s. 4.3.1). Der Aufwand für die bereits gefertigten Einheiten wird fortwährend als Lernkurve extrapoliert, um aus der Differenzbetrachtung mit der Sollkurve ggf. weiteren Handlungsbedarf ableiten zu können.

Entsprechend des Regelkreises in Abb. 4.7 werden die Fehler mit ihren Ursachen analysiert. Für die identifizierten Fehlerschwerpunkte werden im nächsten Schritt die Hauptursachen bestimmt, um Ansatzpunkte für Verbesserungsmaßnahmen zu gewinnen. Bei der Ursachenanalyse ist die gesamte Prozeßkette zu betrachten, da häufig unterschiedliche Fehlerarten dieselbe Ursache haben oder Folgefehler vorliegen. Um jedoch überhaupt eine Ursachenuntersuchung betreiben zu können, müssen die unmittelbaren Ursachen, der Verursacher und der Entdeckungsort/-zeitpunkt als Ausgangsbasis direkt bei der Erfassung des Fehlers mit bestimmt werden, da diese Informationen später selten noch gesichert zu beschaffen sind. Die Aussagekraft der Angaben jener Mitarbeiter, die diese Ursachenfeststellung betreiben, z. B. Prüfern, Auditoren oder Mitarbeitern mit Werkerselbstprüfung, ist um so größer, je umfassender ihr Verständnis der Produktionsprozesse und deren Zusammenhänge ist. Diesen Mitarbeitern ist ihre große Verantwortung bewußt zu machen, da ihre Angaben mit herangezogen werden, um die Ressourcenverschwendung zu verringern und die Produktivität zu steigern.

Auf der Basis der Ursachenanalyse können entsprechend der operativen oder strategischen Unternehmensziele die primären Ansatzpunkte für Abstellmaßnahmen definiert werden. Die möglichen Maßnahmen, z. B. Änderungen am Produkt oder den Produktionsverfahren, Instandhaltungsmaßnahmen, Investitionen in neue Werkzeuge, Vorrichtungen oder Produktionsanlagen, etc., werden hinsichtlich ihrer Beeinflussung des weiteren Lernkurvenverlaufs bewertet und ausge-

Verdichten der Ist-Daten

Analyse der Ursachen als Ansatzpunkt für Verbesserungsmaßnahmen

Maßnahmenauswahl im Hinblick auf weiteren Kurvenverlauf

wählt. Bei der Bewertung sind Faktoren wie die Veränderung der Prozeßbeherrschung, des Schulungs- bzw.
Erfahrungsniveaus oder Komplexität des Produkts zu
berücksichtigen, um zu Aussagen hinsichtlich der relativen Aufwandsänderung, d. h. eines Sprungs in der
Lernkurve, und des zu erwartenden Verbesserungspotentials zu gelangen. Im weiteren wird die Wirkung der
Maßnahme überprüft und ggf. eine Korrektur der
Maßnahme durchgeführt.

4.3.3
Anforderungen für die Planung mit Lernkurven

Rechnerunterstützung der Planung

Für die Lernkurvenplanung sind vielfältige, teilweise
umfangreiche Berechnungen, z. B. für das Bestimmen
von Soll-Kurven oder das Aggregieren von Ist-Kurven,
durchzuführen. Es ist daher nur sinnvoll, für die Lernkurvenplanung ein rechnergestütztes Planungsinstrument einzusetzen. Dieses Planungsinstrument muß

Qualitätsmanagementanforderung an das Planungsinstrument

sowohl den Anforderungen des Qualitätsmanagement
als auch der Lernkurvensystematik genügen (Abb. 4.11).
Des weiteren ist ein bestimmter Aussagegehalt der
Informationen aus dem Bereich des Qualitätsmanagement und der Lernkurven für die Planung erforderlich.

Als Anforderung aus dem Bereich des Qualitätsmanagement an das Planungsinstrument ist vor allem die
auftragsbezogene Ermittlung von Qualitätslernkurven,
die u. a. für die Prüfplanung und -steuerung eingesetzt
werden können. Zu den Qualitätslernkurven zählen z. B

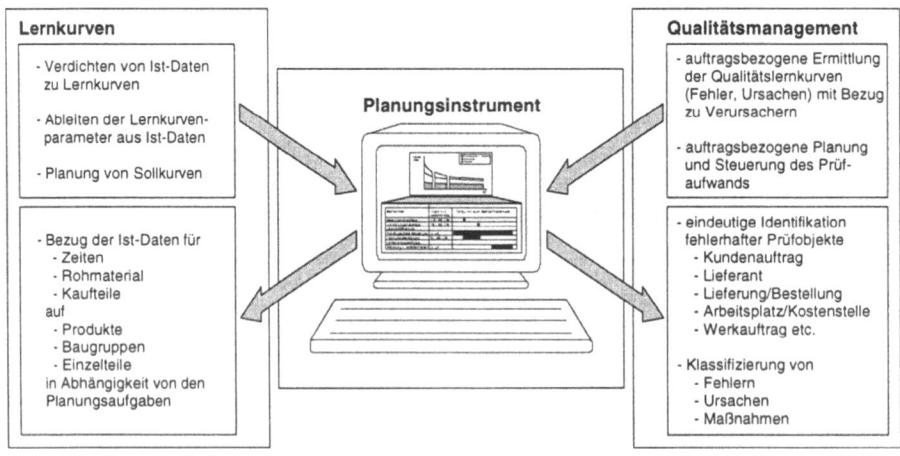

Abb 4.11: Anforderungen der Planung mit Lernkurven im Rahmen des Qualitätsmanagement

die Entwicklung der Fehler- oder Ursachenanzahl pro Produkt oder die Kosten dafür. Außerdem muß es möglich sein, den Aufwand für die qualitätssichernden Tätigkeiten analog zur Kurve für den Gesamtaufwand zu planen und in der Vorkalkulation zu berücksichtigen (s. Westkämper et al. 1997a), da die Höhe des Prüfaufwands neben festgelegten Abnahmeprüfungen vor allem durch die Fehlerentwicklung bestimmt wird.

Für das Planungsinstrument ist es im Gegenzug wichtig, daß eine Bildung von Maßnahmeschwerpunkten durch Fehler- oder Ursachenklassifizierung durchgeführt werden kann. Zusätzlich müssen bei fehlerhaften Prüfobjekten für Ursachenanalyse und Maßnahmenauswahl z. B. Informationen über Lieferanten, den dazugehörigen Werkauftrag oder die fertigende Kostenstelle vorhanden sein.

Anforderungen an die Qualitätsdaten

Für die eigentliche Planung mit den Lernkurven muß das Instrument auf effiziente Weise die Festlegung von Sollkurven unterstützen. Außerdem sollten aus den Fertigungsdaten automatisiert die Ist-Lernkurven aggregiert und die Lernkurvenparameter berechnet werden können.

Kriterien aus Sicht der Lernkurven

Für diese Aufgaben ist es zwingend notwendig, daß eine Einzelwertbetrachtung der Fertigungsdaten für Produkte, Baugruppe oder auch Einzelteile möglich ist. Da dieses die Voraussetzung dafür ist, daß überhaupt Lernkurven ausgewiesen werden können. Um den Aufwand bei der Datenerfassung und -veraltung in einem wirtschaftlich vertretbaren Rahmen zu halten, können ggf. mehrere Produkte zu Gruppen, z.B. als Lose, zusammengefaßt werden, für die dann Durchschnittswerte verarbeitet werden. Des weiteren sollten die Daten eine Differenzierung nach Zeiten, Rohmaterial und Kaufteilen erlauben. Nur kann die Wirkung unterschiedlicher Maßnahmen, wie z. B. Konstruktionsänderungen, Make-or-Buy-Entscheidungen oder Maschineninvestitionen dargestellt werden.

Struktur der Fertigungsdaten

4.3.4
Konzeption der Fehlerdatenerfassung als Basis für die verbesserungsorientierte Planung

Trotz des oft umfangreichen EDV-Einsatzes in den Unternehmen gestaltet sich eine Ermittlung der gesamten Fehlerkosten - Nacharbeit, Material, Transport etc. - und somit das Ausweisen von Fehlerschwer-

Probleme mit den für die Planung mit Lernkurven zur Verfügung stehenden Qualitätsdaten

punkten für fehlerhafte Bauteile häufig sehr aufwendig und ist automatisch meist unmöglich. Außerdem ist ein Bezug zu den Ursachen oft nicht mehr vorhanden. Dies ist darauf zurückzuführen, daß die notwendigen Informationen in verschiedenen Systemen verwaltet werden und zwischen den Einzelinformationen keine Beziehungen mehr hergestellt werden können, da ihnen keine integrierte Datenhaltung zugrundeliegt. Dadurch sind die Informationen, die in den Einzelsystemen aus der jeweiligen Blickrichtung gespeichert werden, nicht mehr zu einem Gesamtbild zur Darstellung der Art, Ursachen, Kosten und Folgen einer Abweichung zusammenfügbar. Genauso wenig können aussagekräftige Schwerpunkte gebildet werden. Das betriebliche Rechnungwesen kann z. B. zwar in der Regel allgemeine Aussagen bzgl. Ausschuß und Nacharbeit machen, jedoch ist eine Differenzierung nach Fehlern oder Ursachen nicht durchführbar.

Abhilfe durch modulares System auf Basis von PC-Standardsoftware

Gerade ein Gesamtbild der Fehlerarten mit den zugehörigen Ursachen, Auswirkungen der Fehler sowie der eingeleiteten Abstellmaßnahmen ist aber grundlegende Voraussetzung für die Planung auf Lernkurvenbasis. Im folgenden wird daher ein umgesetztes Konzept zur vergleichsweise einfachen Behebung dieses häufig anzutreffenden Defizits vorgestellt.

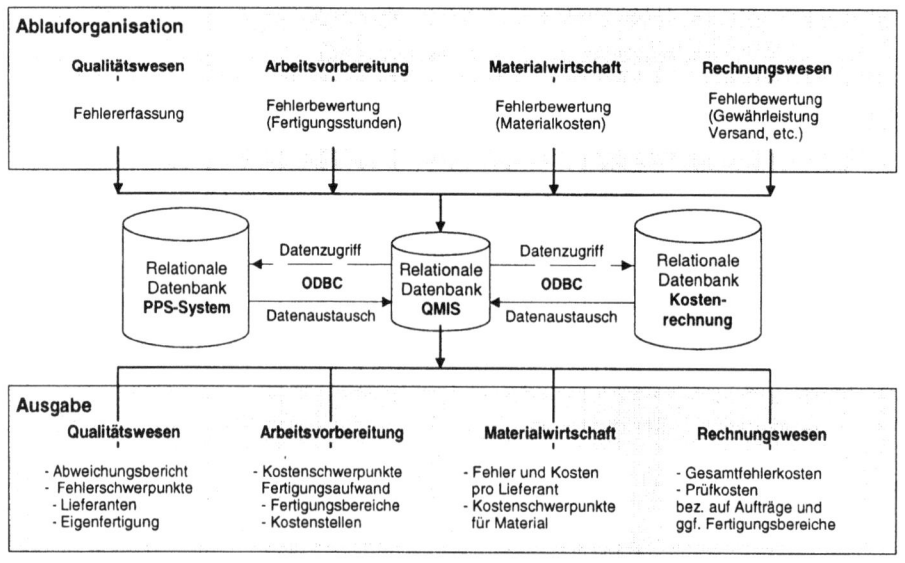

Abb. 4.12: Systematik der Fehlerdatenerfassung und -verarbeitung

Mit Hilfe von PC-Standardsoftware wird ein integriertes System mit Anbindung an die Datenbank des PPS-Systems aufgebaut. Die Fehlerdaten werden zentral in der Datenbank für das Qualitätsmanagementinformationssystem (QMIS) gespeichert (s. Abb. 4.12).

Das QMIS besteht aus mehreren Modulen zur Datenerfassung und -auswertung auf der Basis einer relationalen Datenbank. Entsprechend der Aufgaben stehen jedem Bereich die notwendigen Module für das Eingeben der Fehlerdaten oder Erstellen der Berichte zur Verfügung.

Modularer Aufbau

Jeder Bereich ist für die Pflege seiner Module selbst verantwortlich. Durch die Verwendung von PC-Standardsoftware können Anpassungen durch einen ausgewählten Mitarbeiter des jeweiligen Bereichs vorgenommen werden. Um eine stabile Basis aller Module zu gewährleisten, ist die Verantwortung für die QMIS-Datenbank einem neutralen Bereich zu übertragen.

Dezentrale Verantwortung für die Wartung und Pflege

Bei der Abarbeitung einer Abweichung werden alle relevanten Daten, z.B. Fehlerbeschreibung, Fehlerbewertung in Stunden für die Nacharbeit oder das zuätzliche Material, sukzessive mit den einzelnen Modulen in der QMIS-Datenbank ergänzt. Der Zugriff auf die Daten in den anderen Datenbanken, z. B. für Teilestammdaten, Arbeitspläne oder Bestellungen im PPS-System, erfolgt von den Modulen für den Benutzer unmerklich über die ODBC® (Open Database Connectivity)- Datenbankschnittstelle. Auf diese Weise sind alle für die verbesserungsorientierte Planung erforderlichen, ganzheitlichen Auswertungen, der Aufzeichungscharakter der Fehlerdaten sowie eine möglichst geringe Belastung der anderen Datenbanken, z. B. des PPS-Systems, und des Netzes gewährleistet.

Sukzessives Ergänzen der Daten in der zentralen Datenbank

4.3.5
Integration der Informationssysteme für die verbesserungsorientierte Planung

Die verbesserungsorientierte Planung benötigt auf der einen Seite zur Ermittlung der tatsächlichen Produktivitätssteigerungen Informationen über die Qualitäts- und Produktionssitutation; z. B. in Form von Fertigungseinzelzeiten oder der Fehleranzahl. Auf der anderen Seite stellt sie wichtige Planungsinformationen für die Produktionsplanung- und-steuerung sowie das Qualitätsmanagement bereit (s. Abb. 4.13).

Integrationsfunktion des Planungsinstruments

**Vorteile der Systeminte-
gration**

Besonders große Potentiale ergeben sich somit für Unternehmen durch die Integration des Lernkurvenplanungsinstrument mit einem PPS- und einem CAQ-System. Durch die Verbindung der Systeme werden die Planungssicherheit und die Planungstransparenz verbessert, da verdichtete Daten über die tatsächliche Inanspruchnahme der Produktionsfaktoren, deren zeitlichen Verlauf und die Ursachen dafür vorliegen (s. Westkämper et al. 1996a). Auf diese Weise kann die Ressourcennutzung gesteigert werden. Bereits in der Phase der Auftragsklärung können detailliertere Auskünfte über realistische Liefertermine, erforderlichen Kapazitäten und stückzahlabhängige Kosten bzw. Preise gegeben werden.

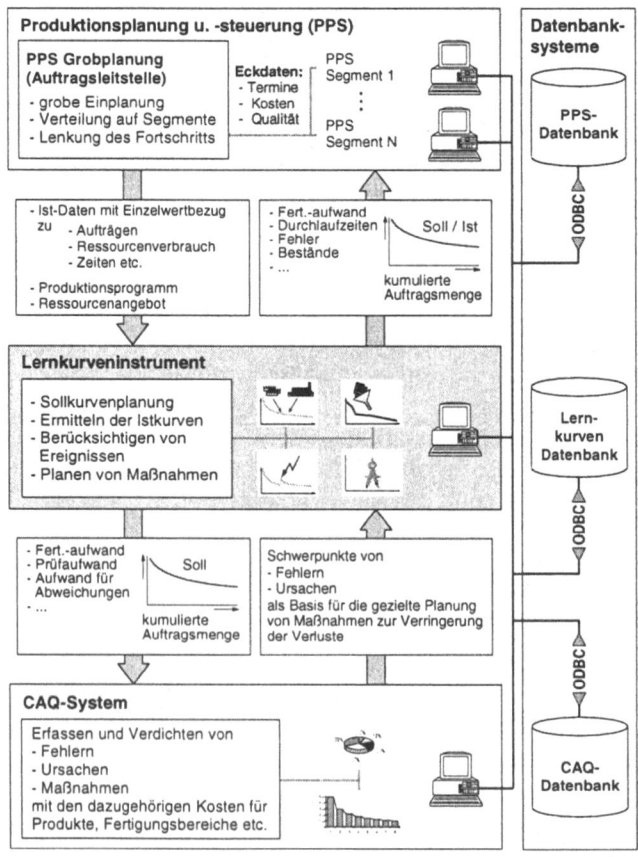

Abb. 4.13: Integration der Informationssysteme

Für die technische Realisierung bieten sich - wie für die integrierten Fehlerdatenbank (s. 4.3.4) - Datenbanken an, die über neutrale Schnittstellen den Informationsaustausch vornehmen. So können die jeweils notwendigen Daten sehr effizient bereitgestellt werden. Es treten keine Schnittstellenverluste auf, eine hohe Flexiblität bei dem Datenzugriff und der Datenauswertung ist sichergestellt und der Datenaustausch ist vollständig automatisierbar.

Realisieren der Integration durch Datenbanken

4.4
Integration in das Qualitätscontrolling

Die Lernkurvenplanung beeinflußt als Instrument des Qualitätscontrolling alle Prozesse der technischen Auftragsabwicklung. Durch seine Stellung innerhalb des Qualitätskreises ergeben sich vielfältige Schnittstellen zu den anderen Controllinginstrumenten (s. Abb. 4.14).

Schnittstellen mit anderen QC-Werkzeugen

Wichtige Vorgaben für die Planung mit den Lernkurven entstehen durch die Festlegung der Qualitätsziele in der strategischen Qualitätsplanung. Die Qualitätsdimensionen der Produkte sowie die Fähigkeit der Unternehmensprozesse zur Realisierung der geforderten Produktqualität bestimmen maßgeblich die Festlegung der Lernkurvenparameter und das Erreichen der stückzahlabhängigen Kostenziele. Im Gegenzug liefert die Lernkurvenplanung ein umfangreiches Kontrollwerk aus verdichteten Ist-Daten zum Abgleich der Zielvorgaben der strategischen Zielplanung.

Strategische Gesamtplanung

Die im Rahmen des Quality Target Costing geplanten Standardkosten stellen im Sinne der Lernkurvenplanung die kumulierten Durchschnittskosten dar und bilden somit eine wichtige Inputgröße für das stückzahlabhängige Zielkostenmanagement. Durch die von der Lernkurvenplanung übermittelten Ist-Kurven erhält das Quality Target Costing ein Feedback über realistische Standardkosten für zukünftige Zielkostenplanungen.

Quality Target Costing

Vom PPS-System erhält die Lernkurvenplanung alle wesentlichen Ist-Daten der Aufträge. Die Daten der Werkstattaufträge, Rohmaterialen, Kaufteile etc. mit Einzelwertbezug werden zu Lernkurven verdichtet. Die Soll- und Ist-Lernkurven dienen dem PPS-System wiederum zur verbesserten Planung der Ressourcen und

PPS-orientiertes Qualitätcontrolling

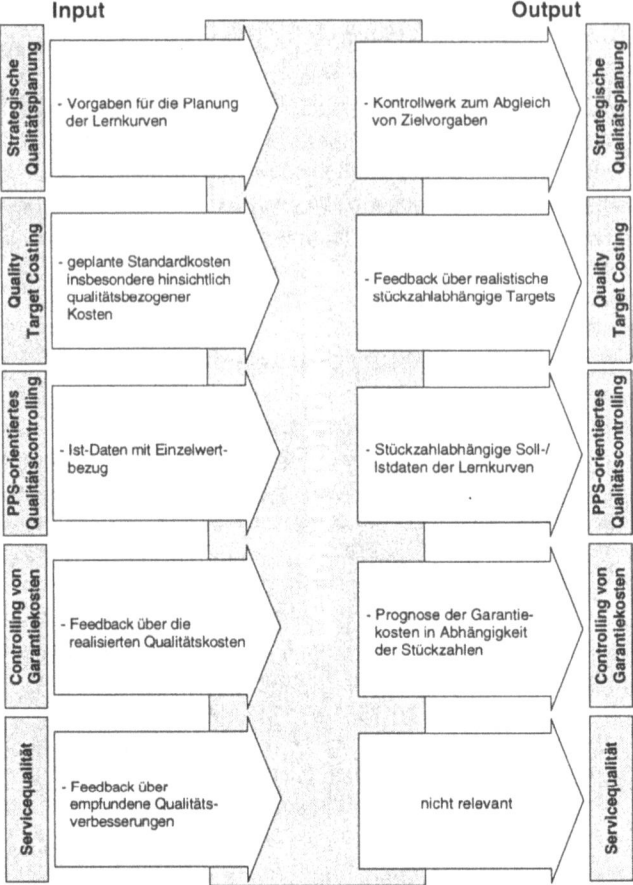

Abb. 4.14: Schnittstellen zu anderen Bereichen des Qualitätscontrolling

Schnittstellen zum Controlling der Garantiekosten und der Servicequalität

Durchlaufzeiten durch die Berücksichtigung der stückzahlabhängigen Produktivitätssteigerungen.

Für das Controlling der Garantiekosten prognostiziert die Lernkurvenplanung die Kosten für Garantiefälle in Abhängigkeit von der produzierten Stückzahl und trägt so der kontinuierlichen Produkt- und Produktverbesserung durch die zunehmenden Erfahrungen Rechnung. Als Input dagegen stellt das Instrument für das Controlling der Garantiekosten Informationen aus Felduntersuchungen und über realisierte Kosten zur Verfügung. Zusammen mit dem Feedback über die subjektiv empfundenen Qualitätsverbesserungen, die vom Werkzeug für die Servicequalität übermittelt werden, ergibt sich so ein umfassendes Bild der externen Qualitätskosten für weitere Planungen.

4.5
Lernkurvenplanung bei einem Schienenfahrzeughersteller

Die Linke-Hofmann-Busch GmbH stellt in Salzgitter mit ca. 2000 Beschäftigten Schienenfahrzeuge her. Die Produktpalette reicht von Güterwagen, Verkehrssystemen des öffentlichen Stadtverkehrs, wie Straßenbahnen und U-Bahnen, über Nahverkehrssysteme bis zu Reisezugwagen, z. B. für den ICE. In der Regel werden die Fahrzeuge in kleinen Stückzahlen bis 100 Stück pro Auftrag produziert. Es sind jedoch auch Aufträge mit wesentlich geringeren Stückzahlen immer wieder Bestandteil des Produktionsprogramms. Kennzeichnend für die Produkte ist die sehr hohe Komplexität sowie der Unikatcharakter. Das Vorhandensein von Lerneffekten war im Unternehmen schon länger bekannt, es fehlte jedoch bisher eine Systematik zur Quantifizierung und Planung der Verbesserungen. Eine derartige Systematik sollte im Rahmen des Verbundprojekts QS-VP4 mit Unterstützung des Instituts für Werkzeugmaschinen und Fertigungstechnik der TU Braunschweig konzipiert und zumindest prototypenhaft im Unternehmen umgesetzt werden.

Rahmenbedingungen des Unternehmens

Auch in der Vergangenheit wurden bei der Linke-Hofmann-Busch GmbH in Salzgitter bereits die erforderlichen Aufschreibungen der festgestellten Abweichungen vorgenommen und in Berichten festgehalten. Dieses geschah jedoch mit reinen Schreibprogrammen oder auch handschriftlich. Wegen der Anzahl der Berichte waren sie daher kaum auswertbar. Es konnten nur sehr aufwendig und nicht automatisch Fehlerschwerpunkte und -entwicklungen ermittelt werden.

Ausgangssituation bei der Fehlerdatenerfassung als Basis der Verbesserungenl im Rahmen der Lernkurvenplanung

Um über Fehlerdaten für die Untersuchung der Lerneffekte und später auch für das Qualitätsmanagement sowie die Lernkurvenplanung zu verfügen, wurde deshalb eine Datenerfassung auf der Basis einer relationalen PC-Standarddatenbank aufgebaut.

Einsatz von PC-Standardsoftware

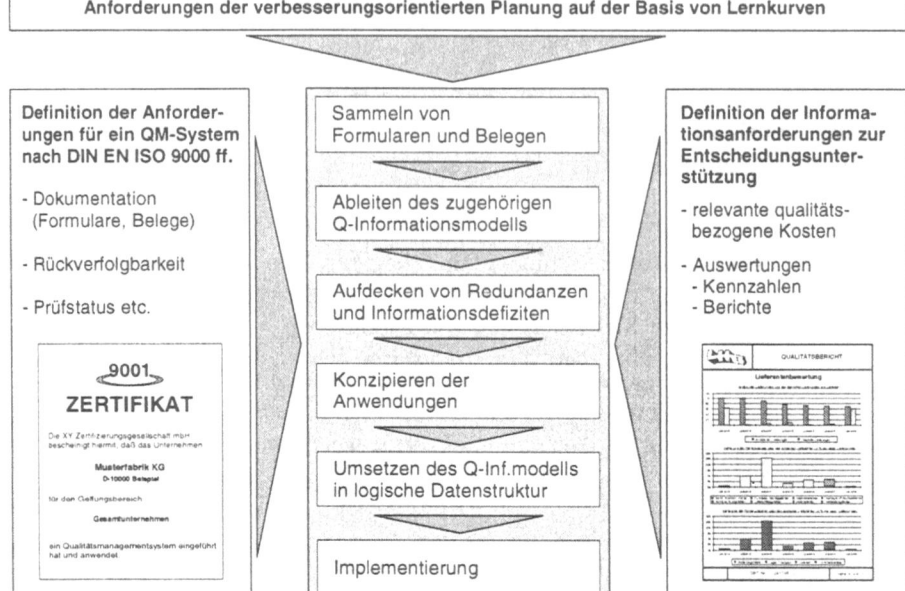

Abb. 4.15: Vorgehensweise zum Aufbau der Qualitätsdatenerfassung

Aufbau einer Client-Server-Architektur

Diese Datenbank sollte den allgemeinen Anforderungen der verbesserungsorientierten Planung auf der Grundlage der Lernkurven (s. Abb. 4.11), den speziellen Anforderungen des nach DIN EN ISO 9001 zertifizierten QM-Systems und den Informationanforderungen zur Entscheidungsunterstützung genügen. Durch die in Abbildung 4.15 dargestellte Vorgehensweise ist es gelungen, eine Datenbank aufzubauen, die sehr flexibel, unternehmensweit die notwendigen Informationen zur Verfügung stellt (s. a. Schmelzer u. Lücke 1995). Um der größeren Anzahl der Nutzer des System gerecht zu werden, wurde die Datenhaltung im Laufe des Projekts auf eine ORACLE®-Datenbank umgestellt. Des weiteren wurde zur Übernahme der Stamm- und Auftragsdaten eine Anbindung an die ORACLE®-Datenbank des PPS-Systems realisiert. Die Programme für die Datenerfassung und die verschiedenen Auswertungen liegen jedoch auch weiterhin als getrennte PC-Datenbank-Module vor, für deren Pflege die jeweiligen Unternehmensbereiche verantwortlich sind. So wurde durch die Client-Server-Lösung sowohl eine stabile und sichere

Datenbasis als auch eine hohe Flexibilität in der Gestaltung der Anwendungen erreicht.

Mit Hilfe dieser Datenbasis können auftragsbezogene Fehlerentwicklungen und -schwerpunkte für die Lernkurvenplanung bereitgestellt werden. Des weiteren ist durch die strukturierte Datenspeicherung eine universelle Auswertbarkeit für die Analyse von Verbesserungspotentialen gewährleistet.

Datenbasis für die Auswertung der Verbesserungspotentiale

Für die Vorkalkulation des Fertigungsaufwands in Form der Lernkurven wird eine Eingabemaske verwendet, in der losweise das Stundenvolumen ermittelt werden kann (s. Abb. 4.16). Ein Fertigungslos besteht dabei aus mehreren Zügen eines Auftrags, die zu einem Kostenträger zusammengefaßt werden. Je nachdem, ob der Anfangswert (Wert für den ersten Zug des Loses), der Budgetwert (Mittelwert der Züge eines Loses) oder der Endwert (Wert für den letzten Zug eines Loses) eingegeben wird, werden die anderen Werte in Abhängigkeit von der Lernrate für das Los automatisch berechnet. Auf der Basis des Endwerts des x-ten Loses

Planen der Soll-Lernkurven

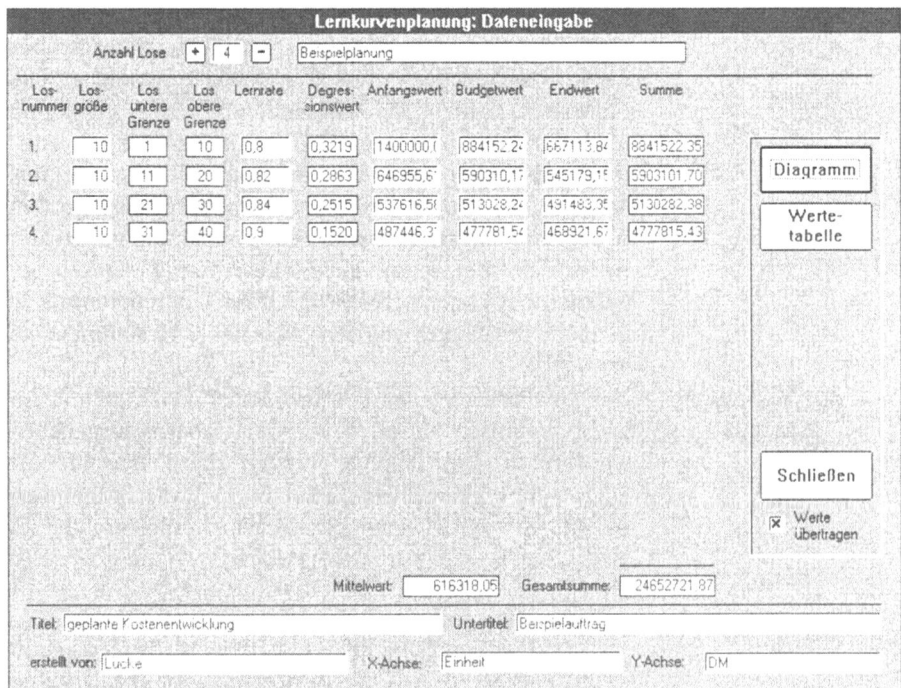

Abb 4.16: Berechnung der Planungswerte für die Soll-Lernkurve

wird der Startwert für das x+1-te Los als Vorschlag für eine kontinuierliche Kurve bestimmt. Es können jedoch auch andere Startwerte eingetragen werden, um z. B. einen Sprung durch eine längere Fertigungsunterbrechung zu planen. Mit unterschiedlichen Lernraten pro Los kann ggf. eine gebrochen-lineare Lernkurve festgelegt werden, die z. B. besonders große Lerneffekte zu Beginn berücksichtigt.

Durchführen der Ähnlichkeitsbetrachtung

Grundlage der Planung der Lernkurven sind Ähnlichkeitsbetrachtungen, um die Lernkurvenparameter für das neue Produkt bestimmen zu können. Für eine Aussage über die Ähnlichkeit mit abgelaufenen Aufträgen sind u. a. Informationen über die Anteile einzelner Baugruppen am Fertigungsaufwand wichtig, um anhand des Umfangs gleicher oder ähnlicher Baugruppen auf das Verbesserungspotential und damit die Lernkurvenparameter schließen zu können.

Die Untersuchung der Baugruppen der verschiedenen Aufträge orientiert sich an der DIN 25002 "Benennungen für Schienenfahrzeuge", da die notwendigen Konstruktions- und Fertigungsdaten in dieser Form ausgewertet werden können (s. Abb 4.17).

Anhand einer derartigen Darstellung des mittleren Fertigungsaufwands läßt sich schnell eine Aussage über die Ähnlichkeit der unterschiedlichen Aufträge treffen. Einerseits kann das Aufwandsprofil des geplanten Auftrags direkt mit den Profilen abgeschlossener Aufträge verglichen werden. Andererseits ist sofort erkennbar, welche Baugruppen einen besonders großen Anteil am Gesamtaufwand haben, demzufolge bei der Ähnlichkeitsbetrachtung verhältnismäßig stärker gewichtet und somit hinsichtlich ihrer Übereinstimmung genauer untersucht werden müssen (s. Westkämper et. al. 1997b).

Darstellung des Planungsergebnisses

Zur Überprüfung der Planung kann das Ergebnis sowohl graphisch als auch als Wertetabelle ausgegeben werden. In der Graphik werden die Werte für die Durchschnittskurve (obere Lernkurve), die Einheitkurve und die Mittelwerte für die Fertigungslose dargestellt. Die Durchschnittswerte dienen u. a. dem Vertrieb als Unterstützung in der Angebotsphase, wenn es gilt, den durchschnittlichen Preis pro Produkt in Abhängigkeit von der potentiellen Auftragsmenge festzulegen (s. Abschnitt 4.2.3). Die Einzelwertkurve zeigt die Entwicklung für das einzelne Fahrzeug an. Dieses ist für

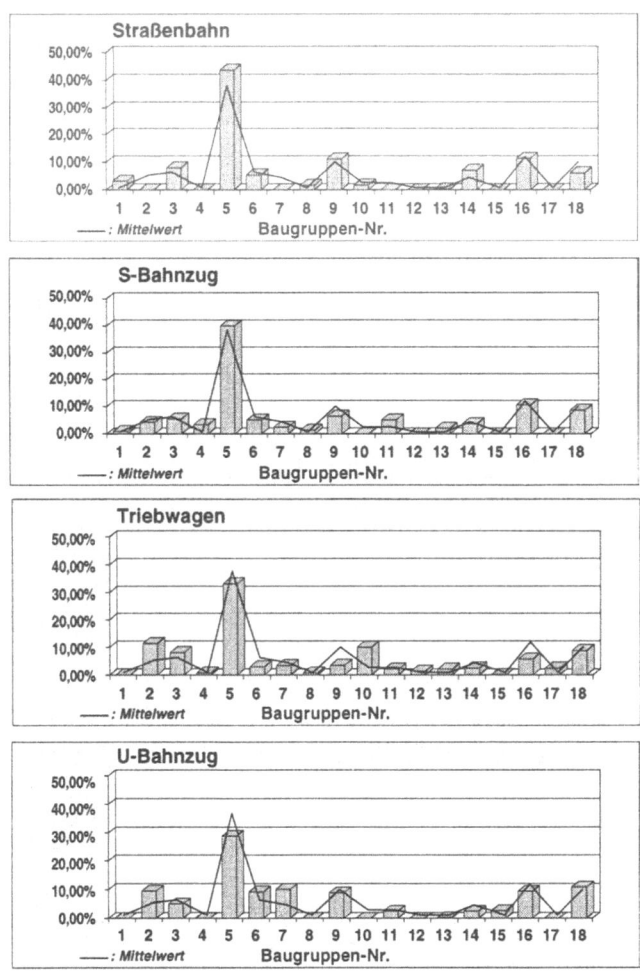

Abb. 4.17: Anteile der Baugruppen am Fertigungsaufwand

die Auftragssteuerung und die Kapazitätsplanung von Bedeutung. Mit den Mittelwerten pro Los werden schließlich die Vorgabezeiten für ein Fertigungslos budgetiert (s. Abb. 4.18). Diese Werte könnnen später auch von der Kostenrechnung zur Auftragsverfolgung genutzt werden, da - wie bereits erwähnt - ein Fertigungslos einemKostenträger gleichkommt.

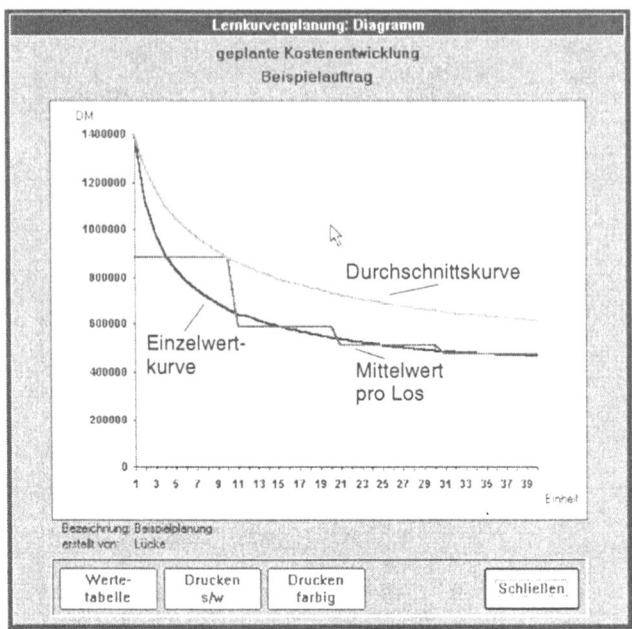

Abb. 4.18: Diagramm zur Soll-Lernkurvenplanung

Qualitätsdatenauswertungen als Ausgangspunkt für Verbesserungsmaßnahmen

Für die Unterstützung der Umsetzung der geplanten Lernkurven in der Auftragsphase wurden Standardberichte auf unterschiedlichen Detaillierungsebenen aufgebaut. Sie erlauben eine Erkennung von Fehlerschwerpunkten auf einer hohen Aggregationsstufe. Dazu werden für jeden Auftrag die Fehlerarten und -ursachen über die kumulierte Stückzahl - losbezogen - aufgetragen (s. Abb. 4.19). Außerdem werden auch auftragsbezogene Trenddarstellungen berechnet, um das Auftreten von Fehlerschwerpunkte auch zeitlich zuordnen zu können, da sich gleichzeitig mehrere Lose mit unterschiedlichen Fortschritt in der Fertigung befinden. Zeitgleiche und gleichartige Fehlerursachen würden wären bei rein losweiser Betrachtung nicht erkennbar.

Aufbau einer Auswertungshierarchie

Für die Ermittlung der Ursachen und das Ableiten von Verbesserungsmaßnahmen können bei Bedarf zusätzliche Detailauswertungen durchgeführt werden. Dieses gilt einerseits für die Eigenfertigung, wo unterschiedliche Betrachtungen nach Aufträgen oder Fertigungsbereichen mit verschiedenen Detaillierungen, z. B. Kostenstellen, möglich sind. Dieses ist andererseits

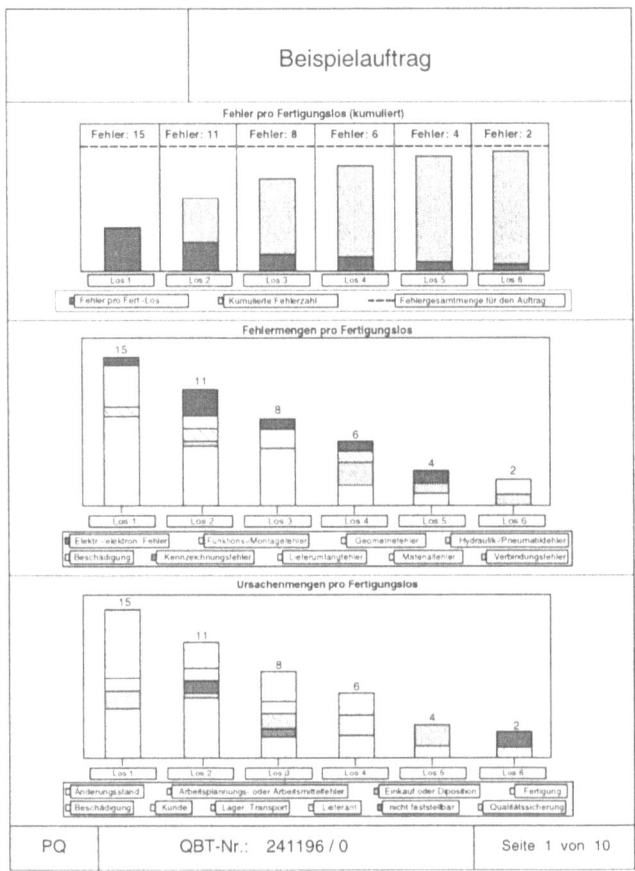

Abb. 4.19: Auftragsbezogene Fehlerauswertung

aber auch bei der Lieferantenbewertung der Fall, wo auf der obersten Stufe eine Übersicht über die Anzahl der Lieferungen, die Fehler und die Ursachen in einem festen Zeitfenster für die einzelnen Hauptlieferanten ausgegeben wird. Falls es für einen dieser Hauptlieferanten als erforderlich erachtet wird, kann eine Detailauswertung dieses Lieferanten für denselben Zeitraum durchgeführt werden (s. Abb. 4.20).

Auf diese Weise wird die Anzahl der zu erzeugenden Berichtsblätter auf ein Minimum reduziert. Außerdem haben Mitarbeiter der verschiedenen Unternehmensbereiche Zugriff auf die Module zur Datenauswertung, so daß für sie der Ausdruck der regelmäßigen Berichte entfällt. Sie sind so auch in der Lage sich ggf.

Minimierung der zu verteilenden Berichte

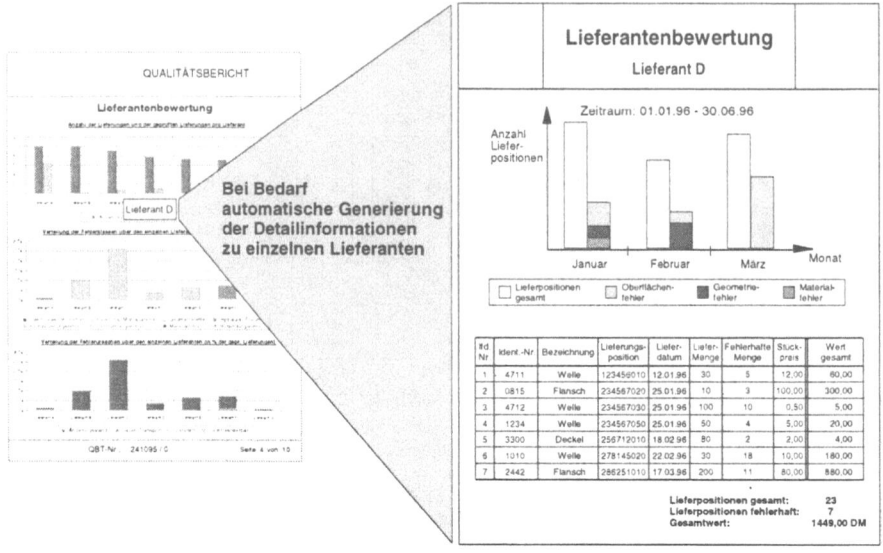

Abb. 4.20: Beispiel für einen Qualitätsbericht

bei zusätzlichem Informationsbedarf weitere Auswertungen zu erstellen.

Resümee   Die Planung auf der Basis von Lernkurven ist inzwischen fester Bestandteil der Auftragsabwicklung bei der Linke-Hofmann-Busch GmbH geworden. Noch teilweise vorliegende Schwachstellen in der Datenerfassung in bezug auf die Lernkurvenermittlung aus den PPS-Daten können allerdings nur langsam abgestellt werden, da dieses direkt Datenhaltung und Funktionen des PPS-Systems betrifft. Die Erkenntnisse mit der Datenbereitstellung fließen jedoch immer wieder bei Funktionsanpassungen in das PPS-System mit ein. Die Erfahrungen aus dem Planen und Realisieren der Lernkurven kommen iterativ neuen Planungen zugute, so daß sich auf diese Weise die Sicherheit bei der Festlegung der Lernkurvenparameter immer weiter erhöht.

4.6
Zusammenfassung

Durch die Verbindung von Lernkurven und Qualitätsmanagement lassen sich Verbesserungspotentiale im Unternehmen gesichert planen und gezielt erschließen. Dazu bedarf es einerseits eines Instruments zur Planung und Ermittlung der Lernkurven und andererseits einer auf die Lernkurven abgestimmten Fehlerdaten-erfassung und -auswertung sowie Datendetaillierung im PPS-System. Die EDV-technische Integration des Planungsinstruments mit dem PPS- und CAQ-System erhöht die Effzienz der Planung erheblich. Ohne das strukturierte Aufzeigen von Verbesserungspotentialen und den Aufbau der Regelkreise zur deren Erschlie-ßung ist die Lernkurvensystematik wirkungslos.

Die Lernkurven stellen ein mächtiges Instrument dar, bei deren Anwendung jedoch mit Bedacht - insbesondere bei der Festlegung der Lernkurvenpa-rameter - vorzugehen sind. Ansonsten sind sie „wie der Besen in der Hand des Zauberlehrlings" (s. Albach 1987, S. 1).

4.7
Literatur

Albach, H. (1987) Erfahrungskurve und Unternehmensstrategie. Zeitschrift für Betriebswirtschaft: Ergänzungsheft, Gabler, Wiesbaden

Bamberger, I. (1981) Theoretische Grundlagen strategischer Entscheidungen, in: WiSt Vol. 10 Nr. 3, S. 329-340

Baur, W. (1967) Neue Wege der betrieblichen Planung. Springer, Berlin, etc.

Bock, H. H (1974) Automatische Klassifikation - Theoretische und praktische Methoden zur Gruppierung und Strukturie-rung von Daten. Vandenhoeck & Ruprecht, Göttingen

Breit, C. (1985) Lern- und Erfahrungskurveeffekte in der Produk-tionstheorie. (Aschoff, C. und Müller-Bader, P. (Hrsg.): Be-triebswirtschaftliche Forschungsbeiträge; Band 17). GBI, München

Crosby, P. B. (1972) Qualität kostet weniger. 2. Auflage, Ausliefe-rung der deutschen Ausgabe durch Alfred Holz, Hof und Lembach

De Jong, J. R. (1960) Fertigkeit, Stückzahl und benötigte Zeit. 2. Auflage, Sonderheft der REFA-Nachrichten, REFA e.V., Darm-stadt

Henderson, B. D. (1974) Die Erfahrungskurve in der Unterneh-mensstrategie. Herder & Herder, Frankfurt, etc.

Henfling, M. (1978) Lernkurventheorie - Ein Instrument zur Quantifizicrung von produktivitätssteigernden Lerneffekten Lehmann, Gerbrunn bei Würzburg

Hieber, W. L. (1991) Lern- und Erfahrungskurveneffekte und ihre Bestimmung in der flexibel automatisierten Produktion. Vahlen, München

Imai, M. (1992) Kaizen - Der Schlüssel zum Erfolg der Japaner. 5. Auflage, Wirtschaftsverlag Langen Müller Herbig, München

Liebau, H.-D. (1981) Die Lernkurven-Methode: ein Hilfsmittel f.d. Ermittlung von Fertigungszeiten nach betrieblichen Ferti-gungsbereichen. Manuskriptdruck REFA e.V. ,Darmstadt :

Muth, J. F. (1986) Search Theory and the Manufacturing Progress Function, in: Management Science Vol. 32 Nr. 8, S. 948-962

Schmelzer, F., Lücke, O. (1995) Reduzierung des durch ein QM-System verursachten Dokumentationsaufwandes. in: Zertifizierung, Sonderteil Carl Hanser Verlag, Nr.5, S. ZE 42 - ZE 44

Steinhausen, D., Langer, K. (1977) Clusteranalyse - Einführung in die Methoden und Verfahren der automatischen Klassifikation. Walter de Gruyter, Berlin, New York

Westkämper, E. (1994) Eigenverantwortung - Grundlage für das Qualitätsmanagement in einer dynamischen lernfähigen Organisation, in: Zertifizierung, Sonderteil Carl Hanser Verlag, Nr.4, S. ZE 43 - ZE 53

Westkämper, E., Lücke, O. (1996) Strategisches Qualitätsmanagement. in Betriebshütte Springer, Berlin etc., S. 13.1-S. 13.13

Westkämper, E., Haats, C., Lücke, O. (1996b) Lerneffekte planen und steuern - Integration eines Planungsinstruments für die lernende Organisation mit dezentralen PPS-Systemen., in: ZWF Nr. 10, S. 458-460

Westkämper, E. (Hrsg.) (1996c) Null-Fehler-Produktion in Prozeßketten. Springer, Berlin etc.

Westkämper, E., Wahle, Th., Lücke, O. (1997a) Einsatz von Lernkurven im Qualitätsmanagement - Wirtschaftliche Planung des Prüfaufwands in der Kleinserienfertigung., in: QZ Nr. 4, S. ?-?

Westkämper, E., Witt, G., Lücke, O. (1997b) Die lernende Organisation - Die Anwendung von Lernkurven präzisiert die Fertigungsplanung., in: AV Nr. 2, S. 88-92

Wright, T. P. (1936) Factors Affecting the Cost of Airplanes, in Journal of the Aeronautical Sciences, Vol. 3 Nr. 2., S. 122-128

5 Qualitätscontrolling mit PPS-Systemen in der technischen Auftragsabwicklung

Christoph Hannen, Richard Schieferdecker

5.1 Qualitätsmanagement und Qualitätskosten

Die wachsende Bedeutung des Qualitätsmanagements als Wettbewerbsfaktor hat in vielen Unternehmen zum Aufbau umfassender Qualitätsmanagementsysteme (QM-Systeme) geführt. In deren Rahmen kommen zahlreiche QM-Maßnahmen und Qualitätsstrategien zum Einsatz, die Prozeß- und Produktqualität sowie Kundenzufriedenheit sicherstellen sollen (vgl. Pfeiffer 1993; Kamiske, Brauer 1995).

Bedeutung des Qualitätsmanagement als Wettbewerbsfaktor

Die Durchführung der QM-Maßnahmen verursacht in den Unternehmen erhebliche Kosten (vgl. Riesenhuber 1990). Die Erfassung der technischen Qualitätsdaten und der damit verbundenen qualitätsbezogenen Kosten sowie die Nutzung dieser Daten zur Entscheidungsfindung ist aber nur mangelhaft realisiert (vgl. Wildemann 1992, S. 769; Laschet 1995, S. 3).

QM-Maßnahmen verursachen erhebliche Kosten

Das Problem der Erfassung der Qualitätskosten ist zum Teil mit der noch nicht abgeschlossenen Begriffsdefinition zu erklären (vgl. Wildemann 1992, S. 762; Kandaouroff 1994, S. 771; Kamiske, Tomys 1993, S. 41 f.), von größerer Bedeutung sind jedoch die mit der Erfassung verbundenen Kosten. Die betrieblichen elektronischen Informationssysteme, wie z. B. Produktionsplanungs- und -steuerungs-Systeme, Kosten- und Leistungsrechnungs-Systeme sowie Computer-Aided-Quality-Management-Systeme, verfügen nicht über alle benötigten Daten: „Accounting systems were never designed to demonstrate the impact of the quality of performance" (Campanella 1990, S. 15). Insbesondere fehlen Informationen über die Prozeß- und Prozeßergebnisqualität sowie zur monetären Bewertung der

Ungenügende Erfassung der qualitätsbezogenen Kosten

PPS-, KLR- und CAQ-Systeme verfügen nicht über die benötigten Daten

verursachten Qualitätsabweichungen. Dies führt zu einer aufwendigen Einführung eigenständiger Systeme zur Datenerfassung, die in der Regel aufgrund von Zeit- und Finanzrestriktionen auf einige wichtige Bereiche beschränkt bleiben müssen.

Mangelnde Entscheidungsunterstützung aufgrund fehlender Daten

Die unvollständige Erfassung der benötigten Daten stellt einen wesentlichen Grund für die mangelnde Entscheidungsunterstützung dar. Hinzu kommt die Schwierigkeit, eine zweckmäßige Definition und Abgrenzung der zu betrachtenden Kosten vorzunehmen. Außerdem entsteht bei entsprechend detaillierter Datenerfassung schnell die Situation der „Informationsarmut im Datenüberfluß" (Horváth 1994, S. 350), da oft die Möglichkeiten der situationsbezogenen Filterung der Daten und der geeigneten Datenpräsentation sehr begrenzt sind. Die Richtigkeit und vor allem die Aktualität der Daten sind in vielen Fällen nicht problemadäquat, und somit können diese Daten kaum zur Entscheidungsfindung herangezogen werden.

Informationssysteme für das Qualitätscontrolling auf der Basis bestehender Informationssysteme

Einen Ausweg aus der beschriebenen Problematik bieten geeignete Informationssysteme zur Unterstützung des Qualitätscontrollings (Qualitätscontrolling-Informationssysteme QCIS), die auf bereits bestehenden Informationssystemen aufbauen. Dazu wird zunächst die Eignung der elektronischen Informationssysteme für das Qualitätscontrolling beschrieben. In den folgenden Kapiteln wird vorgestellt, wie ein bestehendes System um die Funktionalität des Qualitätscontroling erweitert wird. Hierzu wird der Informationsbedarf für das QC ermittelt und daraus resultierend die zu ermittelnden Daten bestimmt. Anschließend erfolgt die Beschreibung der Informationsabgabe. Die erfolgreiche Realisierung des Konzepts verdeutlicht abschließend ein industrielles Fallbeispiel.

5.1.1 Eignung der EDV-Systeme in der technischen Auftragsabwicklung für das Qualitätscontrolling

Produktionsplanung und –steuerung PPS

Systeme zur Produktionsplanung und -steuerung (PPS) beinhalten die Produktionsprogrammplanung, die Mengenplanung, die Termin- und Kapazitätsplanung, die Auftragsveranlassung und Auftragsüberwachung (Hackstein 1989, S. 5). Diese Kernfunktionalitäten weisen bereits einen sehr hohen Komplexitätsgrad auf und standen zunächst bei der Entwicklung der PPS-Systeme im Vordergrund (vgl. Kernler 1995, S. 13 ff.). Aufgaben zur Unterstützung des Controlling sind dabei nicht vorgesehen, lediglich die Bereitstellung von Daten an das Controlling wird erwähnt (vgl. Kurbel 1993, S. 296). Erst in jüngerer Zeit, nachdem die Kernfunktionalitäten von den PPS-Systemen nahezu 100%ig abgedeckt werden, erfolgt die Weiterentwicklung unter anderen Gesichtspunkten, z. B. Benutzerfreundlichkeit, Flexibilität und Funktionen außerhalb der beschriebenen Kernfunktionalitäten. Hierzu gehören z. B. auch das Controlling von Durchlaufzeiten, Lagerbeständen und Kapazitätsangeboten (vgl. Kernler 1995, S. 225 ff.; Hartmann 1993, S. 400 ff. u. S. 493 ff.; Hildebrand, Mertens 1992).

Weitere Systeme, welche der Erfassung und Auswertung der QC-relevanten Daten dienen können, sind die der Kosten- und Leistungsrechnung (KLR). Sie haben heute eine ähnlich weite Verbreitung gefunden wie PPS-Systeme (vgl. Mertens, Back-Hock, Fiedler 1990, S. 270; Scheer 1990, S. 244) und stellen oft einen Teil eines auch das PPS-System umfassenden Gesamtsystems zur Auftragsabwicklung dar. Die Aufteilungen nach Kostenarten, Zurechenbarkeit und Leistungsabhängigkeit stellen gängige Leistungsmerkmale dieser Systeme dar und bieten somit die Möglichkeit, die das QC betreffenden Informationen zu ergänzen.
Kosten- und Leistungs-
rechnung KLR

Ebenfalls große Verbreitung in den Unternehmen besitzen Computer-Aided-Quality-Management-Systeme (CAQ-Systeme). Diese enthalten Funktionalitäten, die über die reine Unterstützung der Prüfplanung hinausgehen und ein umfassendes Qualitätsmanagement unterstützen. Sie stellen ein System zur Rechnerunterstützung des gesamten Qualitätsmanagements in Qualitätsplanung, -prüfung und -lenkung dar. CAQ-Systeme verfügen i. d. R. über Schnittstellen zu anderen Informationssystemen, insbesondere zu den PPS-Systemen, und erlauben damit eine Berücksichtigung ihrer Daten durch das Qualitätscontrolling.
Computer-Aided-Quality-
Management-Systeme
CAQ

5.1.2 PPS-Systemdaten für das Qualitätscontrolling

Die benötigten Grunddaten für das Qualitätscontrolling der Auftragsabwicklung resultieren vor allem aus der Erfassung der Ist-Auftragsabwicklung. Berücksichtigung finden jedoch nicht alle Teilprozesse der Auftragsabwicklung, sondern es ist eine Konzentration auf die Teilprozesse Fertigung und Montage festzustel-
Erfassung der Ist-
Auftragsabwicklung

len. Ist-Auftragsabwicklungsdaten werden, evtl. durch ein vorgeschaltetes BDE-System, in Form von Rückmeldungen standardmäßig in PPS-Systemen erfaßt. Entscheidend für die Aussagefähigkeit des Qualitätscontrolling ist der Umfang und die Strukturierung der zurückgemeldeten Daten. Die Rückmeldungen dienen heute in PPS-Systemen insbesondere der Überwachung des Auftragsfortschritts. Durch die Rückmeldung erfolgt i. d. R. eine An- und Abmeldung des Arbeitsgangs sowie eine Fertigmeldung der Gutteile.

Nutzung der PPS-Rückmeldungen für das Qualitätscontrolling

Zur Nutzung der PPS-Rückmeldungen für das Qualitätscontrolling ist aufgrund des beschriebenen Sachverhaltes sowohl eine Detaillierung der zu erfassenden Daten als auch eine Ausweitung der betrachteten Teilprozesse notwendig. Die Detaillierung der Daten muß es erlauben, die Qualität der betrachteten Prozesse und der Prozeßergebnisse zu bewerten. Hierzu ist die alleinige Angabe der Menge der Gutteile nicht ausreichend. Zur Behebung der Ursachen ist es z. B. notwendig, den Grund einer Qualitätsabweichung, die zu Ausschuß oder Nacharbeit führt, sowie den möglichen Verursacher zu erfassen. Dies wird bereits durch einige PPS-Systeme unterstützt.

PPS-Systeme verfügen durch die Rückmeldungen über ein geeignetes Instrument zur Erfassung der benötigten Ist-Auftragsabwicklungsdaten. Durch die darüber hinaus vorhandenen Planungsdaten, wie z. B. Stücklisten und Arbeitspläne, sind PPS-Systeme eine geeignete Datenquelle für Plandaten zum Qualitätscontrolling.

Flexible Informationsauswertung

Eine flexible Informationsauswertung zählt heute ebenfalls zur Standardfunktionalität vieler PPS-Systeme und dient z. B. der Auftrags-, Bestell- und Ressourcenüberwachung. Neben den Informationsabgabefunktionen innerhalb des PPS-Systems haben viele PPS-Systemanbieter Schnittstellen zu Standard-PC-Programmen wie z. B. EXCEL realisiert. Innerhalb dieser PC-Programme sind dann verschiedenste Datenanalysen durchführbar und auch graphische Darstellungen erstellbar.

Schnittstellen zu Standard PC-Programmen

Schnittstellen zu KLR- und QM-Systemen

Aus den genannten Gründen und durch die Tatsache, daß PPS-Systeme über Schnittstellen zu KLR- und QM-Systemen verfügen, sind, bei Betrachtung der Auftragsabwicklung, PPS-Systeme für die Datenerfassung, Datenverarbeitung und Informationsabgabe im Rahmen des Qualitätscontrolling, eine geeignete Basis.

5.2
Ermittlung des Informationsbedarfs

Das Qualitätscontrolling (QC) benötigt für einen effektiven und effizienten Einsatz Daten und Informationen, die die Prozesse und Prozeßergebnisse der gesamten Auftragsabwicklung qualitativ beschreiben. Die Auftragsabwicklung umfaßt den gesamten Bereich der Tätigkeiten, die von einem Unternehmen von der Kundenanfrage bis zur Auslieferung des Erzeugnisses erbracht werden. Dazu gehören die Prozesse Auftragskoordination, Konstruktion, Arbeitsplanung, Produktionsbedarfsplanung, Eigenfertigungsplanung und -steuerung, Fertigung und Montage, Fremdbezugsplanung und -steuerung, Transport und Lagerwesen (Much, Nicolai 1995, S. 37 ff.).

Effektives und effizientes Qualitätscontrolling

Prozesse der Auftragsabwicklung

Aufgabe des Informationssystems ist die Bereitstellung der benötigten Informationen für das Qualitätscontrolling. Hierbei werden Informationen über technische Sachverhalte als auch deren monetären Bewertung und Strukturierung berücksichtigt. Die Beschreibung der technischen Sachverhalte dient der qualitätsbezogenen Analyse des Auftragsabwicklungsprozesses sowie der damit verbundenen Ursachenforschung bei Qualitätsabweichungen. Die monetäre Bewertung auftretender technischer Abweichungen stellt eine wesentliche Voraussetzung für unternehmenszielkonforme Entscheidungen dar, wie z. B. die Priorisierung von Maßnahmen, Investitionsentscheidungen usw.

Aufgabe des Informationssystems

Informationen über technische Sachverhalte

Monetären Bewertung der technischen Abweichungen

Abbildung 5.1 zeigt ein grobes Modell für das Qualitätscontrolling. Das Element „Prozeß" beschreibt die technischen Sachverhalte, und zwar sowohl die tatsächlich ablaufenden als auch die geplanten Prozesse. Jeder Prozeß zeichnet sich durch „Prozeßqualitäts-" und „Prozeßergebnisqualitätsmerkmale" aus. Die monetären Aspekte werden durch die Elemente „Kosten" und „Leistung" repräsentiert. Diese sind durch die Beziehungen „Prozeß verursacht Kosten" und „Prozeß erbringt Leistung" mit dem Prozeß verbunden.

Zur Durchführung des Qualitätscontrolling ist die alleinige Erfassung der Prozesse nicht ausreichend. Eine qualitätsbezogene Analyse erfordert die Erfassung

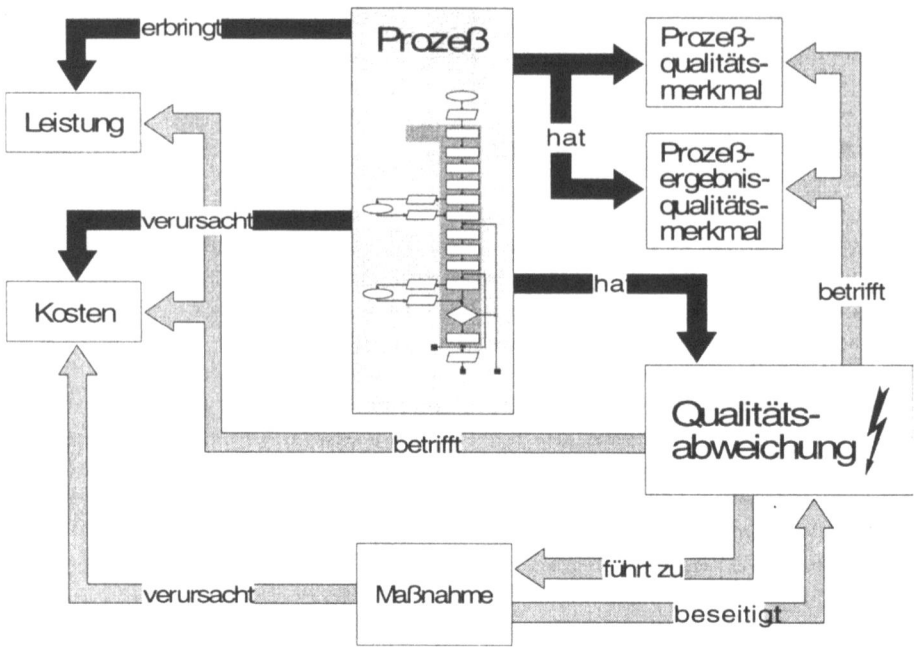

Abb. 5.1: Modell des Qualitätscontrolling

von Abweichungen von den festgelegten oder vorausgesetzten Anforderungen in Form der „Qualitätsabweichung". Die Beziehungen zwischen „Qualitätsabweichung" und „Prozeß" sind vielfältig. Auch das Element „Qualitätsabweichung" hat Beziehungen zu den Elementen „Prozeßqualitätsmerkmal", „Prozeßergebnisqualitätsmerkmal", „Kosten" und „Leistung". Die Elemente „Maßnahme" und „Ursache" sind notwendig, um den für das Qualitätscontrolling wesentlichen Teil der Ursachenforschung und Maßnahmenbestimmung abzudecken.

5.2.1 Monetäre Bewertung und Strukturierung

Die monetäre Bewertung der Prozesse und der Qualitätsabweichungen erfolgt durch die Kosten- und Leistungsrechnung.

Einteilung in Konformitätskosten und Nonkonformitätskosten

Für die Kostenrechnung empfiehlt sich die Einteilung in Konformitätskosten (Kosten der Übereinstimmung) und Nonkonformitätskosten (Kosten der Abweichung) (vgl. Wildemann 1992, S. 762; Kamiske, Tomys 1993a, S. 403 f.). Die Abweichungskosten beschreiben alle Material- und Bearbeitungskosten, die in jedem einzelnen Produktionsschritt in das Produkt eingebracht wurden, jedoch infolge der Fehlerhaftigkeit nicht zur Wertsteigerung des Produkts führen konnten. Die Unterscheidung nach entstandenen und verursachten Nonkonformitätskosten ermöglicht die Betrachtung der Abweichungskosten aus verschiedenen Blickwinkeln:

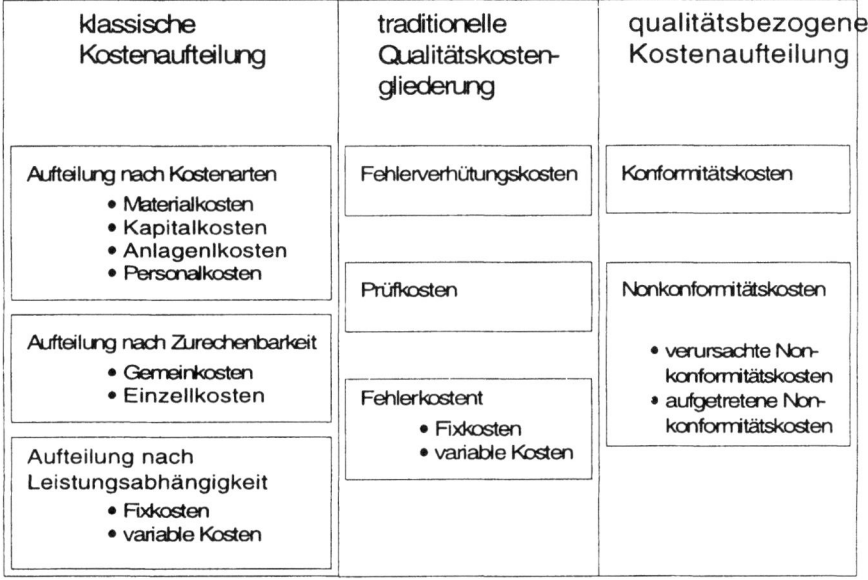

Abb. 5.2: Klassische und qualitätsbezogene Kostenaufteilung

Die aufgetretenen Nonkonformitätskosten geben ein Maß an, welche Kosten der Abweichung in den einzelnen Kostenstellen angefallen sind. Diese Zuordnung berücksichtigt aber nicht die Verursachung der Fehler. So können in der Kostenstelle auch Nonkonformitätskosten angefallen sein, die ihren Ursprung in einer vorgelagerten Kostenstelle haben. Aus diesem Grund muß erfaßt werden, wer der Verursacher der aufgetretenen Kosten ist, um eine Auswertung nach verursachten Nonkonformitätskosten zu ermöglichen. Diese umfassen dann die Summe der Kosten, die in den einzelnen Produktionsschritten bis zum Zeitpunkt des Fehlerentdeckens eingebracht wurden. Somit ist dann eine Zuordnung der gesamten Abweichungskosten, die durch den Fehler hervorgerufen wurden, zu der verursachenden Kostenstelle möglich.

Aufgetretene Nonkonformitätskosten

Verursachte Nonkonformitätskosten

Auf diese Weise werden die Kostenstellen entlastet, die fehlerfrei agiert haben, aber durch fehlerhafte Produkte „nach außen" weniger effektiv und effizient erschienen.

Bei den Leistungsdaten sind die pagatorische und die kalkulatorische Leistung zu betrachten. Hierbei

Pagatorische Leistung sind die pagatorischen Leistungen gleichzusetzen mit den Umsatzerlösen als leistungswirtschaftliche Entgelte. Diese sind leicht zu ermitteln, da sie der Finanzbuchhaltung direkt zu entnehmen sind. Eine eindeutige Zuordnung zu einem Prozeß ist bei einer mehrstufigen Fertigung jedoch nicht möglich, sondern lediglich zu

Kalkulatorische Leistung einer gesamten Prozeßkette. Kalkulatorische Leistungen hingegen eröffnen die Möglichkeit, eine Leistungsaufteilung auf einzelne Prozesse vorzunehmen, wenn diese Leistungen durch Marktpreise für die Zwischenprodukte bewertbar sind. Ist dies nicht der Fall, so kann ähnlich einer Kostenschlüsselung eine Leistungsschlüsselung auf die beteiligten Prozesse vorgenommen werden.

5.2.2 Prozeß, Prozeßqualität und Prozeßergebnisqualität

Neben der monetären Komponente ist die Beschreibung der Prozesse der Auftragsabwicklung erforder-

Prozeß lich. Jeder Prozeß zeichnet sich durch einen Prozeßbeginn, ein Prozeßende, Bearbeiter für diesen Prozeß, einen oder mehrere Prozeßausführungsorte, Kunden, Betriebsmittel, ein- und ausgehende Artikel, etc. aus.

Prozeßqualität Die Qualität der Prozesse läßt sich unterteilen in die technische und die wirtschaftliche Qualität. Die technische Qualität kann z. B. durch Fehlerhäufigkeiten gemessen werden, die wirtschaftliche durch die gesamten Kosten, die durch den Prozeß bei einer bestimmten Fehlerquote entstehen (vgl. Dögl 1986, S. 123). Die Pro-

Prozeßergebnisqualität zeßergebnisqualität beschreibt den Grad der Abweichung der Prozeßergebnisse von der Vorgabe. Qualitätsmerkmale für den Prozeß sind z. B. Dauer, Materialverbrauch, Ausschuß und EDV-Kapazität. Qualitätsmerkmale für das Prozeßergebnis können Produktmerkmale, Angebotsmerkmale oder ein Netzplan sein (vgl. Abb. 5.3).

Qualitätsmerkmale des Fertigungs- und Montageprozesses Für den Fertigungs- und Montageprozesses, wie er im Fallbeispiel behandelt wird. ist das Ergebnis der Artikel selbst, d. h. entweder das Produkt oder seine Einzelteile. Die Qualitätsmerkmale der Artikel lassen sich übergeordnet als Produktmerkmale bezeichnen, wobei diese je nach Art des Prozeßergebnisses unterschiedlich ausgeprägt sind und gewichtet werden können. Beispiele für die Prozeßqualität sind die verbrauchte Maschinenkapazität, Ausschuß und Nacharbeit.

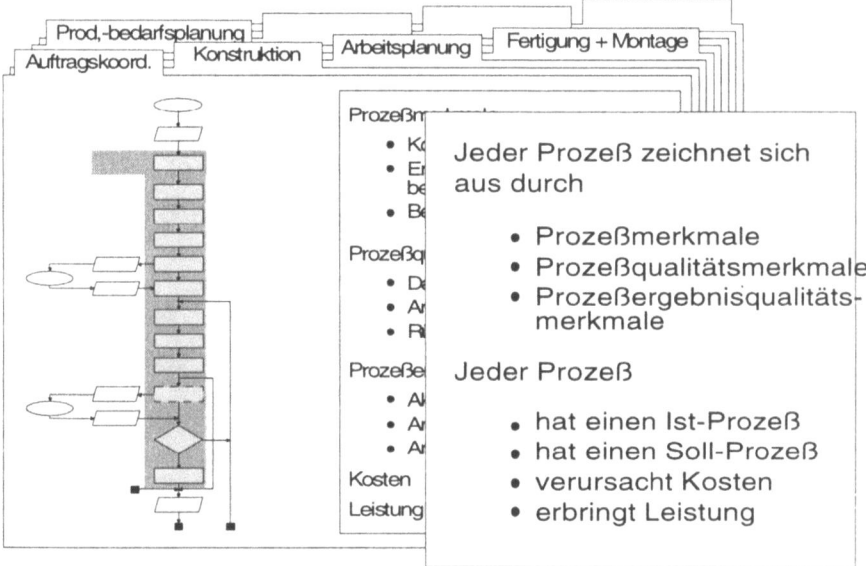

Abb. 5.3: Modell des Qualitätscontrolling

5.2.3 Qualitätsabweichungen

Aus den Qualitätsmerkmalen der Prozesse und Prozeßergebnisse sowie aus deren monetärer Bewertung lassen sich Qualitätsabweichungen bestimmen. Der Vergleich der Soll- und Istwerte erlaubt neben der qualitativen auch eine quantitative Erfassung der Abweichung. So werden z. B. die Höhe einer Kostenabweichung oder auch die Dauer einer Fertigungszeitüberschreitung erfaßt und somit wesentlich genauere Analysen im Rahmen des Qualitätscontrolling ermöglicht. Die Einteilung der Qualitätsabweichungen in Prozeßqualitätsmerkmals-, Prozeßergebnisqualitätsmerkmals-, Leistungs- und Kostenabweichung vereinfacht die Lokalisierung von Qualitätsabweichung und unterstützen das Qualitätscontrolling auch bei der Ursachenforschung und der Planung geeigneter Maßnahmen (vgl. Abb. 5.4).

Qualitätsmerkmale der Prozesse und Prozeßergebnisse

Einteilung der Qualitätsabweichungen

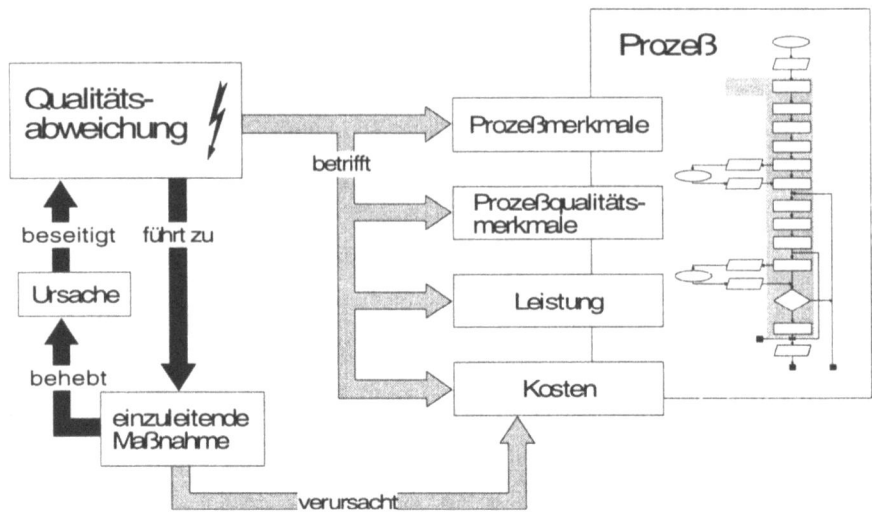

Abb. 5.4: Modell der Qualitätsabweichung

5.3
Datenbeschaffung

Um den spezifizerten Informationsbedarf zu decken, müssen neben den bereits in PPS- und KLR-Systemen vorliegenden Daten weitere Daten und Datenbeziehungen erfaßt und damit das PPS-System begrenzt erweitert werden. Die Erweiterung ist so zu gestalten, daß kein unverhältnismäßiger Mehraufwand bei der Datenerfassung entsteht. Ein gewisser Mehraufwand ist jedoch zur Schaffung des angestrebten höheren Informationsniveaus unvermeidlich.

Begrenzte Erweiterung des PPS-Systems

Im folgenden sind verschiedene Möglichkeiten zur Datenbeschaffung aufgezeigt. Hierbei wird einerseits die Nutzung bestehender Daten geschildert, andererseits werden auch Möglichkeiten zur Modifikation und Ergänzung der bestehenden Daten aufgeführt. Die Daten wurden analog zur Informationsbedarfsermittlung in dieselben Kategorien eingeteilt (vgl. Abb. 5.5).

Möglichkeiten der Datenbeschaffung

5.3.1 Kosten und Leistungsdaten

In nahezu allen Kostenrechnungs-Systemen fehlen die qualitätsbezogenen Kostenaufteilungen. Versuche, diese Daten in CAQ-Systemen zu erfassen (vgl. Haake u. a.

In KLR-Systemen fehlen qualitätsbezogene Kostenaufteilungen

1995, S. 78 f.), sind kritisch zu bewerten, da i. d. R. nur eine sehr unvollständige Kostenerfassung bei gleichzeitiger Beschränkung auf die klassische Qualitätskostengliederung (Fehlerverhütungs-, Prüf- und Fehlerkosten) erfolgt. Auch aus diesem Grund sollten alle modellierten Kosten- und Leistungsdaten im KLR-System implementiert werden. Die Erweiterungen der Datenstruktur in diesem System sind gering und umfassen lediglich die qualitätsbezogene Kostenaufteilung sowie die Verrechnung kalkulatorischer Leistungen.

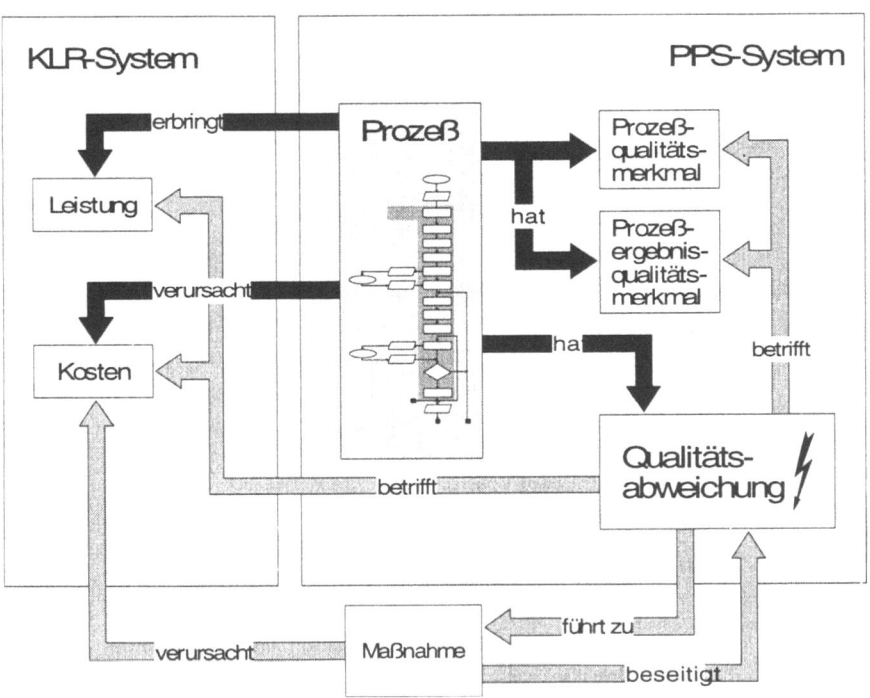

Abb. 5.5: Datenbeschaffung für das Qualitätscontrolling im PPS- und KLR-System

Die Erfassung der Kostendaten ist durch prozeßnahe Rückmeldungen zu realisieren, die z. B. Materialverbräuche, Maschinennutzungszeiten und Personaleinsatzzeiten anzeigen und multipliziert mit den entsprechenden Bewertungssätzen die zu verrechnenden Kosten ergeben. Hierbei sind die Kostenkategorien zu bestimmen, zu denen die Kosten zu buchen sind. Zudem ist eine Beziehung zum Prozeß herzustellen, in

Erfassung der Kostendaten durch prozeßnahe Rückmeldungen

dem die Kosten entstanden sind. Dies stellt insofern eine Zusatzanforderung an KLR-Systeme dar, als die übliche Kostenstellenzuordnung durch die Prozeßzuordnung zu detaillieren ist, was bei modernen Systemen in Form der Prozeßkostenrechnung ebenfalls bereits realisiert ist (Mertens, Back-Hock, Fiedler 1990, S. 269). Die Leistungsdaten resultieren aus den Umsatzerlösen bzw. sind über festzulegende Verrechnungssätze einfach bestimmbar.

5.3.2 Prozeß-, Prozeßqualitäts- und Prozeßergebnisqualitätsdaten

Soll-Vorgaben existiere
nur für den Fertigungs-,
Montage- und Transport-
prozeß

Bei der Bewertung von Prozeß und Prozeßergebnis existieren Soll-Vorgaben bisher nur für den Fertigungs- und Montageprozeß und für den Transportprozeß. In den anderen Prozessen der Auftragsabwicklung wie Auftragskoordination, Konstruktion, Arbeitsplanung usw. ist eine qualitative Bewertung sowohl des Prozesses als auch des Ergebnisses nur sehr schwer möglich (vgl. Hannen 1996).

Merkmale der Prozeßer-
gebnisqualität

Bzgl. der Prozeßergebnisse bietet die Gleichsetzung der in der Praxis bewährten Prozeßergebnisse bei Zeichnungen, Stücklisten und Arbeitsplänen bzw. der tatsächlichen Realisierungen bei Kosten-, Termin- und Fertigungsplänen mit den Soll-Prozeßergebnissen einen Ausweg, um dennoch zwischen Soll und Ist bei den Prozeßergebnissen zu unterscheiden. Das bedeutet, daß z. B. die nach durchgeführten Konstruktionsänderungen zuletzt gültige Zeichnung die Rolle des Soll-Prozeßergebnisses übernimmt und die Vorgängerversionen dieser Zeichnung abweichende Ist-Prozeßergebnisse darstellen, die entsprechend nachzuarbeiten waren und zu Kosten der Abweichung geführt haben. Bei dieser Vorgehensweise ist zu beachten, daß Abweichungen in anderen Prozessen, z. B. Arbeitszeitverlängerungen aufgrund mangelhafter Maschineneinstellung, nicht bei der Ermittlung der Soll-Prozeßergebnisse einzubeziehen sind. Die heute am Markt angebotenen Standard-PPS-Systeme, ggf. wiederum über entsprechende Schnittstellen zu CAD- und CAQ-Systemen, verfügen i. d. R. sowohl über die beschriebenen Historiedaten, als auch, durch den Einsatz von BDE-Systemen, über die notwendigen Ist-Daten, so daß von einer weitgehenden Verfügbarkeit des ermittelten

Informationsbedarfs diesbezüglich in PPS, CAD- und
CAQ-Systemen ausgegangen werden kann.

Eine ähnliche Ausgangslage wie bei den gerade beschriebenen Prozeßergebnisqualitätsmerkmalen liegt
bei den Merkmalen der Prozeßqualität vor. Eine quantitative Planung des Prozeßablaufes existiert i. d. R.
wiederum nur für den Fertigungs- und Montageprozeß, nur teilweise auch für den Transportprozeß, in
Form von Vorgabezeiten und Materialverbräuchen etc.
Eine Einbeziehung der vorgelagerten Bereiche Auftragskoordination, Konstruktion, Arbeitsplanung, Produktionsbedarfsplanung und Eigenfertigungsplanung
und -steuerung in eine entsprechende Soll-Planung ist
jedoch insbesondere bei konkretem Auftragsbezug zur
Liefertermabschätzung und Kostenkalkulation zu
empfehlen und hat sich in der Praxis bei ausgeprägten
Auftragsfertigern wie z. B. den Anlagenbauern bewährt. Daher ist neben der Nutzung im Rahmen des
Qualitätscontrolling auch aus diesen Gründen eine
entsprechende Erweiterung des PPS-Datenmodells
vorzunehmen. Hierzu ist jedoch ebenfalls keine Zu-
satzprogrammierung erforderlich, da diese Prozeßqua-
litätsmerkmale, so wie die Fertigungs- und Montage-
teilprozesse auch, im Arbeitsplan zu beschreiben sind.

Erscheint eine Festlegung der angestrebten Soll-
Prozeßqualität nicht sinnvoll zu sein, so ist zwar eine
Erfassung von Qualitätsabweichungen nicht möglich,
jedoch kann eine Auswertung der Ist-Prozeß-
qualitätsmerkmale dennoch wichtige Hinweise über
das Prozeßqualitätsmerkmal in Form von Trends (z. B.
Lernkurveneffekte), Streuung usw. liefern.

Merkmale der Prozeßqualität

5.3.3 Qualitätsabweichungsdaten

Die Qualitätsabweichungen spiegeln Divergenzen zwischen Soll- und Ist-Prozessen wider. Bei vollständiger
Verfügbarkeit aller Daten der Soll- und Ist-Prozesse ist
daher die Größe der Qualitätsabweichungen ohne zusätzliche Speicherung der Daten ermittelbar. Aufgrund
der großen Datenmengen für die Ist-Prozesse werden
nicht alle Daten der Ist-Prozesse gespeichert. In diesen
Fällen erweist sich eine separate Speicherung der Größe der Qualitätsabweichung als sinnvoll.

Aufgrund der engen Beziehung zum „Prozeß"
empfiehlt sich die Erfassung der Qualitätsabweichungen im PPS-System. Das modellierte Informationssy-

*Erfassung der Qualitäts-
abweichungen im PPS-
System*

stem zur Unterstützung des Qualitätscontrolling stellt ein Teilsystem der vorhandenen Informationssysteme dar. Die EDV-Technik hat dafür Sorge zu tragen, daß die Systemgrenzen, z. B. zwischen PPS- und KLR-System, für den Benutzer nicht sichtbar sind.

Erfassung der Qualitäts-abweichungen durch prozeßnahe Rückmeldung

Ausgangspunkt zur Erfassung von Qualitätsabweichungen ist wiederum eine prozeßnahe Rückmeldung bei Entdeckung einer Abweichung. Dadurch ist die Art der Qualitätsabweichung erfaßt. Die Ursache (vgl. Abb. 5.4) ist entweder direkt bei der Rückmeldung einzugeben oder aber später zu ergänzen. Diese beiden Möglichkeiten sind vorzusehen, da die Ursache nicht immer offenkundig und zweifelsfrei bestimmbar ist. Oft kann z. B. nur eine genaue Untersuchung Aufschluß über die Ursache geben. Hierbei ist zu bemerken, daß die Eingabe einer Ursache nicht als bloße Schuldzuweisung zu verstehen ist, sondern wesentlich für die Erfassung der Folgekosten ist und somit eine wichtige Entscheidungsgrundlage darstellt. Da nicht immer eine Ursache ermittelbar ist, bzw. der Aufwand hierfür zu hoch erscheint, sollte es auch möglich sein, den Status „ungeklärt" als Ursache anzugeben.

Die prozeßnahe Rückmeldung darf sich, entsprechend dem gewählten Untersuchungsbereich der Auftragsabwicklung, nicht auf den Fertigungs- und Montageprozeß beschränken, bei denen Arbeitsfortschrittrückmeldungen die Regel darstellen. Auch in den anderen Prozessen sind entdeckte Qualitätsabweichungen und entsprechende Kausalbeziehungen zu erfassen und es ist ein Ursachenbezug zur gesamten Qualitätsabweichungsfolge herzustellen. Andererseits darf diese Datenerfassung nicht zu aufwendig sein und als bloße Zusatzarbeit erscheinen.

5.4
Informationsabgabe

Die Informationsabgabe muß ebenso wie die Datenstruktur an die unternehmensspezifischen Anforderungen anpaßbar sein. Voraussetzung für eine effektive Informationsabgabe, die i. d. R. in Form von Berichten (vgl. Horváth 1994, S. 604 f.) realisiert ist, ist die Erfüllung der Qualitätsmerkmale der enthaltenen Informationen, wie Problemrelevanz, Wahrscheinlichkeit, Bestätigungsgrad, Überprüfbarkeit, Genauigkeit, Aktua-

lität und Aussageform (vgl. Horváth 1994, S. 348).
Grundsätzlich stehen immer die vier Informationspro-
bleme Mengen-, Zeit-, Qualitäts-, und Kommunikationsproblem zur Lösung an (vgl. Koreimann 1973,
S. 51 f.; Diller 1975, S. 9 ff.; Horváth 1994, S. 350).

Dem Mengenproblem soll durch den Verzicht auf   **Mengenproblem**
die sonst üblichen Listen entgegengetreten werden.
Statt dessen werden die Berichte direkt am EDV-
System angezeigt und nur bei Bedarf im gewünschten
Umfang ausgedruckt. Darüber hinaus sind die Berichte
auf die Bedürfnisse der unterschiedlichen Benutzer, wie
z. B. Geschäftsführung, Management und Werker, abzu-
stimmen. Die Übersichtlichkeit bleibt durch die Verfolgung eines top-down-Ansatzes erhalten. Beim Einstieg
in das System bekommt jeder Benutzer, wenn nicht
individuell anders konfiguriert, die wichtigsten Informationen auf der höchsten relevanten Verdichtungs-
stufe angezeigt. Weitere Detaillierungsstufen können
ausgewählt und angezeigt werden (drill-down). Durch
diese Verfahrensweise wird der oft anzutreffende
„Berichtszylinder", mit einer zu hohen Zahl und zu
großem Umfang der Berichte an der Spitze durch eine
„Berichtspyramide" (vgl. Horváth 1994, S. 613) ersetzt
und dennoch die geforderten Detailinformationen bei
Bedarf angeboten.

Die Lösung des Zeitproblems erfolgt ebenfalls durch   **Zeitproblem**
die Anwendung des elektronischen Informationssy-
stems, dessen Informationen aktuell abrufbar sind.
Zudem erfolgt eine On-Line Erfassung der benötigten
Daten sowie, bei Realisierung einer Workflow-Unter-
stützung, eine direkte Information der betroffenen
Mitarbeiter durch das eingesetzte PPS-System. Dies
stellt einen weiteren Grund zur Angliederung des Qua-
litätscontrollingsystems an das PPS-System dar.

Eine allgemeine Antwort auf das Qualitätsproblem   **Qualitätsproblem**
ist nicht möglich, sondern kann immer nur situativ
erfolgen. Daher ist die Erstellung eines Berichtswesens
im Rahmen dieses Beitrags exemplarischer Natur. Andererseits ist eine große Überschneidung der unternehmensspezifischen Anforderungen zu beobachten,
so daß dieses exemplarische Berichtswesen die Anforderungen der Unternehmen zumindest weitgehend
erfüllt.

Die Nutzung von vernetzten Systemen, wie sie PPS-   **Kommunikationsproblem**
Systeme darstellen, lassen für das hier angesprochene

Qualitätscontrolling -Informationssystem das Kommunikationsproblem überwinden.

5.5
Industrielles Fallbeispiel

Das beschriebene Konzept ist zusammen mit einem Unternehmen der Schwergewebetextilindustrie umgesetzt worden. Das Unternehmen beschäftigt ca. 250 Mitarbeiter und produziert Bänder, Gurte und Rundschlingen. In einer eigenen Weberei werden die Gurtbänder und Schläuche hergestellt, in der Färberei veredelt und anschließend in Konfektion bzw. Rundschlingenabteilung zum Enderzeugnis weiterverarbeitet. Da mit den Produkten Mensch und Material schützende Hebevorgänge und Ladungssicherung durchgeführt werden, ergibt sich eine kompromißlose „Total-Quality-Management"-Philosophie. Das Qualitätssicherungssystem des Unternehmens ist seit 1994 zertifiziert nach DIN EN ISO 9002.

Untersuchung des Fertigungs- und Montageprozesses für das Unternehmen von vorrangiger Bedeutung

Von den Prozessen der technischen Auftragsabwicklung wurde der Fertigungs- und Montageprozeß betrachtet, da dieser für das Unternehmen von vorrangiger Bedeutung ist und hier die Prozeßqualitäts- und Prozeßergebnisqualitätsmerkmale bereits vorliegen (vgl. Hannen 1996).

Ziele des Qualitätscontrolling

Mit dem Qualitätscontrolling verfolgt das Unternehmen folgende Ziele:

- Präventive Bestimmung und Bewertung von Schwachpunkten bei der Entstehung und Entdeckung möglicher Abweichungen und Fehler.
- Erkennung der Fehlerentstehung in einzelnen Prozessen und Verfolgung des „Fehlerlebenszyklus" zur Bestimmung der Schwere des Fehlers und Festlegung kurzfristiger Maßnahmen, z. B. Qualitätsprüfungen.
- Analyse der Fehlerursachen, um eine zukünftige Fehlervermeidung zu ermöglichen.
- Monetäre Bewertung entstandener Abweichungen zur Bewertung der Leistung einzelner Prozesse und Priorisierung von Maßnahmen.

Analyse der Ist-Situation

Nach der Bestimmung des Informationsbedarfs wurden die technischen Sachverhalte sowie die eingesetzten Informationssysteme analysiert. Der analysierte Informationsbedarf enthielt insbesondere Auswertungen über Ausschuß und Nacharbeit, aber auch Informationen über die verursachungsgerechte monetäre Bewertung. Die Beschreibung der technischen Sachverhalte umfaßt Art, Ausmaß, Ursache und Verursacher der Qualitätsabweichung, den Ort des Auftretens und die einzuleitenden Maßnahmen. Die komplette Auftragsabwicklung erfolgt durch ein eigenentwickeltes PPS-System auf der Basis einer Oracle-Datenbank. In den Produktionsabteilungen stehen PC´s, auf denen die Werker ihre Aufträge an- und abmelden. Alle Erweiterungen des Systems wurden als Module in das PPS-System integriert.

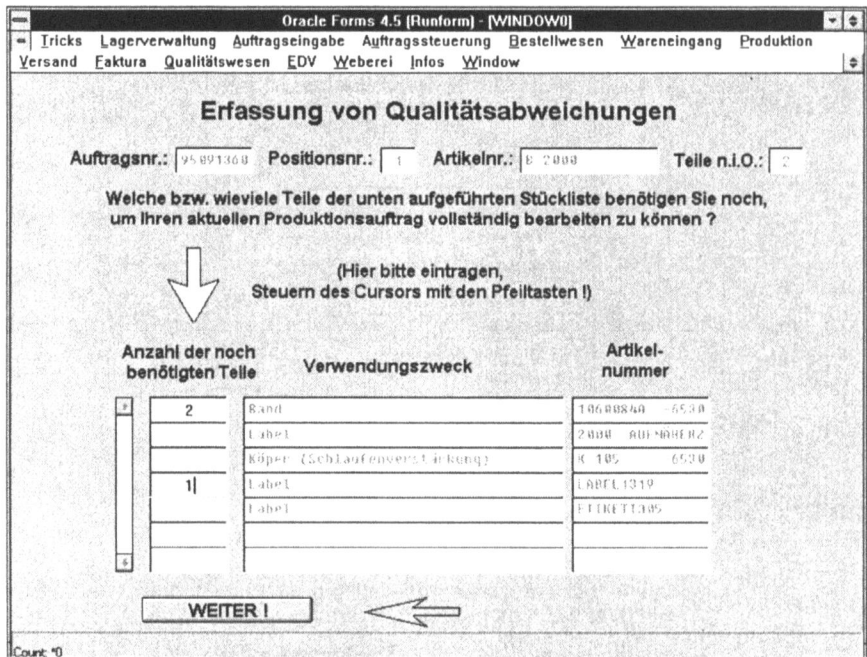

Abb. 5.6: Erfassung von Qualitätsabweichungen

Ausgangspunkt zur Erfassung der Qualitätsabweichungen ist, wie in Kap. 5.3.3 beschrieben, eine prozeßnahe Rückmeldung bei Entdeckung einer Abweichung (vgl. Abb. 5.6). Wenn bei der Rückmeldung eines Fertigungsauftrages Teile als „nicht in Ordnung" angegeben werden, wird durch das System ein Fehlerkatalog angeboten, der eine Auswahl an typischen Fehlerarten anbietet. Durch einfaches Auswählen kann eine weitere

Erfassung der Qualitätsabweichung bei der Rückmeldung der Fertigungsaufträge

Detaillierung der Fehlerbeschreibung ermöglicht werden. Der Katalog wird durch einen Punkt „Sonstiges" ergänzt, welcher Freihandeinträge erlaubt, falls die entdeckte Fehlerart nicht im Katalog aufgeführt ist oder ergänzende Angaben erforderlich erscheinen (vgl. Abb. 5.7).

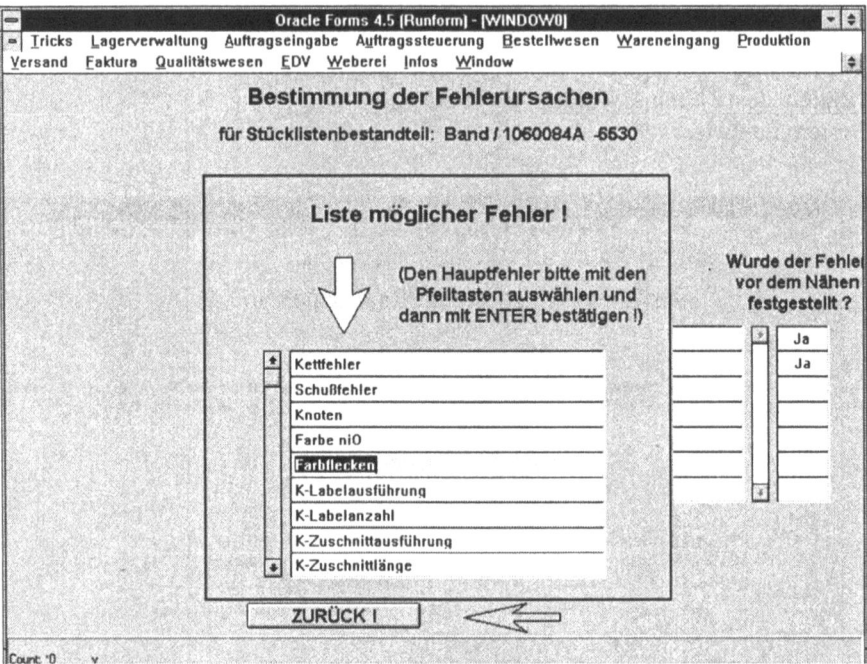

Abb. 5.7: Eingabe der Fehlerart

Für die Datenauswertung ist es weiterhin von Interesse, wie der Fehler verursacht wurde. Bei der Beurteilung des Inputs ist die Fehlerursache nicht immer zu erkennen. Es ist somit ebenfalls möglich, „ungeklärt" als Ursache anzugeben. Bei unerwarteter Häufung dieses Fehlers ist dann später die Ursachenforschung nachholbar. Ähnlich verhält es sich bei der Beschreibung der Outputfehler, die während der eigenen Arbeitsgänge aufgetreten sind. Hier wird wieder ein Fehlerursachenkatalog angeboten, der die Erläuterung und die Eingabe der Ursache erleichtern soll.

Verbesserung des Produktionsprozesses

Wichtig für eine Verbesserung des Produktionsprozesses ist die Kenntnis des Verursachers des Fehlers. Bei einem fehlerhaften Eingangsteil ist dieser in vorgelagerten Produktionsschritten zu suchen und zu identifizieren. Bei der eigenen Bearbeitung oder Montage ist die für den Fehler verantwortliche Person oder Gruppe fast immer direkt zu ermitteln. Mit der Angabe der einzuleitenden Maßnahmen kann diese ausgelöst (z. B. durch die Generierung eines Ersatzauftrages) und gleichzeitig monetär bewertet werden.

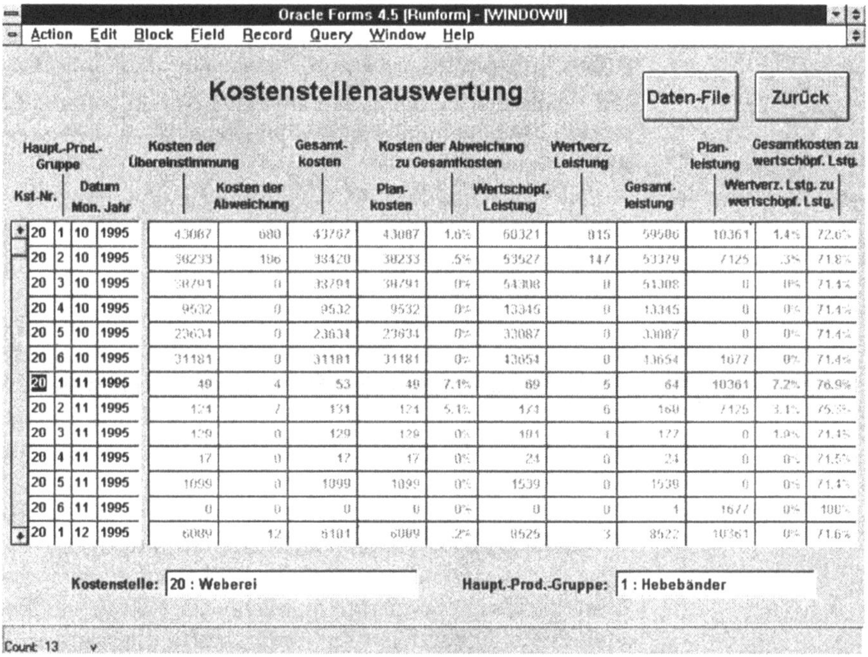

Oracle Forms 4.5 [Runform] - [WINDOW0]

Action Edit Block Field Record Query Window Help

Kostenstellenauswertung

[Daten-File] [Zurück]

Kst-Nr.	Datum Mon.	Jahr	Kosten der Übereinstimmung	Kosten der Abweichung	Gesamtkosten	Plankosten	Kosten der Abweichung zu Gesamtkosten	Wertschöpf. Leistung	Wertverz. Leistung	Gesamtleistung	Planleistung	Wertverz. Lstg. zu wertschöpf. Lstg.	Gesamtkosten zu wertschöpf. Lstg.
20	1	10 1995	43067	680	43767	43087	1.6%	60321	915	59506	10361	1.4%	72.6%
20	2	10 1995	33233	186	33420	38233	.5%	53527	147	53379	7125	.3%	71.8%
20	3	10 1995	38791	0	38791	38791	0%	54308	0	54308	0	0%	71.4%
20	4	10 1995	9532	0	9532	9532	0%	13345	0	13345	0	0%	71.4%
20	5	10 1995	23634	0	23634	23634	0%	33087	0	33087	0	0%	71.4%
20	6	10 1995	31181	0	31181	31181	0%	13654	0	13654	1677	0%	71.4%
20	1	11 1995	49	4	53	49	7.1%	69	5	64	10361	7.2%	76.9%
20	2	11 1995	124	7	131	124	5.1%	171	6	160	7125	3.1%	75.3%
20	3	11 1995	129	0	129	129	0%	191	1	177	0	1.0%	71.4%
20	4	11 1995	17	0	17	17	0%	24	0	24	0	0%	71.5%
20	5	11 1995	1099	0	1099	1099	0%	1539	0	1539	0	0%	71.4%
20	6	11 1995	0	0	0	0	0%	0	0	1	1677	0%	100%
20	1	12 1995	6089	12	6101	6089	.2%	8525	3	8522	10361	0%	71.6%

Kostenstelle: 20 : Weberei   Haupt.-Prod.-Gruppe: 1 : Hebebänder

Count: 13

Abb. 5.8: Anzeige der Auswertungsergebnisse

Monetäre Bewertung

Die monetäre Bewertung des Qualitätscontrolling erfolgt prozeßbezogen für die einzelnen Arbeitsgänge der Auftragsabwicklung. Kalkulationsgrundlage stellen die oben aufgeführten technischen Sachverhalte sowie Kosteninformationen der Kostenrechnung dar. Es ist zu unterscheiden, zwischen den in einer Kostenstelle aufgetretenen und verursachten Abweichungskosten (Nonkonformitätskosten). Eine Bewertung eines Teilprozesses basiert auf den verursachten Kosten der Abweichung. Zur Analyse von Fehlerfolgen, die sich z. B. in Form von Fehlerlebenszyklen darstellen lassen, ist hingegen das Auftreten der Abweichungskosten, resultierend aus einer Qualitätsabweichung, entscheidend.

Auswertung der Abweichungskosten zur Prozeßverbesserung

Vergleichbarkeit zwischen verschiedenen Prozessen

Verursachte Nonkonformitätskosten

Aufgetretene Nonkonformitätskosten

Fehlerhäufigkeit

Kostenstellenauswertung

Mengenauswertung

Graphische Darstellung der Auswertungen

Bei der Priorisierung von Ansatzpunkten zur Prozeßverbesserung ist insbesondere eine Auswertung der Abweichungskosten nach Fehlerursachen sinnvoll. Mögliche Maßnahmen zur Vermeidung des weiteren Auftretens einer oder mehrerer Abweichungen sind durch die zu erwartende Reduktion der Abweichungskosten zu bewerten.

Um die Vergleichbarkeit der Kosten der Abweichung zwischen verschiedenen Prozessen zu gewährleisten sind diese z. B. in Relation zu den Kosten der Übereinstimmung (Konformitätskosten), zu den Gesamtkosten oder auch der Leistung des Prozesses zu setzen. Im einzelnen ergaben sich folgende Auswertungen:

Die wertverzehrende Leistung (verursachte Nonkonformitätskosten) enthält alle Leistungen, die sowohl durch Materialeinsatz als auch durch die Bearbeitung verusacht werden.

Die Abweichungskosten (aufgetretene Nonkonformitätskosten) geben alle Material und Bearbeitungskosten wieder, die in den einzelnen durchlaufenen Kostenstellen in ein Produkt eingebracht wurden, infolge der Fehlerhaftigkeit aber nicht zu einer Wertsteigerung des Produkts geführt haben.

Die Fehlerhäufigkeit ist die Addition der entdeckten Fehler an Produkten der verschiedenen Hauptproduktgruppen. In der Auswertung des Fehlerauftretens wird zusätzlich berücksichtigt, in welcher der Kostenstellen der Fehler theoretisch überhaupt auftreten kann und welche Kostenstellen laut Arbeitsplan durchlaufen wurden.

Die Kostenstellenauswertung ist fehlerartenunabhängig und stellt sowohl eine Zusammenfassung der bisherigen monetären Auswertungen auf Kostenstellenbasis, als auch eine Ergänzung mit betriebswirtschaftlichen Größen dar. Diese werden in Abhängigkeit der einzelnen Kostenstellen für die verschiedenen Hauptproduktgruppen dargestellt.

Die Mengenauswertung ist die Addition der i.O.- bzw. n.i.O.-Rückmeldungen.

Die graphische Darstellung der Auswertungen erfolgt nach dem Import in eine Standard-Tabellenkalkulation (vgl. Abb. 5.9).

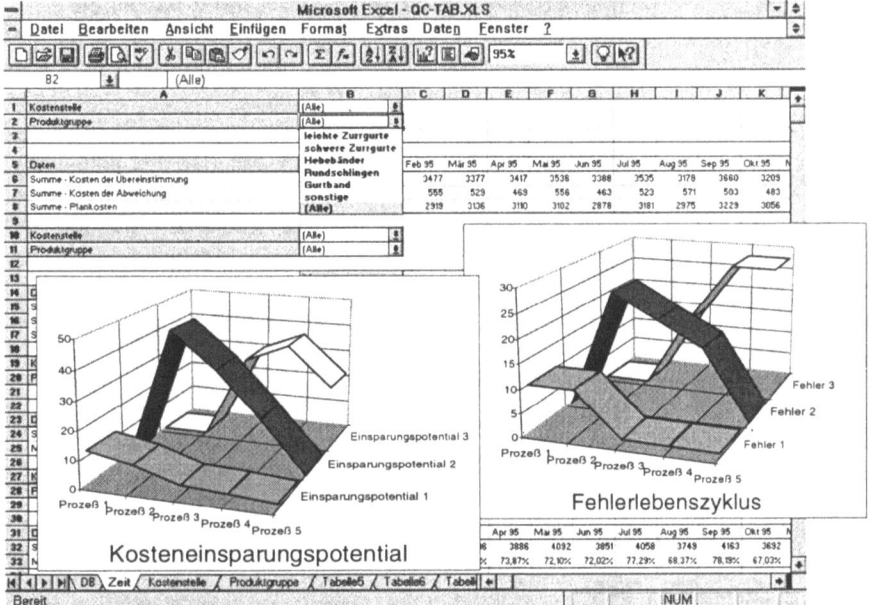

Abb. 5.9: Auswertung mit Hilfe des Excel-Tools

Der Einsatz des Qualitätscontrolling-Informations-systems hat gezeigt, daß die programmierten Module auch bei der Verarbeitung von Echtdaten problemlos und einfach anwendbar funktionieren. Das ist insbesondere bei der Datenerfassung in der Produktion von größter Wichtigkeit, weil Ausfälle dort zu direkten Verzögerungen führen würden. Alle Daten werden wie konzeptionell vorgesehen erfaßt und verrechnet und die Datenaufbereitung führt zu aussagekräftigen Ergebnissen. Die erfassten Fehlerarten, Kostenstellen und Auswertungen entsprechen den betrieblichen Vorkommnissen.

Nach der Erstellung der Auswertungen wurden die gewonnenen Daten hinsichtlich ihrer Konsistenz geprüft. Dabei konnte festgestellt werden, daß der überwiegende Anteil der Fehlermeldungen korrekt erfaßt wurde. Zu kleineren Abweichungen kam es infolge falscher Bedienung der Programme oder einer falschen Klassifizierung des Fehlers. Diese Abweichungen konnten aber durch eine Nachschulung der entsprechenden Mitarbeiter weiter mininiert werden.

5.6
Schnittstellen zu anderen Controllingbereichen

Das beschriebene Konzept des Qualitätscontrolling innerhalb der technischen Auftragsabwicklung ermöglicht die Realierung eines kurzfristigen Regelkreises zur Qualitätsverbesserung. Durch die zugrundeliegenden Informationssysteme stehen umfangreiche Daten zur Verfügung, die auch für die anderen Qualitätscontrollingbereiche von Bedeutung sind (vgl. Abb. 5.10).

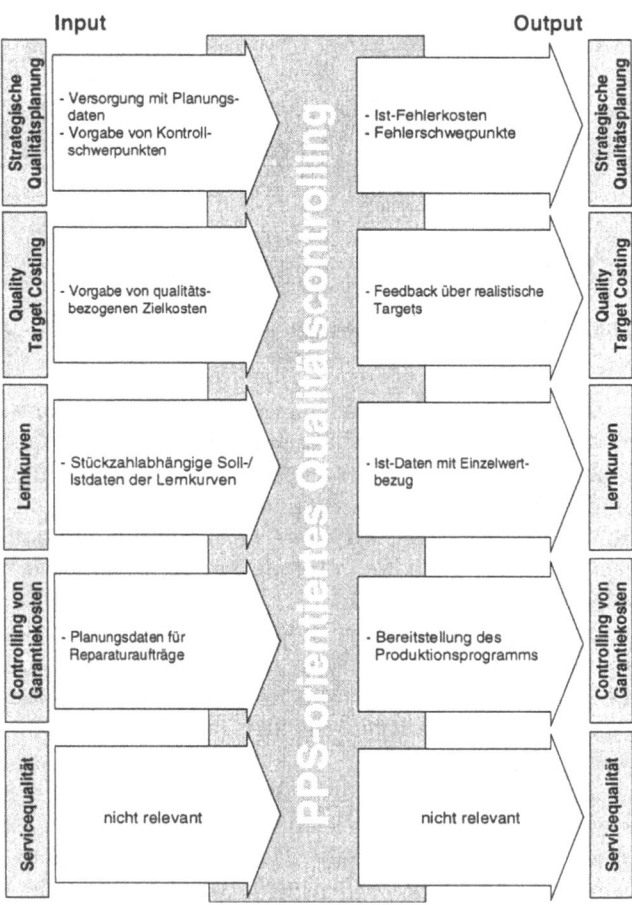

Abb. 5.10: Schnittstellen zu den anderen Controllingbereichen

Die strategische Qualitätsplanung stellt dem PPS-orientierten Qualitätscontrolling Planungsdaten zur

Verfügung und weist auf Kontrollschwerpunkte hin. Im Gegenzug werden der strategischen Qualitätsplanung Ist-Fehlerkosten und Fehlerschwerpunkte zurückgemeldet.

Das Quality-Target-Costing unterstützt das QCIS durch die Vorgabe von qualitätsbezogenen Zielkosten. Es erhält vom PPS-orientierten Qualitätscontrolling ein Feedback über realistische Targets.

Die Lernkurvenplanung erhält vom PPS-orientierten Qualitätscontrolling die wesentlichen Ist-Daten der Aufträge. Nach der Verdichtung der Daten zu Lernkurven stehen dann die stückzahlabhängigen Soll- und Ist-Daten der Lernkurven zur Verfügung.

Das Garantiekostencontrolling stellt die Planungsdaten für Reparaturaufträge zur Verfügung.

5.7
Zusammenfassung

Das Qualitätscontrolling erlaubt es dem Unternehmen, die Qualitätskosten zu bestimmen und auswerten zu können und durch gezielte, wirtschaftlich sinnvolle Verbesserungsmaßnahmen zu einer effizienteren Produktion zu gelangen. Es werden Möglichkeiten aufgezeigt, Rationalisierungspotentiale zu nutzen, Schwachstellen und Fehlerursachen frühzeitig zu erkennen und zu beseitigen sowie den Aufwand von Produktprüfungen zu reduzieren.

Das Qualitätscontrolling ermöglicht die Realisierung eines Regelkreises zur kurz- und mittelfristigen Planung und Steuerung der Qualitätssicherungsmaßnahmen. Dies geschieht durch die Erfassung der relevanten Qualitätsdaten bei der Rückmeldung im PPS-System und die anschließende Verarbeitung der Qualitätsdaten zu aussagekräftigen Kennzahlen.

5.8
Literatur

Campanella, J. (1990): Principles of Quality Costs. 2. Aufl., ASQC Quality Press, Wisconsin

Diller, H. (1975): Produkt-Management und Marketing-Informationssysteme. Verlag Duncker & Humblot, Berlin

Dögl, R. (1986): Strategisches Qualitätsmanagement im Industriebetrieb: Pragmatischer Ansatz zur Erklärung und methodischen Handhabung des Qualitätsphänomens. Verlag Vandenhoek und Ruprecht, Göttingen

Haacke, U. v ., Hannen Chr., Lindemann, Th., Mischke, B.(1995): Marktspiegel CAQ-Systeme: Untersuchungen von Computer Aided Quality Management Systemen. 2. Aufl., Verlag TÜV Rheinland, Köln

Hackstein, R. (1989): Produktionsplanung und -steuerung: Ein Handbuch für die Betriebspraxis. 2. Aufl., VDI-Verlag, Düsseldorf

Hannen, Chr. (1996): Informationssystem zur Unterstützung des prozeßorientierten Qualitätscontrolling. Verlag der Augustinus Buchhandlung, Aachen

Hartmann, H. (1993): Materialwirtschaft. 6. Aufl. Verlag Taylorix, Stuttgart

Hildebrand, R., Mertens, P. (1992): PPS-Controlling mit Kennzahlen und Checklisten. Verlag Springer, Berlin u.a.

Horváth, P. (1994): Controlling. 5. Aufl., Vahlen, München

Kandaouroff, A. (1994): Qualitätskosten: Eine theoretischempirische Analyse. Zeitschrift für Betriebswirtschaft 64(1994)6: 403-405

Kamiske, G. F., Brauer, J. P. (1995): Qualitätsmanagement von A-Z: Erläuterungen moderner Begriffe des Qualitätsmanagement. Verlag Hanser, München u. a.

Kamiske, G. F., Tomys, A.-K. (1993): Qualitätsmanagement verbessert den Wirkungsgrad der Produktion. Zeitschrift für wirtschaftlichen Fabrikbetrieb 88(1993)1: 41-43

Kamiske, G. F., Tomys, A.-K. (1993a): Die Rationalisierungspotentiale des TQM. In: Qualität und Zuverlässigkeit, 38(1993a)7, S. 403- 405

Kernler, H. (1995): PPS der dritten Generation: Grundlage, Methoden, Anregungen. 3. Aufl., Verlag Hüthig, Heidelberg

Koreimann, D. S. (1973): Methoden der Informationsbedarfsanalyse. Verlag de Gruyter, Berlin u. a.

Kurbel, K. (1993):Produktionsplanung und -steuerung: Methodische Grundlagen von PPS-Systemen und Erweiterungen.Verlag Oldenbourg, München

Laschet, a. (1995): Konzeption eines Fehlerinformations- und –bewertungssystems: Ein Beitrag zur Ermittlung und Reduzierung des Fehlleistungsaufwandes in Unternehmen. Berichte aus der Produktionstechnik Bd. 95, 2, Verlag Shaker, Aachen

Much, D., Nicolai, H. (1995): PPS-Lexikon. Cornelsen Girardet, Berlin

Mertens, P., Back-Hock, A., Fiedler, R.(1990): Verbindung der Kosten- und Leistungsrechnung zur computergestützten Informations- und Wissensverarbeitung. Betriebswirtschaftliche Forschung und Praxis 42(1990)4: 268-282

Pfeiffer, T. (1993):

Riesenhuber, H. (1990): Qualitätsgütezeichen „Made in Germany" durch Forschung sichern. Qualität und Zuverlässigkeit 35(1990)12: 691-692

Scheer, A.-W. (1990): EDV-orientierte Betriebswirtschaftslehre, 4. Aufl., Springer, Berlin Heidelberg New York Tokyo

Wildemann, H. (1992): Kosten- und Leistungsbeurteilung von Qualitätssicherungssystemen. Zeitschrift für Betriebswirtschaft 62(1992)7: 761-782

6 Controlling von Garantiekosten

W. Eversheim, U. von Haacke, M. Leiters, U. Paffrath

6.1 Einleitung

Das Qualitätscontrolling stellt ein zentrales Element im ständigen Verbesserungsprozeß der Unternehmen dar. Die Spannweite erstreckt sich von der frühzeitigen Abschätzung der Kosten- und Ertragswirkung im Rahmen der Produkt- und Qualitätsplanung bis hin zur Ableitung von Verbesserungsmaßnahmen in der Produktion durch systematische Aufbereitung von Produktions- und Felddaten. Durch die Analyse und Weiterverarbeitung von Qualitätsdaten im Rahmen eines Qualitätscontrolling können entscheidende Verbesserungen der Prozeß- und Produktqualität erzielt werden.

Abgleich zwischen Qualität und Kosten durch Qualitätscontrolling

Bei dem Abgleich zwischen Produktqualität und den damit verbundenen Kosten nehmen Garantien eine besondere Stellung ein. Zum einen haben Garantien eine absatzfördernde Wirkung. Sie steigern durch die Risikominimierung für den Käufer die Produktattraktivität und durch die langfristige Kundenbindung die Wahrscheinlichkeit des Wiederkaufes durch den Kunden. Gerade der Aspekt der Kundenbindung ist in den heute ausgereizten Märkten von großer Bedeutung. Zum anderen können die mit Garantien verbundenen Kosten ganz erhebliche Ausmaße annehmen und den Produkt- bzw. den Unternehmenserfolg bedrohen (Rommel 1995, S. 1). So sind in der Automobilindustrie die Garantiekosten teilweise höher als die Entwicklungskosten, und insbesondere bei Massenfertigern wie Konsumgüterherstellern übersteigen die Garantiekosten sehr schnell die mit einem Produkt erwirtschafteten Gewinne.

Garantien haben zentrale Bedeutung für den Produkterfolg

Entwicklung eines Controlling von Garantiekosten erforderlich

Aufgrund dieser großen Bedeutung der Garantiekosten für den Unternehmenserfolg ist es erforderlich, die Führung des Unternehmens durch ein geeignetes Instrumentarium bei der Gestaltung von Garantien und den damit verbundenen Kosten zu unterstützen. Im folgenden Kapitel wird daher ein Konzept vorgestellt, mit dem eine systematische Steuerung der Garantieleistung und Reduzierung der Garantiekosten ermöglicht wird. Hierzu sollen zunächst die vom Controlling von Garantiekosten betroffenen Entscheidungsbereiche mit ihren Interdependenzen dargestellt werden. Aufbauend hierauf wird ein Controllingkonzept erarbeitet, das anschließend durch Methoden und Instrumente ergänzt und detailliert wird. Abschließend werden die Erfahrungen bei der Anwendung der erarbeiteten Ergebnisse in einem industriellen Fallbeispiel erläutert.

6.2
Garantiekostenrelevante Entscheidungsbereiche

Die Komplexität der Problemstellung erfordert ein Koordinationsinstrument

Die systematische Reduzierung der Garantiekosten ist eine interdisziplinäre Problemstellung. Aufgrund der zahlreichen relevanten Entscheidungsbereiche erfordert sie die Koordination der Informationsversorgung und die Abstimmung der initiierten Aktivitäten. In Abb. 6.1 ist daher dargestellt, welche Entscheidungsbereiche im Unternehmen die Garantieleistung gestalten bzw. deren Kosten festlegen.

Zuverlässigkeit als wesentliche produktimmanente Einflußgröße

Eine besondere Bedeutung hat der Bereich der Produktentwicklung/Konstruktion. Hier werden die wesentlichen Produkteigenschaften wie Zuverlässigkeit und Reparaturfreundlichkeit festgelegt. Mögliche Konstruktionsalternativen sind nicht nur hinsichtlich ihrer Herstellkosten sondern der insgesamt für den Produzenten über den Produktlebenszyklus anfallenden Kosten zu bewerten. Ähnliches gilt für die Prozeß- und Technologieplanung. Mit der Entscheidung für oder gegen eine bestimmte Fertigungstechnologie wird u.a. auch die Erreichung definierter Qualitätsniveaus bzw. Produkteigenschaften festgelegt.

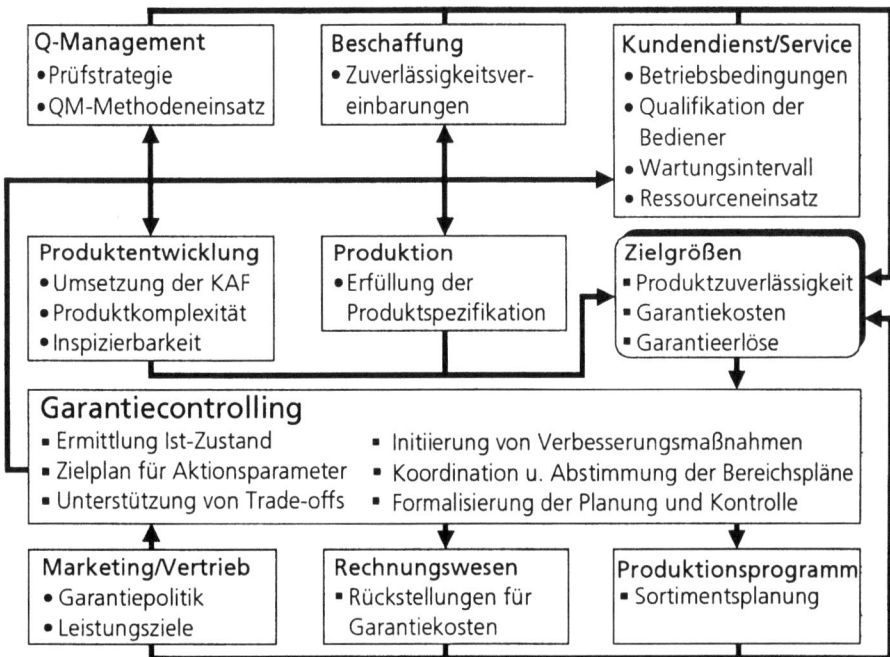

Abb. 6.1 Entscheidungsbereiche des Controlling von Garantiekosten

Das Qualitätsmanagement nimmt in Koordination mit der Fertigungsplanung direkt über die gewählte Prüfstrategie maßgeblichen Einfluß auf die Qualität der Produkte, die zum Kunden gelangen (Nguyen, Murthy 1982, S. 167-174; Leemis, Beneke 1990, S. 172-180). Eine indirekte Einflußnahme ergibt sich über die Bereitstellung zuverlässigkeitssteigernder Methoden wie FMEA, FTA (Pfeifer 1993, S. 59ff.; Birolini 1991, S. 70ff.). Zusätzlich spielt das Erkennen sich abzeichnender Qualitätsprobleme im Feld eine große Rolle, so daß kurzfristig effektive Korrektur- und Verbesserungsmaßnahmen eingeleitet und hinsichtlich ihrer Wirksamkeit bewertet werden können.

Analog läßt sich der Bereich Service/Kundendienst betrachten, der über die Reparaturstrategie, die Erfolgsquote bei der Fehlerbeseitigung und die Organisation des Ressourceneinsatzes bei der Bearbeitung von Reklamationen maßgeblichen Einfluß auf die entstehenden Kosten hat. Desweiteren benötigt dieser Entscheidungsbereich Prognosen über erwartete Produkt-

Schlanke und effektive Gestaltung des Service

ausfälle im Hinblick auf eine kostenminimale Ersatzteildisposition und Personalplanung.

Die Beschaffung gewinnt aufgrund des steigenden Anteils an fremdgefertigten Produkten ebenfalls an Bedeutung bezüglich anfallender Garantiekosten. Auch hier steht als Entscheidungsunterstützung eine ständige Informationsversorgung über die Qualität der Fremdteile im Vordergrund. Basierend hierauf müssen Beschaffungsalternativen hinsichtlich der in späteren Perioden anfallenden Kosten bewertet werden.

Die Entscheidungen im Bereich Marketing/Vertrieb erfordern eine Versorgung mit relevanten Informationen über Zuverlässigkeitskenngrößen und die daraus resultierenden Kosten, um Kundenforderungen nach längeren Garantiezeiten bezüglich ihrer finanziellen Folgen bewerten zu können.

Ein ähnlich großer Unterstützungsbedarf ergibt sich in der Produkt- und Produktionsprogrammplanung, in der auf der Grundlage von Kosten- und Planungsrechnungen Sortimentsentscheidungen unter wirtschaftlichen Gesichtspunkten getroffen werden müssen. Ob bestimmte Produktgruppen, Erzeugnisse oder Varianten auf dem Markt erfolgreich sind, läßt sich oftmals nur im Rahmen der Betrachtung des Produktlebenszyklus feststellen (Fröhling 1993a, S. 138).

Aus den o.g. Zusammenhängen resultieren im wesentlichen drei Aufgaben für das Controlling von Garantiekosten:

– garantierelevante Daten müssen aus allen Unternehmensbereichen problemorientiert zu entscheidungsrelevanten Informationen weiterverarbeitet werden,
– Ziele für Garantiekosten müssen geplant und nach Abstimmung mit den Entscheidungsbereichen festgelegt werden,
– abgeleitete Maßnahmen müssen hinsichtlich ihrer Zielerfüllung bewertet werden.

Durch die Wahrnehmung dieser Aufgaben unterstützt das Controlling von Garantiekosten die Führungsprozesse in den relevanten Entscheidungsbereichen bei der kunden- und ertragsorientierten Planung und Kontrolle der Garantieleistung.

6.3
Controllingkonzept

Ziel des Controlling von Garantieleistungen ist es, die Führungsprozesse in den relevanten Entscheidungsbereichen bei einer ertragsorientierten Planung, Gestaltung und Kontrolle der Garantieleistung zu unterstützen. Diese Anforderungen sollen durch Informationsversorgung und Koordination erfüllt werden. Daher orientieren sich die wesentlichen Controllingfunktionen am Planungs- und Kontrollprozeß, um einen hohen Entscheidungsbezug zu gewährleisten. Abbildung 6.2 zeigt, wie die Phasen des Garantiecontrolling die Phasen des Führungsprozesses unterstützen.

Unterstützung durch Informationsversorgung und Koordination

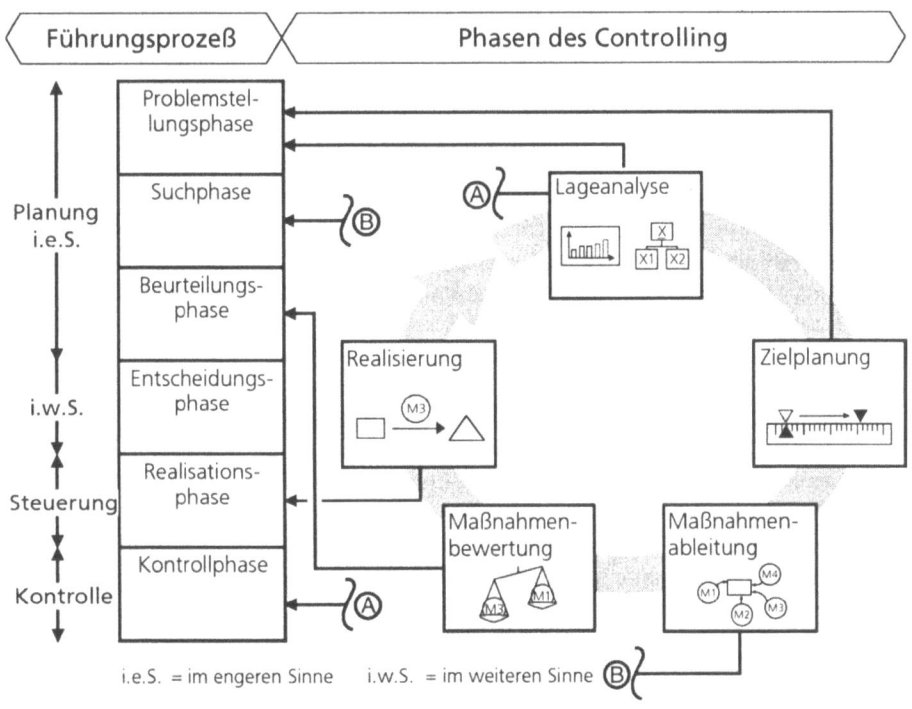

Abb. 6.2 Ableitung der Systemelemente des Controlling von Garantieleistungen

Die Lageanalyse unterstützt sowohl die Problemstellungs- als auch die Kontrollphase des Führungsprozesses. Dabei werden die garantierelevanten Daten vom Controlling anwender- und zweckorientiert aufbereitet

Aufbereitung garantierelevanter Daten in der Lageanalyse

und dem Entscheidungsbereich zur Verfügung gestellt. Die betroffene Abteilung kann nun entweder sich abzeichnende Schwachstellen ermitteln oder bereits eingeleitete Maßnahmen überprüfen. Zu diesem Zweck muß das Controlling neben den prognostischen Daten auch detailliertere Analysen über potentielle Problemschwerpunkte bereitstellen.

Findung von Sollwerten in der Zielplanung

Durch die Funktion Zielplanung kann der Prozeß der Zielfindung und Sollwertfestlegung fachbereichsübergreifend unterstützt und abgestimmt werden. Dies gilt für Zuverlässigkeitsziele in der Produktentwicklung und -konstruktion, für Ausschuß- und Nacharbeitsziele in der Fertigung und Montage sowie für Kostenziele für Service, Reparatur und Ersatzteilversorgung. Die Zielplanung läßt sich nur schwer einem der Elemente des Führungsprozesses zuordnen, vielmehr sind die Prozesse der Führung und der Zielfindung voneinander abhängige Vorgänge (vgl. Hahn 1994, S. 36). Im Rahmen dieses Konzepts soll die Zielplanung insbesondere als der Prozeß verstanden werden, der vor dem Entscheidungsprozeß die Findung erster Zielwerte unterstützt.

Reproduzierbare Maßnahmenbewertung durch Monetarisierung

Für die Optimierung der Ertragskraft der Garantieleistung müssen die aus den Entscheidungsbereichen vorgeschlagenen Handlungsalternativen hinsichtlich der übergeordneten Ziele miteinander verglichen werden. Durch eine möglichst weitgehende Monetarisierung der Maßnahmenaufwände und ihrer Auswirkungen wird eine reproduzierbare Beurteilung gewährleistet.

Lageanalyse, Zielplanung und Maßnahmenbewertung als zentrale Elemente des Garantiecontrolling

Die in Abbildung 6.2 dargestellten Phasen der Maßnahmenableitung und Realisierung sollen im folgenden nicht näher betrachtet werden, da sie über die eigentlichen Aufgaben eines Garantiecontrolling hinausgehen. In diesen Phasen geht es um Managementtätigkeiten und nicht um managementunterstützende Aufgaben. Daher sind sie für das Garantiecontrolling nur interessant, wenn es um die Gestaltung der Ablauf- oder Aufbauorganisation des Garantiecontrolling selbst geht (vgl. v. Haacke 1997, S. 47ff.). Das zu erläuternde Controllingkonzept (Abb. 6.3) besteht also aus den Phasen Lageanalyse (Kap. 6.3.1), Zielplanung (Kap. 6.3.2) und Maßnahmenbewertung (Kap. 6.3.3).

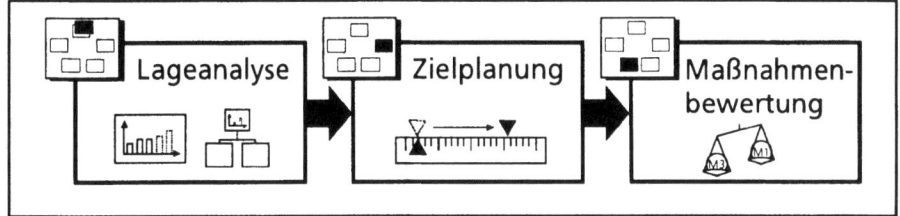

Abb. 6.3 Systemelemente des Garantiecontrolling

6.3.1
Lageanalyse

Die Lageanalyse (Abb. 6.4) hat eine zentrale Bedeutung für den gesamten Managementprozeß und sollte Problemstellungen vor- und nachgestellt sein. Die Aufbereitung und -bereitstellung abgestimmter, zweckorientierter Informationen ist Voraussetzung für die mit dem Controlling angestrebte Koordination der garantierelevanten Planungsvorgänge in den verschiedenen Entscheidungsbereichen. Zu diesem Zweck müssen die erforderlichen Daten wie Häufigkeiten, Kosten und Zeiten aufbereitet und verdichtet werden, bevor sie den Anwendern in Form von Diagrammen und Kennzahlen zur Verfügung gestellt werden.

Aufbereitung von Häufigkeits-, Kosten- und Zeitdaten in der Lageanalyse

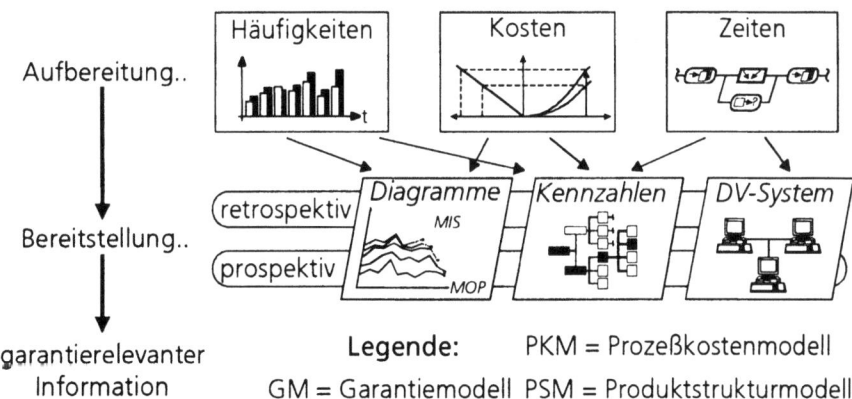

Abb. 6.4 Die Lageanalyse/-kontrolle als Element des Controlling Systems

Im folgenden werden die wesentlichen Auswertungsdimensionen und -instrumentarien zur Garantikostenbetrachtungvorgestellt.

6.3.1.1
Retrospektive Garantiekostenanalyse

Verursachungsgerechte
Häufigkeitsanalyse im
Isochronendiagramm

Zur retrospektiven Analyse der Garantiekosten ist sowohl eine Häufigkeits- als auch eine Kostenanalyse erforderlich. Daher sollen zunächst Instrumentarien zur Häufigkeitsanalyse vorgestellt werden. Zur kontinuierlichen Überwachung von Ausfallhäufigkeiten im Rahmen einer Garantiekostenanalyse eignen sich besonders Isochronendiagramme (Abb. 6.5). Sie liefern Aussagen über die Zuverlässigkeit von Produkten und ermöglichen zudem eine Rückkopplung der Zuverlässigkeits- zu den Produktionsdaten. Dazu werden für jeden Produktionsmonat die Ausfälle getrennt nach Alter des ausgefallenen Produktes oder Bauteils zunächst in einer Tabelle gezählt und kummuliert. Die Fehlerhäufigkeit wird auf die Anzahl der produzierten bzw. schon ausgelieferten Teile bezogen[1] und in Form von ppm oder prozentual dargestellt. In einer Grafik können darauf aufbauend die Isochronen –also Kurven gleichen Alters– über die Produktionsmonate abgebildet werden (vgl. Pfeifer 1993, S. 293, Stockinger 1994, S. 690). Dabei entspricht der senkrechte Abstand zwischen den Isochronen dem Zuwachs an Fehlern. Dies ermöglicht ebenfalls ein Ablesen von spezifischen Mustern bezüglich des Ausfallverhaltens der Produkte (Früh-, Zufalls- oder Spätausfälle). Durch den Bezug zu den Produktionsmonaten ist unmittelbar sowohl auf Besonderheiten in der Produktion als auch Änderungen am Produkt über dessen Einsteuerung in die Produktion zurückzuschließen.

Die Darstellung der Ausfallhäufigkeiten mittels Isochronen stellt hohe Anforderungen an die Vollständigkeit der Datenerfassung. Eine Realisierung isochroner Darstellungen erfordert datentechnische Integration, da die Berechnung von Isochronendiagrammen wegen der hohen Informationsdichte und den damit verbundenen Datenbankzugriffen extrem rechenintensive Vorgänge beinhaltet.

---

[1] Insbesondere bei hohen Lagerbeständen und langen Lagerzeiten ist zu berücksichtigen, daß die Bezugsgröße nicht der produzierten Menge entspricht, sondern der der ausgelieferten Teile. Die Bezugsgröße ist also nicht konstant.

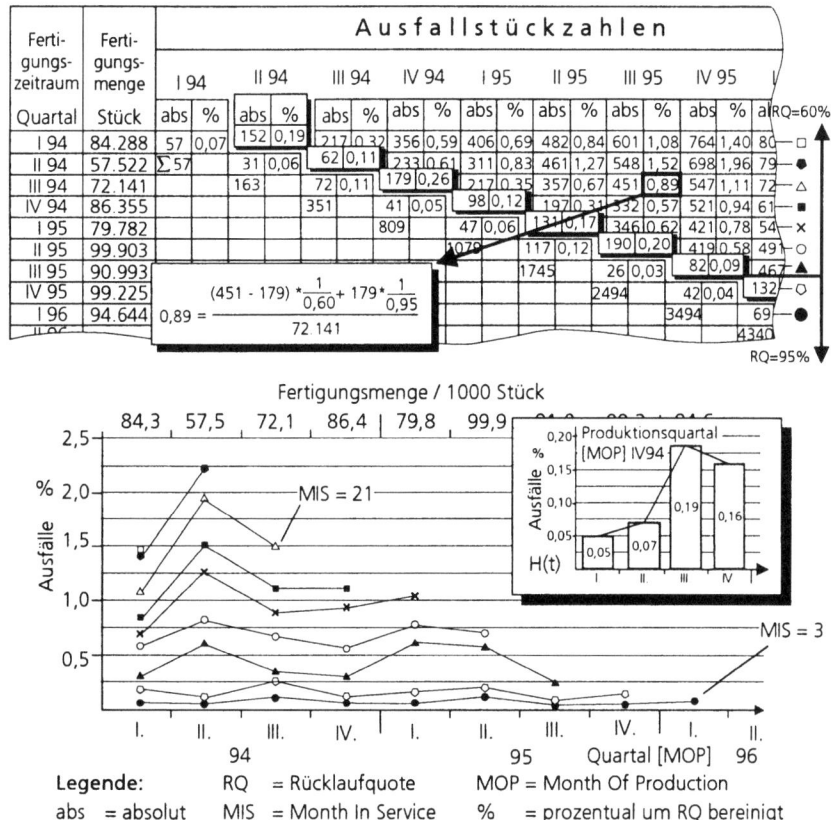

Abb. 6.5 Isochronendiagramm

Darüber hinaus kann das Isochronendiagramm um eine kostenorientierte Komponente erweitert werden. Das bewertete Isochronendiagramm (Abb. 6.6) verknüpft Häufigkeitsdichten, Zeiten und Kosten miteinander.

Durch die Verbindung von Prozeßkostenrechnung und Isochronendiagramm können alle indirekten und direkten Aufwendungen für Garantie- und Gewährleistungen verursachergerecht bewertet werden. Hierzu sind alle im Isochronendiagramm abgebildeten Fehler mit den jeweiligen Garantiestückkosten zu multiplizieren. Es ist sowohl eine absolute als auch eine relative Darstellung möglich. Als Bezugsgröße bieten sich beispielsweise die Herstellkosten an. Durch diese übersichtliche und komprimierte Darstellung im bewerteten Isochronendiagramm ist eine direkte Verfolgung

Garantiekostenanalyse durch das bewertete Isochronendiagramm

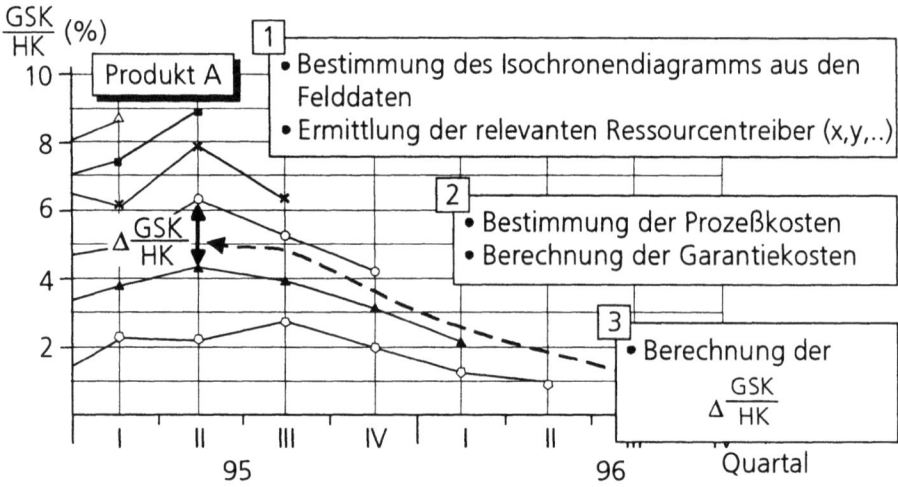

Abb. 6.6 Bewertetes Isochronendiagramm nach dem Ressourcenverfahren

der Garantiekostenentwickung im Unternehmen möglich.

Basierend auf den Erkenntnissen aus den bewerteten Isochronendiagrammen können mittels Pareto-Analysen Kennzahlen berechnet werden, signifikante Abweichungen erkannt und detailliertere Untersuchungen abgeleitet werden. Der Vergleich von Kennzahlen (Richtwerten) mit Bezugszahlen aus den Felddaten ermöglicht die Ermittlung von Häufigkeits- und Kostenschwerpunkten zur weiteren Analyse und Differenzierung (Abb. 6.7).

Identifizierung fehlerverursachender Entscheidungsbereiche

Anhand der auf den Produktlebenslauf bezogenen Häufung von Ausfällen lassen sich die Schwerpunkte der Fehlerursachen grob den einzelnen Phasen des Wertschöpfungsprozesses zuordnen. Beispielsweise deuten Verschleiß- und Zufallsausfälle auf Konstruktions-, Wartungs- oder Bedienungsfehler hin; Frühausfälle können meistens auf Fehler in den Bereichen der Produktion, Montage bzw. der End- oder Funktionsprüfungen zurückgeführt werden (Wu 1992, S. 62; Frey 1994, S. 411; Bruns 1991, S. 115; Pfeifer 1993, S. 293).

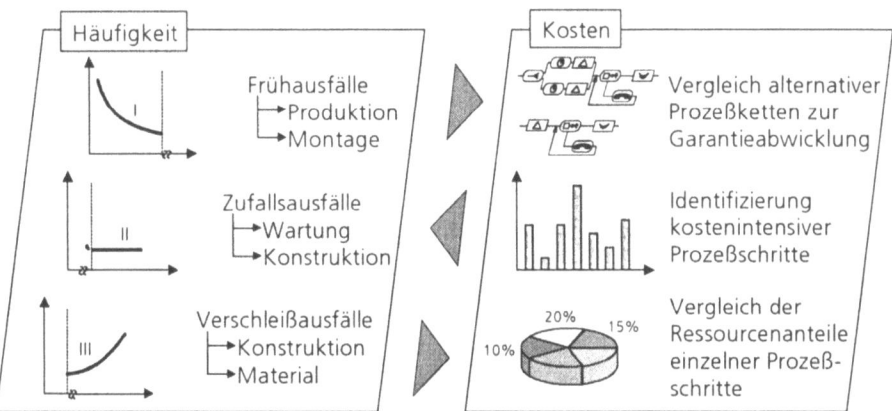

Abb. 6.7 Detaillierung der Fehlerhäufigkeits- und Kostenanalysen

Zur detaillierteren Analyse der Kostenkomponente können darüber hinaus unternehmensspezifische Fehlerursachenschlüssel herangezogen werden (Orendi 1993; Laschet 1994). Um kritische bzw. kostenintensive Prozeßketten in der Reklamationsbearbeitung zu identifizieren, können bspw. die Kosten verschiedener Prozeßschritte verglichen werden. Prägnante Differenzen zwischen den ermittelten Werten lassen sich teilweise durch produktspezifische Eigenschaften (z.B. Komplexität) rechtfertigen; anderenfalls jedoch können solche Abweichungen entsprechende Verbesserungspotentiale ausweisen.

Kostenuntersuchung innerhalb relevanter Prozeßketten

6.3.1.2
Prospektive Garantiekostenbetrachtung

Neben den retrospektiven Untersuchungen haben auch prospektive Betrachtungen in Form einer Vorhersage von zu erwartenden Garantiekosten eine große Bedeutung für das Garantiecontrolling. Hierzu eignet sich insbesondere das bewertete Isochronendiagramm. Durch visuelle Analogiebetrachtungen läßt sich auf die zu erwartenden Gesamtkosten im Garantiezeitraum schließen. Dabei erfüllen die ersten Isochronen eine Frühwarnfunktion, die bei drastischer Veränderung des Qualitätsstandards ein kurzfristiges Einleiten von Korrektur- und Verbesserungsmaßnahmen erlaubt.

Prognose der Garantiekosten zur Unterstützung der Planung

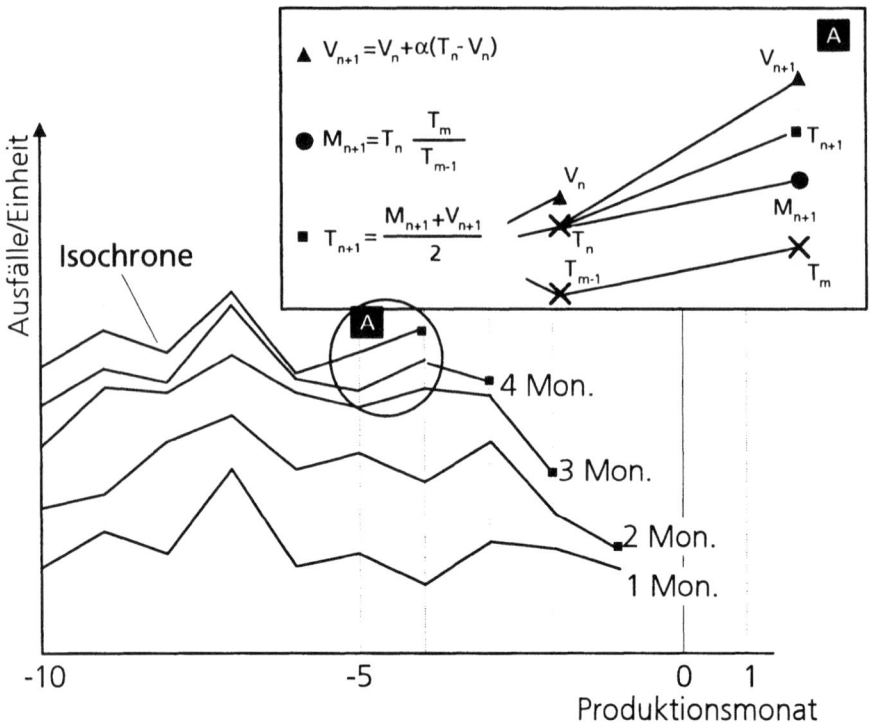

Abb. 6.8 Prognose des Ausfallverhaltens im Isochronendiagramm

Prognose auf Basis des
Ausfallverhaltens über die
Produktionsmonate

Darüber hinaus ermöglicht die im folgenden beschriebene Schätzung eine genaue Vorhersage zukünftiger Entwicklungen (Abb. 6.8). Da das Ausfallverhalten sowohl von dem Produktalter als auch vom Produktionsmonat abhängt, sind bei einer Prognose diese beiden Parameter zu berücksichtigen. Es wird zunächst über eine exponentielle Glättung erster Ordnung das zukünftige Ausfallverhalten in Abhängigkeit der Produktionsmonate geschätzt (Prognose über den zeitlichen Verlauf der Isochrone). Die exponentielle Glät-

tung erster Ordnung erlaubt die Prognose des zukünftigen Kurvenverlaufes auf Grundlage von Vergangenheitsdaten mit Hilfe von mathematisch statistischen
Methoden (vgl. Bamberg, Bauer 1991, S. 217). Durch den
Glättungsfaktor α wird bestimmt, wie empfindlich das
Verfahren auf Veränderung des Isochronenverlaufes
reagiert. Wird ein hoher Glättungsfaktor gewählt, werden Veränderungen sehr schnell berücksichtigt. Bei
geringem Glättungsfaktor reagiert das Verfahren hingegen träger.

In einer zweiten Schätzung wird der Prognosewert
über den relativen Zuwachs der Fehlerzahl des vorherigen Produktionsmonats bestimmt. Dieser relative Zuwachs ist mit dem letzten ermittelten Wert des betrachteten Produktionsmonats zu multiplizieren
(Schätzung über das Mengenverhältnis). Der Mittelwert
aus Mengenschätzung und exponentieller Glättung
bestimmt schließlich den prognostizierten Verlauf
einer Isochrone.

Prognose auf Basis des Ausfallverhaltens über das Produktalter

6.3.2
Zielplanung

Um mit den gewonnenen Informationen aus der Lageanalyse zu einer reproduzierbaren Bewertung der Situation zu kommen, ist es notwendig, Soll-Ist- bzw.
Soll-Wird-Vergleiche anzustellen (Friedinger, Weger
1994, S. 436f.). Eine derartige Analyse der Abweichungen kann nur auf der Basis zuvor definierter Zielvorgaben in Form von konkreten Soll-Werten erfolgen
(Horváth 1994, S. 539ff.). Eine Zielbildung setzt einerseits die Kenntnis der relevanten Zieldimensionen
(Garantiekosten/Einheit, Ausfallrate u.ä.) voraus, ist
aber andererseits selbst Voraussetzung für die Abwei-
chungsanalyse und damit für die Initiierung abzulei-
tender Maßnahmen. Die Zielplanung hilft bei der Festlegung geeigneter und aufeinander abgestimmter Soll-
Werte für Garantiekosten. Eine systematische Leitlinie
zur Ableitung von sinnvollen Kostenzielen in der Produktplanung wird ebenso unterstützt, wie die Koordination für eine entsprechende Abstimmung zwischen
den einzelnen Entscheidungsbereichen.

Festlegung von abge-stimmten und koordi-nierten Zielwerten

Kunden- und ertragsori-
entierte Zielplanung
durch QFD und Target
Costing

Die Ausgangsbasis der Zielplanung stellen die Anforderungen des Kunden nach Qualität und Kosten dar.
Abbildung 6.9 zeigt die Vorgehensweise für die Festset-
zung von Vorgaben im Rahmen der Zielplanung.

Zunächst gilt es, aus den Kundenanforderungen Zuverlässigkeitsziele für das Produkt abzuleiten sowie
Kostenziele für die Baugruppen zu definieren. Zu diesen Kosten zählen neben den Herstellkosten auch die
Garantiekosten. Anschließend ist ein Splitting der
Komponentenkosten über die Bildung von Vergleichs-
kennzahlen erforderlich. Dabei sollte nach Darf-Kosten
für die Funktionsherstellung und Darf-Kosten für die
Funktionserhaltung im Garantie- bzw. Servicezeitraum
differenziert werden. Diese Ziele lassen sich um Zeit-
ziele und Budgets ergänzen.

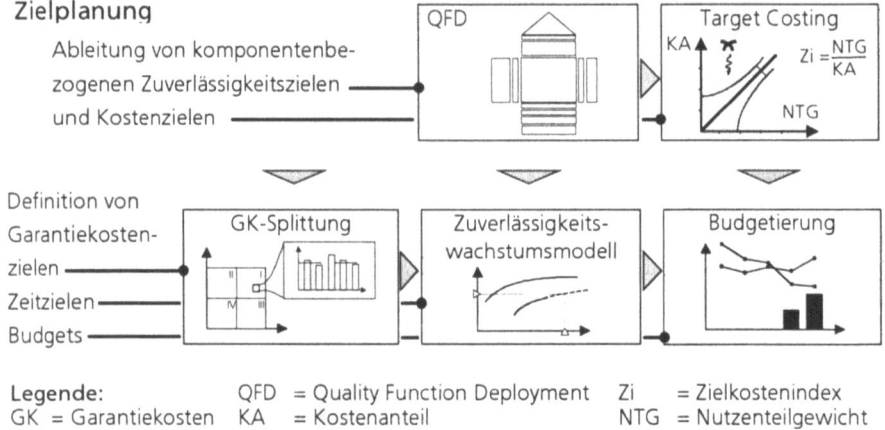

Abb. 6.9 Vorgehensweise zur Zielplanung

Die Nutzung von bestehenden Methoden zur Ableitung von Soll-Werten für Garantiekosten wie Quality
Function Deployment (QFD) und Target Costing sichern dabei eine durchgängig systematische Vorgehensweise (vgl. Haacke 1997, S. 76).

6.3.2.1
Ableitung von Zuverlässigkeitszielen mit QFD

Kundenanforderungen als
wichtigstes Kriterium bei
der Zielplanung

Mittels der QFD lassen sich Produkteigenschaften und
Qualitätsmerkmale hinsichtlich ihrer Bedeutung für
den Kunden gewichten. Dadurch fungieren die Kun-

denanforderungen als zentrale Kriterien für den gesamten Prozeß der Produktentstehung (Hartung 1994,
S. 9). Im Rahmen eines Top-Down-Ansatzes zur Festlegung von Garantiekostenzielen bezüglich eines Produktes und seiner Komponenten eignet sich daher die
QFD besonders.

Abbildung 6.10 stellt dar, inwiefern die Definition
geeigneter Zielwerte in den beiden ersten Phasen des
QFD, der Produktplanung und der Komponentenpla-
nung, unterstützt werden kann und wie sie sich in den
Produktplanungs- und -entwicklungsprozeß integrieren läßt (Pfeifer 1993, S. 40).

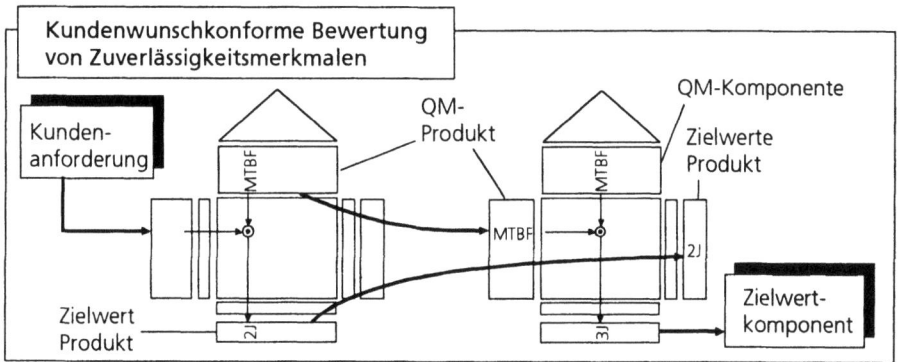

Abb. 6.10 QFD als Ausgangspunkt für die Definition von Zuverlässigkeitszielen

Mit Hilfe der Nutzung des House of Quality lassen
sich zuerst die Zuverlässigkeitskenngrößen des Produktes und danach die der Komponenten bzw. Haupt-
baugruppen mit Hinblick auf ihre Bedeutung für die
Erfüllung der Kundenanforderungen gewichten. Des
weiteren wird eine strukturierte Festlegung von Zielwerten bezüglich einzelner Merkmale unterstützt.

6.3.2.2
Ableitung von Kostenzielen mit Hilfe des Target Costing

Mit Hilfe der Zielkostenrechnung lassen sich bereits in
der Produktplanung Erlöse und Kosten marktorientiert
planen. Die Basis der Zielkostenrechnung bildet ein
Marktpreis für ein Produkt, der von der Marktforschung ermittelt wird. Ausgehend vom Marktpreis, der
geforderten Gewinnspanne und der Gewichtung der
Funktionen kann eine Vorgabe konkreter Kostenziele

Zielwertfestlegung auf
Grundlage des erzielbaren
Marktpreises

erfolgen (Horváth 1994, S. 539ff.). Dazu wird ermittelt, in welchem Maße einzelne Komponenten zu der jeweiligen Funktion beitragen und welcher Kostenanteil ihnen daraus resultierend zusteht (s. a. Kap. 4).

Der Vergleich von Zielkosten und tatsächlichen Kosten ist anschließend mit Hilfe von Zielkostendiagrammen möglich, in dem Nutzenteilgewichte und Kostenanteile einander gegenübergestellt werden.

Das Ziel des Target Costing besteht darin, den Quotienten aus Nutzenteilgewicht und Kostenanteil mittels geeigneter Maßnahmen dem Idealwert 1 anzunähern (Buggert 1995, S. 96ff.). Die Zielkostenrechnung erlaubt somit eine Überprüfung der Produktkostenstruktur gemäß der Werterelationen, welche durch die Kunden festgelegt wurden.

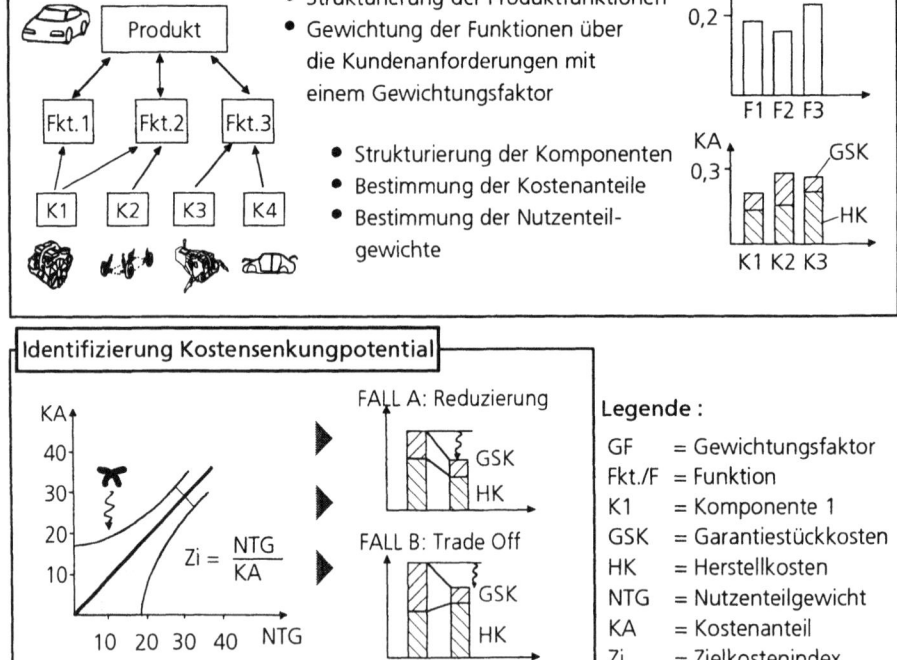

Abb. 6.11 Berücksichtigung der Garantiekosten im Rahme des Target Costing

Im Rahmen des Garantiecontrolling ist von beson-
derer Bedeutung, daß die später anfallenden Garantiekosten bereits in den Zielkostenbetrag integriert werden. Darüber hinaus ist, wie in Abbildung 6.11 dargestellt, eine Überprüfung von tatsächlichen Kosten und
Zielkosten im Zielkostendiagramm möglich, in dem
Nutzenteilgewichte und Kostenanteile einander gegenübergestellt werden.

*Integration der Garantie-
kosten in die Zielkosten*

6.3.3
Maßnahmenbewertung

Mit den gewonnenen Ergebnissen aus den Abwei-
chungsanalysen der vorangegangenen Phasen ist das
Management in der Lage, notwendige Maßnahmen in
den betroffenen betrieblichen Entscheidungsbereichen
abzuleiten. Die Bewertung der Handlungsalternativen
durch das Controlling sollte möglichst unter Berücksichtigung aller relevanten werden die wesentlichen
Einflußgrößen auf die Garantiekosten und -erlöse in
Einzelmodellen abgebildet und über logische Ver-
knüpfungen in Beziehung gesetzt Parameter gesche-
hen. Um diesem Anspruch gerecht zu werden, empfiehlt es sich, ein Bewertungsmodell zu entwickeln. In
dem Bewertungsmodell (Abb. 6.12). Die Produktzuver-
lässigkeit wird dabei in einem Produktstrukturmodell
abgebildet und definiert die Wahrscheinlichkeit eines
Produktausfalles innerhalb des betrachteten Zeitrau-
mes. Im Garantiemodell wird hinterlegt, ob, bis wann
und in welchem Maße die Erstattung anfallender Reklamationsbearbeitungskosten erfolgt. Im Prozeßko-
stenmodell werden mit Hilfe der Ressourcenorientierten Prozeßkostenrechnung die Kosten und Kosten-
strukturen für die Bearbeitung einer Reklamation erfaßt.

*Logische Verknüpfung der
Einflußparameter zur
Maßnahmenbewertung*

Die Modellverknüpfung bildet die Wirkung der verschiedenen Parameter auf die Zielgrößen ab. Mit Hilfe
des Bewertungsmodells wird es möglich, die unternehmensspezifische Situation hinsichtlich der Garantiekosten abzubilden.

*Abbildung der Garantie-
kostensituation als Aus-
gangsbasis der Maßnah-
menbewertung*

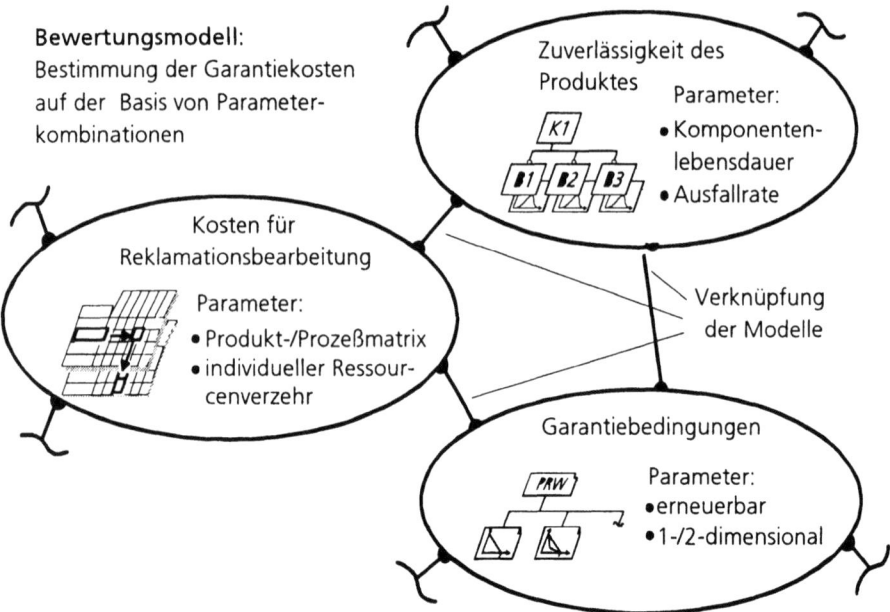

Abb. 6.12 Verknüpfung der Teilmodelle zu einem Bewertungsmodell

Als Ausgangspunkt dienen dabei die zuvor hinterlegten Zuverlässigkeiten für einzelne Produktkomponenten und Baugruppen. Es lassen sich nun realitätsnahe Produktausfälle für definierte Zeitintervalle simulieren und somit die Garantieverpflichtung sowie die zu erstattenden Garantiekosten ermitteln. Die insgesamt anfallenden Kosten werden dabei verursachungsgerecht mit Hilfe des Prozeßkostenmodells bestimmt. Das Ergebnis ist die Verteilung der erwarteten Garantiekosten nach Zeit und Höhe (Abb. 6.13).

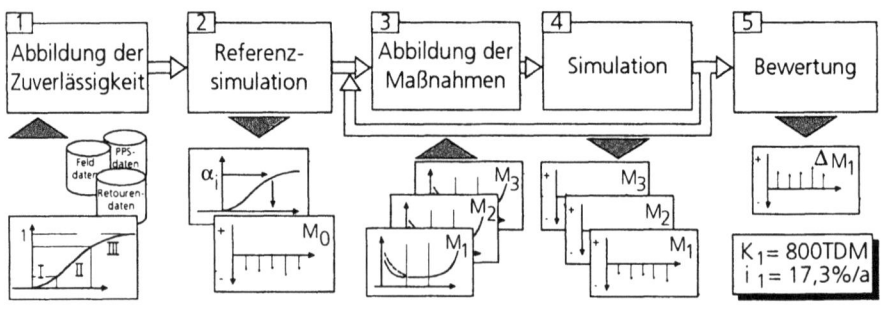

Abb. 6.13 Vorgehensweise zur Maßnahmenbewertung

Durch Variation der Einflußparameter können nun verschiedene Kostenszenarios entwickelt werden. In einer weiteren Simulation lassen sich dann deren Auswirkungen untersuchen, die mit einer Bewertung und Priorisierung der Maßnahmen abschließt. Den mit der Durchführung der Maßnahmen verbundenen einmaligen und laufenden Auszahlungen stehen dabei die über die Simulation ermittelten Einsparungen an Garantiekosten gegenüber. Die Basis der Untersuchung bildet dabei der zuvor bestimmte Referenzzustand.

Neben den über die Teilmodelle abbildbaren Parametern existieren weitere Einflußgrößen, die auf die Rentabilität einer Maßnahme Einfluß haben (Abb. 6.14). Dazu zählen zum einen die einmaligen Ein- und Auszahlungen, die z.B. im Zuge der Maßnahmeneinführung anfallen (Kosten eines Design Review). Zum anderen müssen die laufenden Veränderungen der Zahlungsströme, die nicht direkt auf die Garantiekosten zurückzuführen sind, ebenfalls in die Rechnung miteinbezogen werden. Dazu gehören z.B. Änderungen der Herstellkosten oder Kosten für Mitarbeiterschulungen und Zusatzinvestitionen.

Kostenszenarios zur Unterstützung der Maßnahmenbewertung

Abbildung über Teilmodelle	zusätzliche Abbildung
Ausfallverteilung - Frühausfälle - Zufallsausfälle - Redundanzen Garantiebedingungen - Erstattungsfunktion - Garantiedauer - Garantieumfang Reklamationsbearbeitungskosten - Prozeßfolge - Übergangswahrscheinlichkeit - Verbrauchs- und Kostenfunktion	Einmalige Ein- und Auszahlung • Maßnahmen einführen • ggf. Liquidationserlöse Laufende Ein- und Auszahlungen - Leistungsmengeninduziert • Preissteigerungen • Mengensteigerungen • Stückkostenveränderung - Leistungsmengenneutral • Kosten für Schulungen • Zusatzinvestitionen Kalkulationszinssatz Absatzprogramm/ -menge Projektdauer

Abb. 6.14 Abbildung der Maßnahmen im Bewertungsmodell

Um dem Anspruch einer vollständigen Maßnahmenbewertung gerecht zu werden, ist neben der Kosten- ebenso die Leistungsdimension der Maßnahmen zu berücksichtigen. Dies ist bspw. der Fall bei einer möglichen Preis- oder Mengensteigerung aufgrund der

Abbildung der mit einer Maßnahme verbundenen Ein- und Auszahlungen

Verdopplung der Garantiedauer. Solche Informationen müssen von den entsprechenden Abteilungen Marketing/Vertrieb, basierend auf Vergangenheitsdaten oder Marktuntersuchungen ermittelt und bereitgestellt werden. Die daraus resultierenden Ergebnisse sollten im Hinblick auf eine ertragsorientierte Bewertung auf jeden Fall mitberücksichtigt werden.

6.4
Schnittstellen zu anderen Controllinginstrumenten

Das oben beschriebene Controlling von Garantiekosten betrachtet ausgehend vom Prozeß der Reklamationsbearbeitung und der dort anfallenden Daten und Informationen insbesondere die Produktplanung und deren Unterstützung. Darüber hinaus ergeben sich aber auch Berührungspunkte zu den übrigen im Buch beschriebenen Betrachtungsbereichen des Qualitätscontrolling. Diese Schnittstellen sind in Abbildung 6.21 dargestellt und werden im folgenden kurz erläutert.

Die Strategische Qualitätsplanung unterstützt das Controlling von Garantiekosten durch die Bereitstellung von Zielgrößen und deren Quantifizierung. Hierdurch kann die Phase der Zielplanung erheblich erleichtert werden. Darüber hinaus profitiert die Strategische Qualitätsplanung von der systematischen Aufbereitung von Felddaten und den Kundenkontakten im Service. Hier können wichtige Kennzahlen über Qualitätsforderungen und Trends im Markt erkannt werden.

Das Quality Target Costing ist bereits im Zusammenhang mit der Zielplanung angesprochen worden. Es unterstützt elementar die Definition von Garantiekostenzielen. Andererseits können die Daten über die anfallenden und prognostizierten Garantiekosten für eine produktlebensbezogene Durchführung des Target Costing genutzt werden. Darüber hinaus ist in Kap. 3 die Ressourcenorientierte Prozeßkostenrechnung angesprochen worden, die zur Bestimmung der Reklamationsbearbeitungskosten benötigt wird.

Lernkurven können insbesondere für die Prognose von Zuverlässigkeiten und Garantiekosten genutzt werden. Ebenso ist die Nutzung der Felddaten zur Identifizierung von Lerneffekten möglich.

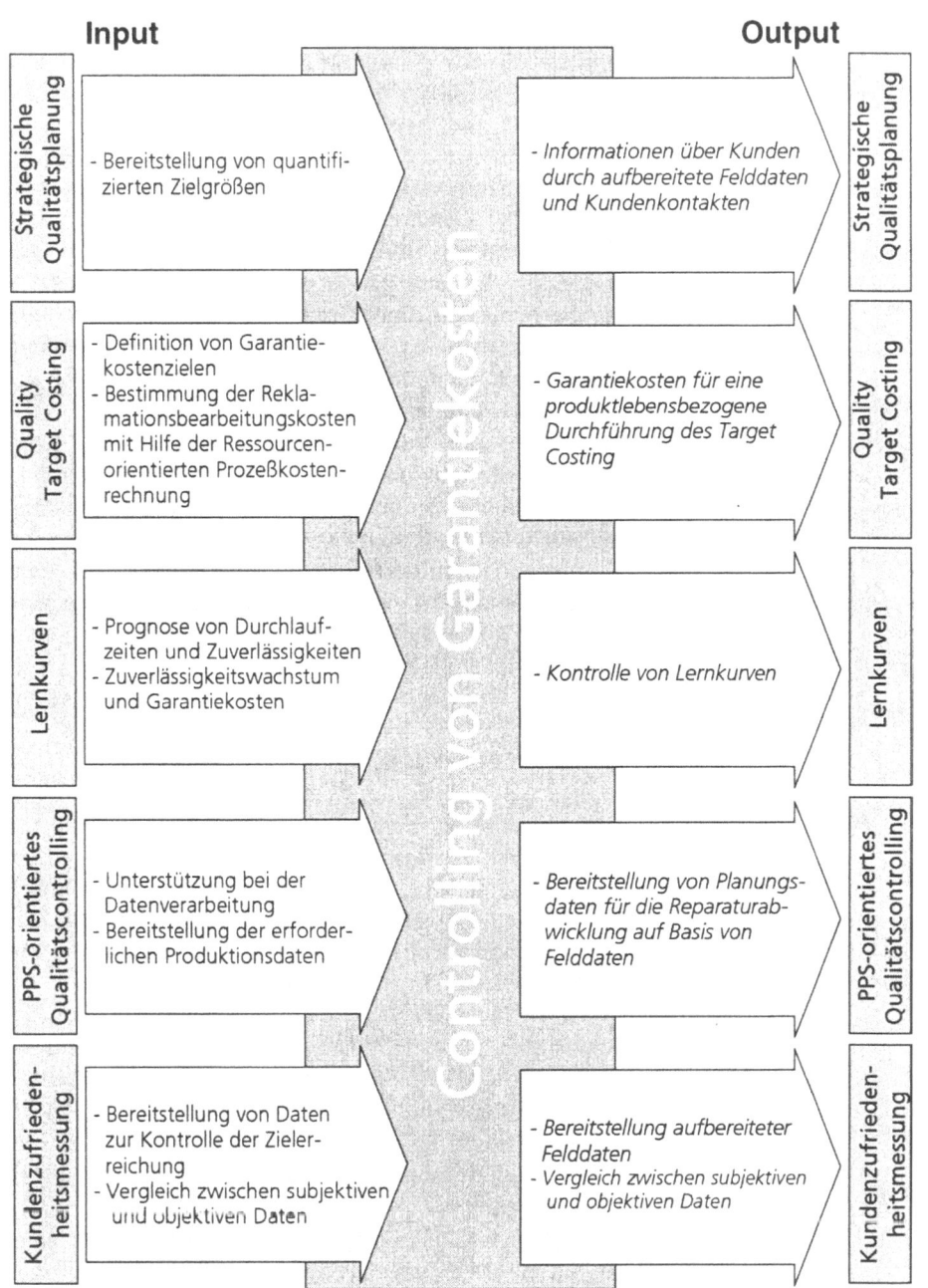

Abb. 6.15 Schnittstellen zu anderen Controllingbereichen

Zur Nutzung der in den vorangegangenen Kapiteln beschriebenen Instrumente ist die Verarbeitung großer Datenmengen erforderlich. Aus diesem Grunde ist die Umsetzung der Ergebnisse in Form eines DV-Tools erforderlich (s. Kap. 6.5). Insbesondere die Umsetzung des Bewertungsmodell in Form einer Simulation erfordert eine DV-Unterstützung. Die Integration eines solchen Programms in die in einem Unternehmen eingesetzten DV-Systeme ist zwingend. Hinsichtlich Kap. 5 resultiert hieraus, daß durch PPS-Systeme die für das Garantiecontrolling erforderlichen Produktionsdaten bereitgestellt und mit den Felddaten in Beziehung gesetzt werden müssen.

Schnittstellen zu der in Kap. 7 beschriebenen Kundenzufriedenheitsmessung ergeben sich insbesondere hinsichtlich der Nutzung der vom Garantiecontrolling aufbereiteten Felddaten (Abb. 6.15). Die im Rahmen der Kundenzufriedenheitsmessung aufbereiteten Informationen können zur Kontrolle der Zielerreichung und zum Vergleich von subjektiven und objektiven Daten herangezogen werden.

6.5
Industrielles Fallbeispiel

Das oben beschriebene Konzept und die erläuterten Instrumente zu dessen Unterstützung sind in einem DV-Tool umgesetzt und zusammen mit einem mittelständischen Unternehmen evaluiert worden. Die Ergebnisse und Erfahrungen sollen in diesem Abschnitt beschrieben werden.

Im betrachteten Unternehmen wird mit ca. 1200 Beschäftigten in vier Produktsparten ein Jahresumsatz von ca. 300 Mio. DM erwirtschaftet. Bei den meisten Erzeugnissen handelt es sich um komplexe Investitionsgüter, die in Serie bzw. Kleinserie nach Kundenspezifikation hergestellt werden. Die Produkte bestehen aus aufwendigen mechanischen Komponenten, vielen elektronischen Baugruppen sowie kundenneutraler und kundenspezifischer Software. Das Unternehmen ist in allen Bereichen nach DIN ISO 9001 zertifiziert.

Auffällig hohe Garantiekosten durch unberechtigte Garantieforderungen

Anlaß für den Aufbau eines Systems zum Controlling von Garantieleistungen waren überdurchschnittlich hohe Kosten für Garantieleistungen in einer Produktsparte sowie ein nicht unerheblicher Anteil

unberechtigter Garantieforderungen durch Subkon-
traktoren. Darüber hinaus wurden von Kundenseite
immer häufiger Angaben über die Zuverlässigkeit der
Produkte bzw. daraus resultierende Lebenszykluskosten
als Angebotsparameter eingefordert. Diese Kenngrö-
ßen wurden nicht systematisch berechnet und mußten
bei Anfragen häufig eilig auf der Grundlage unvoll-
ständiger Daten zusammengestellt werden. Die damit
verbundenen Unsicherheiten können große finanzielle
Risiken für das Unternehmen beinhalten.

Als problematisch erwies sich in diesem Zusammenhang, daß die Abläufe zur Abwicklung der Garantieforderungen nicht ausreichend strukturiert waren
und die erforderlichen Daten nur unvollständig erfaßt
wurden. Eine systematische Aufbereitung planungsre-
levanter Informationen wurde durch eine mangelnde
datentechnische Integration verschiedener Rechner-
welten erschwert.

Aus diesem Grund wurden zunächst die Abläufe zur
Garantieabwicklung im gesamten Unternehmen aufge-
nommen, analysiert und standardisiert. In diesem Zusammenhang konnten bereits Rationalisierungspotentiale durch geringfügige Reorganisation einzelner Prozeßketten erschlossen werden, die zu geringeren Kosten und insbesondere zu einer transparenteren Abwicklung der Reklamationen führten.

Standardisierung der Abläufe im Reklamationsmanagement

Für die relevanten Komponenten und Hauptbau-
gruppen wurde anschließend eine prozeßorientierte
Ressourcenanalyse durchgeführt (Abb. 6.16).[2]

Das Ergebnis der Prozeßkostenrechnung bestätigte
den Verdacht, daß neben der Reparatur insbesondere
auch die indirekten, administrativen Tätigkeiten nen-
nenswerte Kosten verursachten. Unberechtigte und
deshalb zurückgewiesene Garantieforderungen verursachten bei einigen Komponenten bis zu 45 % der Kosten, die bei der kompletten Abwicklung und Reparatur
berechtigter Reklamationen anfallen.

Hoher Kostenanteil in indirekten und administrativen Bereichen

Parallel zum Aufbau des *Prozeßkostenmodells* wurde für das betrachtete Beispielprodukt –ein Zugangskontrollsystem– das *Produktstrukturmodell* aufgebaut
(Abb. 6.17). Die Strukturierung erfolgte unter Nutzung
des Erfahrungswissens über ausfallanfällige und repa-

---

[2] Alle im Zusammenhang mit dem Fallbeispiel angegebenen
Daten sind anonymisiert.

raturintensive Bauteile. Das Zugangskontrollsystem wurde in drei Komponenten gegliedert, von denen eine, die Bedieneinheit, in weitere drei Baugruppen unterteilt werden konnte.

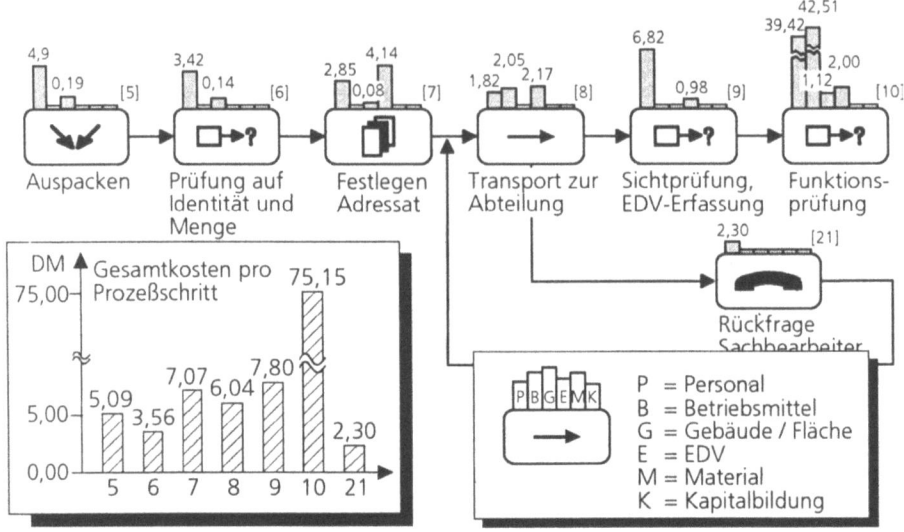

Abb. 6.16 Ermittlung der Prozeßkosten pro Garantiefall

Analyse der im Unternehmen vorhandenen Produktions- und Felddaten

Anschließend wurden die garantierelevanten Daten strukturiert, die im Unternehmen in verschiedenen Datenbanken vorlagen. Neben den Retouren-, Reparatur- und Ausfalldaten gehörten dazu auch PPS-Daten wie Identnummern, Herstell- und Auslieferungsdaten. Durch aufwendige Datenbankoperationen konnte für einige Produkte eine homogene Datenbasis aufbereitet werden, auf deren Grundlage die Zuverlässigkeitskenngrößen für das *Produktstrukturmodell* abgeleitet wurden. Die 18monatige Garantiedauer wurde im *Garantiemodell* abgebildet.

Die breite Anwendung des vorgestellten Garantiecontrolling auf alle Produkte gestaltete während des Projektes die Zusammenführung und Verknüpfung der relevanten Daten zu schwierig. Deshalb wurde im Unternehmen die Entscheidung gefällt, zukünftig mit Hilfe einer Außer-Haus-Verwaltung der Produktdaten eine lückenlose Teile-Lebensgeschichte zu führen.

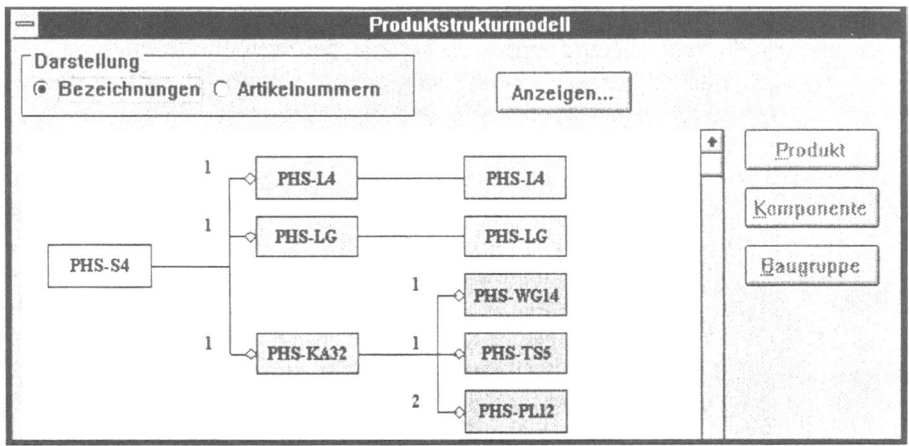

Abb. 6.17 Aufbau des Produktstrukturmodells und des Garantiemodells

Für die Außer-Haus-Verwaltung von Produktdaten sind die relevanten Daten über Herstellung, Qualität und Auslieferung identnummernbezogen abzulegen. Durch eine effiziente DV-technische Unterstützung des Reklamations- und Wartungsprozesses können anschließend die Daten der außer Haus befindlichen Produkte, Komponenten und Baugruppen gepflegt und aktualisiert werden. Eine solche Datenbasis ist Voraussetzung für die Durchführung isochroner Auswertungen, systematischer Fehleranalysen und die automatische Berechnung durchschnittlicher Lebensdauern. Sie gestattet darüber hinaus eine rationelle Abwicklung der Garantiefälle vor allem bei der Prüfung auf terminliche Anerkennung.

Auf der Basis der zusammengeführten Daten aus der Retouren-, Reparatur- und PPS-Datenbank konnte eine Lageanalyse durchgeführt werden. Mit Hilfe isochroner Darstellungen wurde ein gleichbleibendes Niveau an prozentualen Produktausfällen in der Garantiezeit erkannt (Abb. 6.18). Bei den weiteren Untersuchungen wurde eine Komponente als besonders ausfallintensiv identifiziert. Auffällig dabei waren sowohl das hohe Niveau der Zufallsausfälle als auch der große Anteil an Frühausfällen, die nach Auffassung der Monteure auf eine mangelnde Funktionsprüfung der Anlagen bzw. Komponenten im Unternehmen zurückzuführen waren.

Installation einer Außer-Haus-Verwaltung

Ableitung von Maßnah-
men Senkung der Früh-
ausfälle

Über weitere Analysen konnte für die betrachtete Baugruppe der Verlauf der Weibull-Funktion in den beiden ersten Intervallen angenähert werden, die für die Berechnung der Garantiekosten relevant sind. Auf Basis der *Lageanalyse* wurden Verbesserungsmaßnahmen initiiert und in den Fachbereichen abgeleitet. Zur Senkung der Frühausfälle wurde aus dem Bereich des Qualitätsmanagement eine erweiterte Funktionsprüfung in einer realitätsnäheren Testumgebung vorgeschlagen. Mit Hilfe der Funktionsprüfung sollen die Frühausfälle um ca. 6 % gesenkt werden. Die Maßnahmenumsetzung verursacht einmalige Kosten für den Umbau des Testgerätes in Höhe von ca. 18.000,- DM sowie laufende leistungsmengenbezogene Kosten von zusätzlich 3,25 DM. Diese Kosten werden durch die verlängerte Prüfzeit und sind damit vornehmlich Personal- und Betriebsmittelkosten verursacht. Sie wurden mit Hilfe der prozeßorientierten Ressourcenanalyse abgeschätzt.

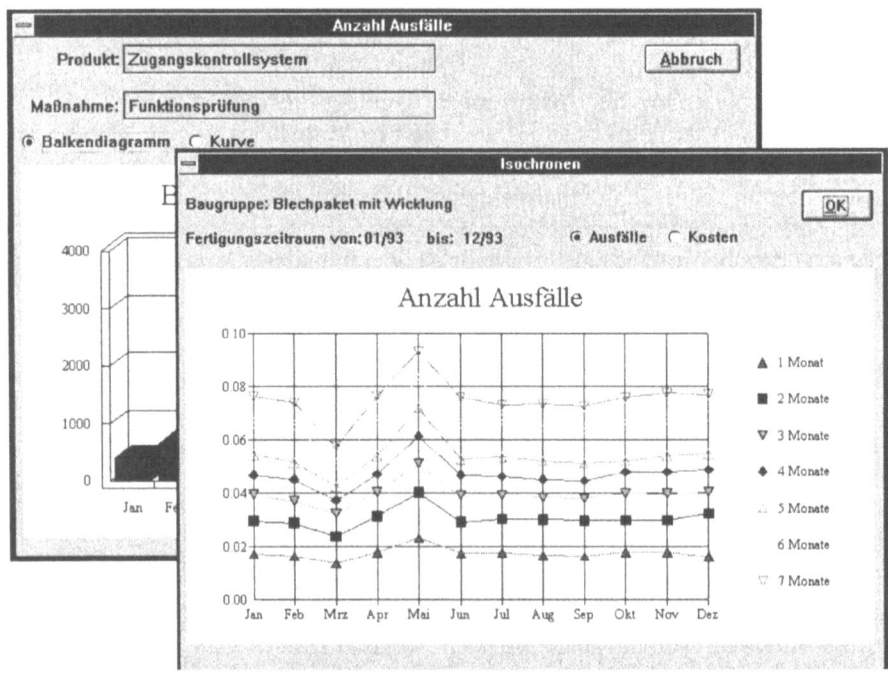

Abb. 6.18 Isochronendiagramm und Häufigkeitsanalyse

Zur Senkung der Zufallsausfälle wurde in der Konstruktion ein bereits angedachter Wechsel der (Produkt-)Technologie ausgearbeitet. Dabei sollte für spezielle Elemente eines Lesekopfes ein ferritischer Werkstoff durch einen keramischen ersetzt werden. Auf der Basis erster Voruntersuchungen wurde geschätzt, daß mit Hilfe dieser Maßnahme die Anzahl der Ausfälle im Garantiezeitraum um 30 % gesenkt werden könnte. Die Schätzung wurde durch einen Versuch bestätigt. Für die Maßnahmenumsetzung wurde ein einmaliger Aufwand (Konstruktionsänderung) von ca. 4.000,- DM sowie zusätzliche Herstellkosten von 6,10 DM veranschlagt. In der *Maßnahmenbewertung* konnten die erarbeiteten Verbesserungsvorschläge im Garantiemanagementsystem abgebildet und bewertet werden (Abb. 6.19).

Ableitung von Maßnahmen zur Senkung der Zufallsausfälle

Abb. 6.19 Abbildung der Maßnahmen zur Garantiekostensenkung im GMS

Die beiden vorgestellten Maßnahmen wurden mit Hilfe der im DV-Tool hinterlegten Simulationsverfahren hinsichtlich ihrer Auswirkungen auf das Ausfallverhalten bewertet. Auf Basis einer Absatzprognose und zusammen mit den maßnahmenspezifischen, ein-

Simulation der Maßnahmen im DV-Tool

maligen und laufenden Auszahlungen können daraus die Zahlungsreihen erzeugt werden, die die Kosten der Maßnahmenumsetzung und die dadurch voraussichtlich erzielbaren Garantiekosteneinsparungen in ihrer zeitlichen Abfolge berücksichtigen.

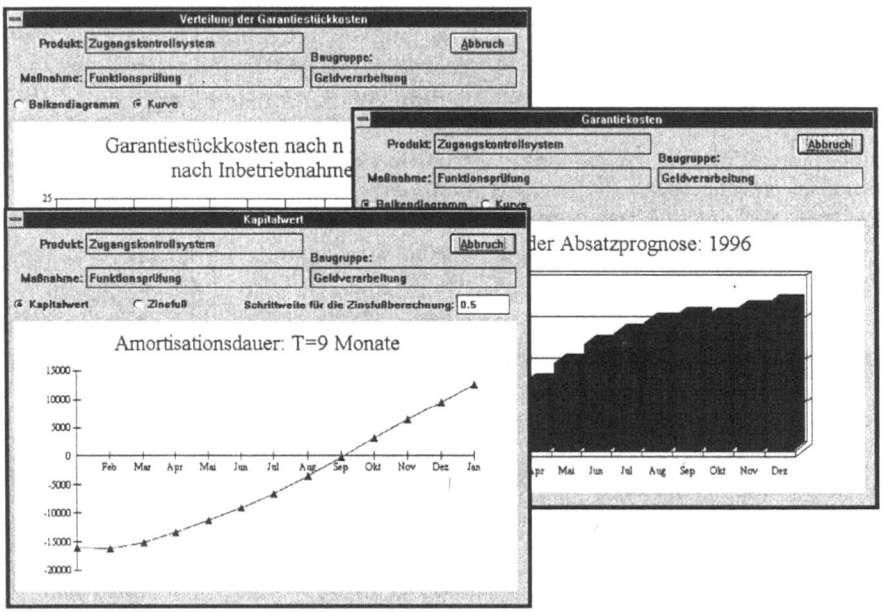

Abb. 6.20 Bewertung der Maßnahmen mit Hilfe der Simulation

Abbildung 6.20 zeigt das mit dem *Garantiemanagementsystem* errechnete Ergebnis. Für die Modifizierung der Funktionsprüfung ergibt sich eine Amortisationsdauer kleiner 9 Monate und ein Kapitalwert von ca. 13 TDM zu Projektende (1 Jahr). Die für die Änderung der Leseköpfe erforderliche Investition in die neue Produkttechnologie amortisiert sich nach 11 Monaten. Der Kapitalwert von 7 TDM liegt unter dem der alternativen Maßnahme.

Daraus folgt, daß unter monetären Gesichtspunkten beide Maßnahmen vorteilhaft sind. Neben den monetären Aspekten sind darüber hinaus auch nichtmonetäre Gesichtspunkte in die Bewertung miteinzubeziehen. Im vorliegenden Fall führen alle Maßnahmen zu einer Steigerung der Zuverlässigkeit und damit des Kundennutzens und können deshalb auch unter An-

Quantifizierung erheblicher Einsparungspotentiale

wendung nichtmonetärer Bewertungskriterien als vorteilhaft bezeichnet werden.

Durch das in diesem Kapitel entwickelte System zum Controlling von Garantieleistungen wurden im betrachteten Unternehmen die Grundlagen für die systematische Reduzierung der Garantiekosten gelegt (Abb. 6.21). Wesentliche Voraussetzung war dabei einerseits die Strukturierung der garantierelevanten Daten in den drei in dieser Arbeit entwickelten Teilmodellen. Die an den Haupteinflußgrößen orientierte Gliederung der Daten erlaubt eine fundierte Analyse von Kostensenkungspotentialen unter Berücksichtigung der wesentlichen Wirkungsbeziehungen, die teilweise stochastischen Charakter besitzen.

Andererseits wurde durch die systematische Vorgehensweise in *Lageanalyse*, *Zielplanung* und *Maßnahmenbewertung* ein effektives Garantiecontrolling institutionalisiert. Neben einer Spezifizierung der erforderlichen Aktivitäten wurden der gesamte Bereich der Garantieabwicklung und -analyse einer Revision unterzogen und Verantwortlichkeiten neu definiert. Durch ein produktspezifisches Kennzahlensystem wird zukünftig die Überwachung und Analyse der Garantiekosten erleichtert.

Durch die Implementierung einer DV-Unterstützung wurden die wesentlichen Analyse- und Auswertungsfunktionen für ein effizientes Garantiecontrolling rationalisiert. Neben einer verbesserten Erfassung und Aufbereitung relevanter Daten konnten ebenfalls Rationalisierungpotentiale durch eine verbesserte Garantieabwicklung erschlossen werden. Mit Hilfe der durchgängigen EDV-Unterstützung wurde die Durchlaufzeit pro Reklamation reduziert, indem Prozeßschritte verkürzt bzw. parallelisiert wurden.

Effizienzsteigerung durch EDV-Unterstützung des Garantiekostencontrolling

Mit Hilfe der entwickelten Hilfsmittel konnte darüber hinaus die Entscheidung für oder wider eine Maßnahme auf eine wissenschaftlich fundierte Grundlage gestellt werden. Durch die problemorientierte Aufbereitung bestehender Daten über Ausfälle, Garantiebedingungen und Kosten für die Reklamationsbearbeitung wurden Problemschwerpunkte erkannt und Handlungsalternativen zu deren Beseitigung vor dem Hintergrund gesteckter Garantiekostenziele bewertet. Damit waren die Voraussetzungen geschaffen, die Garantiekosten systematisch und zielorientiert zu

Signifikante Einsparungen innerhalb der Projektdurchführung

reduzieren. Durch die Einführung des Garantiecontrolling konnten bereits 15 Monate nach Projektbeginn 7stellige Beträge an Garantiekosten eingespart werden. Die kurzfristig realisierten Einsparungen lassen sich größtenteils auf eine effektivere und rationellere Garantieprüfung zurückführen, bei der insbesondere auch unberechtigte Forderungen zurückgewiesen werden.

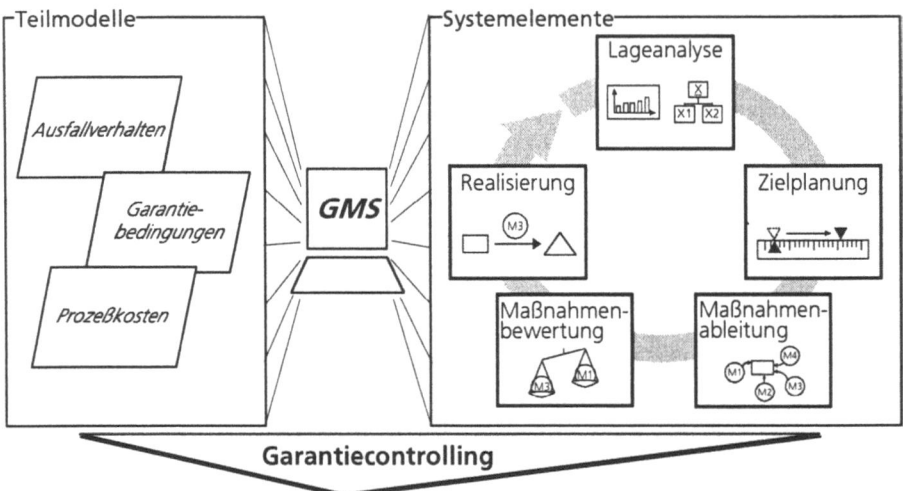

Abb. 6.21 Ergebnisse der Einführung eines Systems zum Garantiecontrolling

6.6
Zusammenfassung

Entwicklung eines Controlling-Konzeptes zur systematischen Reduzierung der Garantiekosten

Garantien haben eine absatzfördernde Wirkung. Sie steigern die Produktattraktivität und helfen, den Kunden langfristig an das Unternehmen zu binden. Dem gegenüber stehen erhebliche Kosten und Aufwände für Garantien, die teilweise den Produkt- oder Unternehmenserfolg erheblich beeinträchtigen und sogar gefährden. Aus diesem Grunde ist am IPT ein Konzept für das Controlling von Garantiekosten entwickelt worden,

mit dem die systematische Steuerung der Garantielei-
stung und Reduzierung der Garantiekosten ermöglicht
wird. Hierzu sind insbesondere die folgenden Aufgaben
durch die Kombination und Entwicklung konkreter
Methoden gelöst worden:
- Problemorientierte Aufbereitung garantierelevanter
  In-formationen,
- Festlegung abgestimmter Sollwerte für Garantieko-
  sten und
- Bewertung von Handlungsalternativen für die Sen-
  kung der Garantiekosten und die Gestaltung von
  Garantieleistungen.

Hierzu ist ein dreiphasiges Controlling-Konzept
vorgestellt worden, das zunächst die Analyse der Un-
ternehmenssituation in den garantierelevanten Entscheidungsbereichen hinsichtlich Häufigkeiten, Kosten
und Zeit erlaubt. Darauf aufbauend ist eine Vorgehensweise zur kunden- und ertragsorientierten Planung von Sollwerten für Garantieleistungen und
-kosten erläutert worden. Durch die Abbildung und
Verknüpfung der drei wesentlichen Einflußgrößen auf
die Garantiekosten –Zuverlässigkeit der Produkte, Garantiebedingungen, Kosten für die Reklamationsbearbeitung– ist schließlich eine Prognose der Garantiekosten und somit eine monetäre Bewertung von Maßnahmen zur Gestaltung der Garantieleistung und
-kosten gewährleistet. Im Rahmen eines industriellen
Fallbeispiels konnte der Nutzen der erarbeiteten Ergebnisse durch die signifikante Reduzierung der Garantiekosten nachgewiesen werden.

Umsetzung des Konzeptes führte zur signifikanten Reduzierung der Garantie-kosten

6.7
Literatur

Bamberg, G., Bauer, F. (1991) Statistik. 7. Aufl., Oldenbourg
Birolini, A. (1991) Qualität und Zuverlässigkeit technischer Sy-
    steme: Theorie, Praxis, Management. 3. Aufl., Berlin: Springer
Bruns, M. (1991) Systemtechnik: ingenieurwissenschaftliche
    Methodik zur interdisziplinären Systementwicklung. Berlin:
    Springer
Buggert, W. (1995) Target Costing – Grundlagen und Umsetzung
    des Zielkostenmanagements. München: Hanser
Frey, H. (1994) Zuverlässigkeits- und Sicherheitsplanung, in:
    Masing W. (Hrsg.), Handbuch Qualitätsmanagement. 3. Aufl.,
    München: Carl Hanser Verlag, S. 401-425

Friedinger, A., Weger, A. (1994) Operative Vor- und Rückkopplung, in: Eschenbach, R. (Hsrg.), Controlling. Stuttgart: Schäffer-Poeschel, S. 435-457

Fröhling, O. (1993) Strategische Qualitätsfehlerfolgekosten: Ein Beispiel zur Ermittlung entgehender Deckungsbeiträge. Krp, 2/93, S. 101-110

Haacke, U. v. (1997) Controlling von Garantieleistungen

Hahn, D. (1994) PUK – Planung und Kontrolle – Planungs- und Kontrollsysteme, Planungs und Kontrollrechnung. 4. Aufl., Wiesbaden: Gabler

Hartung, S. (1994) Methoden des Qualitätsmanagement für die Produktplanung und -entwicklung. Diss. RWTH Aachen

Horváth, P. (Hsrg.) (1993) Target Costing – Marktorientierte Zielkosten in der deutschen Praxis. Stuttgart: Schäffer-Poeschel

Horváth, P. (1994) Controlling. 5. Aufl., Vahlen

Laschet, A. (1994) Konzeption eines Fehlerinformations- und Bewertungssystems. Diss. RWTH Aachen

Leemis, L. M., Beneke, M. (1990) Burn-in models and methods: A Review. IIE Transactions, Volume 22, No. 2, S. 172-180

Nguyen, D. G., Murthy, D. N. P. (1982) Optimal burn-in time to minimize cost for products sold under warranty. IIE Transactions, Volume 14, No. 3, September 1982, S. 167-174

Orendi, G. (1993) Systemkonzept für die phasenneutrale Fehlerbehandlung als Voraussetzung für den Einsatz präventiver QS-Verfahren. Diss. RWTH Aachen

Pfeifer, T. (1993) Qualitätsmanagement: Strategien, Methoden, Techniken. München: Hanser

Rommel, G. et al. (1995) Qualität gewinnt · Mit Hochleistungskultur und Kundennutzen an die Weltspitze, Stuttgart: MkKinsey & Company, Inc., Schäffer-Poeschel

Stockinger, K. (1994) Datenfluß aus dem Feld, in: Masing, W. (Hrsg.), Handbuch Qualitätsmanagement. 3. Aufl., München: Hanser, S. 681-696

Wu, Z. (1992) Vergleich und Entwicklung von Methoden zur Zuverlässigkeitsanalyse von Systemen. Diss., Universität Stuttgart

7 Servicequalität bei Investitionsgüteranbietern: Kundenzufriedenheitsanalysen im Werkzeugmaschinenmarkt

H.-H. Schröder, G. Schiffer, A. Zenz,
M. Gronies,

Wettbewerbsvorteile sind bei ausgereiften Sachgütern über die Kernleistungen kaum noch erreichbar. Vor diesem Hintergrund hat die Qualität des Service als Instrument zur Profilierung im Wettbewerbsumfeld an Bedeutung zugenommen. Im vorliegende Beitrag sollen deshalb ein Konzept und Instrumente dargestellt werden, wie Servicequalität erhoben und analysiert werden kann. Die Ergebnisse der Analyse der Servicequalität können als Informationsgrundlage zur Steuerung der Servicequalität und zur Ausnutzung des Erfolgssteigerungspotentials der Qualität durch die *Qualitätsplanung* nutzbar gemacht werden. Durch Realisation einer Kundenzufriedenheitsanalyse und deren Integration in eine umfassendes Qualitätsmanagement-Konzept wird die *Koordinationsfunktion des Qualitätscontrolling* (QC) ausgeübt. Auf diese Weise wird durch das QC dafür gesorgt, daß das *Informationsversorgungssystem* mit der Planung und Steuerung der Servicequalität abgestimmt wird. Als Ergebnis zeigt sich, daß die Durchführung einer solchen Untersuchung in der Praxis zwar ein aufwendiges und arbeitsintensives, aber sehr wohl lohnendes Vorhaben ist. Dies wurde durch zwei erfolgreich durchgeführte Untersuchungen bei mittelständischen Herstellern von Werkzeugmaschinen belegt.

In einer ersten Untersuchung wurde der Service der Gildemeister Drehmaschinen GmbH im Herbst 1995 einer *Kundenzufriedenheitsanalyse* unterzogen. Unter Berücksichtigung der gemachten Erfahrungen wurde in einer zweiten Studie im Herbst 1996 der Kundendienst der Schaudt Maschinenbau GmbH untersucht. Die Entwicklung der Methodik zur Erhebung und Analyse wird nachfolgend vorgestellt und Auswirkungen für die Qualitätssteuerung skizziert. Abschließend

Die Durchführung zweier Kundenzufriedenheitsanalysen im Markt für Werkzeugmaschinen

wird die Methodik am Beispiel der ersten Untersuchung zur Erläuterung auszugsweise dargestellt.

7.1
Servicequalität - Wird die Einschätzung des Kunden berücksichtigt?

Die Bedeutung der Kundenzufriedenheit für den langfristigen Unternehmenserfolg

"Der Kunde ist König - Gott sei Dank haben wir die Monarchie schon lange abgeschafft." Untersucht man, wie häufig und wie gründlich deutsche Investitionsgüterhersteller die Zufriedenheit der Kunden - *die subjektive Qualität* - erheben, kommt man auf die Idee, daß die meisten Unternehmen ihr Handeln nach obiger Maxime ausrichten (Vgl. hierzu die Ergebnisse der Studie von Stauss 1993, S. 348ff.). Andererseits bezweifelt heutzutage niemand mehr, daß hohe Qualität und eine damit verbundene hohe Kundenzufriedenheit eine - wenn nicht sogar die einzige - Grundlage für den langfristigen Erfolg eines Investitionsgüterherstellers bildet. Umfangreiche branchenübergreifende und langfristig angelegte Studien belegen, daß die relative Kundenzufriedenheit im Vergleich zu den Hauptwettbewerbern den Return on Investment (ROI) nachhaltig beeinflußt. (Buzzell u. Gale 1989, S. 93f.). Die mangelhafte Berücksichtigung der Kundenwünsche in Leistungserstellungsprozessen wird meist mit den hohen Kosten begründet, welche durch kontinuierliche Bedürfnis- bzw. Zufriedenheitsanalysen und qualitätssteuerndes Handeln entstehen. Diese Argumentation entpuppt sich jedoch als Trugschluß, wenn die Beziehung zwischen hoher Qualität und den damit direkt verbundenen Kosten untersucht wird: Es läßt sich kein unmittelbarer Zusammenhang nachweisen (z. B. Albach 1987, S. 650ff. und Simon 1988, S. 7ff.).

Zunehmende Homogenisierung der Kernleistungen führen zu abnehmenden Differenzierungspotentialen

Für Kunden von Werkzeugmaschinenherstellern spielt die Gestaltung des Service eine maßgebende Rolle bei der Bildung eines Urteils über die Gesamtqualität eines Anbieters. Früher gelang es den meisten Anbietern, sich durch ihre Kernleistung von der Konkurrenz abzuheben. Dieses Differenzierungspotential hat sich in den letzten Jahrzehnten zunehmend verringert.

Der Service bietet hohes Differenzierungspotential

Die Bedeutung der kundengerechten Gestaltung des Service als *strategischer Faktor des Unternehmenserfolgs* für Investitionsgüteranbieter hat kontinuierlich

zugenommen: Serviceleistungen, die das Kernprodukt
ergänzen, tragen zur Abhebung von Anbietern bei und
fördern eine langfristige Kundenbindung (Homburg u.
Garbe 1996, S. 266ff.). Damit sich ein Anbieter langfristig im Wettbewerb behaupten kann, müssen Ressourcen im Service so eingesetzt werden, daß die Kundenerwartungen zumindest erfüllt, möglichst sogar
übertroffen werden. In der Praxis scheint die Situation
zu bestehen, daß sich die Anbieter von Investitionsgütern der Bedeutung von Serviceleistungen für den Erfolg ihrer Produktpolitik durchaus bewußt sind
(Neckermann u. Wessels 1992, S. 535.); meist mangelt es
aber sowohl an *notwendigen Informationen* als auch
an einer *instrumentellen Unterstützung des betrieblichen Servicemanagements*. Die Aufgaben der Analyse
und Planung der Qualität von Serviceleistungen wurden bislang eher intuitiv gemeistert.

*Die Qualitätsplanung
basiert in der Praxis über-
wiegend auf Intuition*

Um eine fundierte Informationsgrundlage zu
schaffen, sind folgende Fragen zu beantworten, die die
Bedeutung und die Wahrnehmung des Service aus
Sicht der Kunden betreffen:

- Wie zufrieden sind die Kunden mit einzelnen Serviceprozessen bezogen auf bestimmte Merkmale?
- Wie bedeutend sind dem Kunden einzelne Merkmale des Service?

Zwecks Beantwortung dieser Fragen ist zunächst eine
systematische Erhebung durchzuführen; hierbei ge-
wonnene Informationen sind auszuwerten. Bei der
Entwicklung einer Erhebungs- und Analysemethodik
sind die Besonderheiten zu berücksichtigen, die auf
Anbieter- und Nachfragerseite im Investitionsgüterbereich bestehen.

*Entwicklung einer Metho-
dik*

7.2
Ansätze zur Messung der Qualität

7.2.1
Wie läßt sich Qualität messen? - Die Operationalisierung des Qualitätskonstrukts

Die Qualität einer Leistung bzw. ihr Entstehungsprozeß
läßt sich grundsätzlich auf zweierlei Arten - durch die
Einstellung oder die Zufriedenheit - messen (z. B. Benkenstein 1993, S. 1101ff.):

Die *Einstellung* bildet die langfristigen Aspekte von Qualitätsurteilen ab

Wissenschaftlich wird unter der *Einstellung* die subjektiv wahrgenommene Eignung eines Gegenstandes zur Befriedigung einer Motivation verstanden, die auf gespeicherten Ansichten basiert (Kroeber-Riel 1984). Sie ist das Ergebnis von Lernprozessen, die aus Erfahrungen mit einer Dienstleistung, durch Kommunikation mit dem Dienstleistungsanbieter, mit anderen Anbietern oder anderen Dienstleistungsnachfragern entstehen kann. Neben diesem dem Kunden bewußten Bestandteil spielen auch unbewußte Einflüsse bei der Bildung von Einstellungen eine Rolle (Schmidt 1995, S. 59).

Die *Zufriedenheit* erfaßt kurzfristige Aspekte bei der Bildung eines Qualitätsurteils

Die *Zufriedenheit* bezieht sich auf eine gerade beanspruchte Leistung eines Anbieters. Sie entsteht durch den Vergleich einer konkret erfahrenen mit der erwarteten Serviceleistung (Smith u. Houston 1983, S. 59.). Im Unterschied zu Einstellungen verändert sich die Zufriedenheit in einem längeren Zeitraum häufig, da sich einzelne - schlechte oder gute - Erfahrungen bei der Inanspruchnahme des Kundendienstes zwar auf die Zufriedenheit auswirken, ohne jedoch die beständigere Einstellung zwangsläufig zu beeinflussen. Allerdings besteht ein enger Zusammenhang zwischen beiden Größen, da die Zufriedenheit der Einstellung vorgelagert ist. Sie entsteht situationsgebunden, ist dynamisch und hängt von der Einschätzung anderer Leistungen ab. (Schütze 1992, S. 148ff.)

Der Zusammenhang zwischen beiden Qualitätsmaßen

Im Zeitablauf verdichten sich mehrere Zufriedenheitsurteile zu einer Einstellung gegenüber einem bestimmten Serviceanbieter.

Bei der Auswahl ist zu berücksichtigen, daß die beiden Qualitätskonstrukte nicht gleichgeordnet sind. Ein Nachfrager ist unmittelbar nach einer Dienstleistungsinanspruchnahme in der Lage, sich detailliert und differenziert über Merkmale eines bestimmten Service zu äußern. Im Laufe der Zeit wandelt sich diese (Un-)Zufriedenheit jedoch in eine relativ undifferenzierte Einstellung und richtet sich nicht mehr auf einen bestimmten Servicevorfall, sondern auf einen Anbieter oder einen Dienstleistungstyp.

Die Auswahl eines Operationalisierungsansatzes richtet sich nach dem Untersuchungsobjekt

Für die *Auswahl des Operationalisierungsansatzes* gilt daher als Faustregel: Soll die Qualität einer konkreten Dienstleistung zu einem bestimmten Zeitpunkt untersucht werden, so ist das Konstrukt der Zufriedenheit zu wählen. Soll die pauschale Qualität eines Dienstleistungsbereichs oder die Beurteilung des gesamten Serviceangebots durch den Kunden analysiert werden, so ist das von dauerhaften Überzeugungen geprägte Konstrukt der Einstellung besser geeignet.

7.2.2
Wie können Unternehmen die Servicequalität prinzipiell ermitteln?

Zur Messung der Kundenzufriedenheit lassen sich grundsätzlich drei Ansätze verfolgen: die *Ereignismessung*, die *Eindrucksmessung* und die *Divergenzmessung* (Benkenstein 1993, S. 1103f.).

Grundlage des Ansatzes der *Ereignismessung* ist zunächst die Identifikation und Erfassung von konkreten kritischen Ereignissen, die aus Sicht des Kunden die Qualität bestimmen (Benkenstein 1993, S. 1104.). Weiterhin wird die Art und Stärke des Einflusses dieser Ereignisse auf die Leistungsbeurteilung analysiert. Der Ereignismessung ist eine Inanspruchnahme des Service zwangsläufig zeitlich vorangegangen, woraus deutlich wird, daß das Qualitätsurteil durch die Zufriedenheit operationalisiert wird.

Die Ansätze der *Eindrucksmessung* gehen von der Annahme aus, daß sich die Qualität einer Dienstleistung für den Kunden aus der Beurteilung einer Anzahl von Eigenschaften ergibt. Die Bewertungen jeweils wahrgenommener Eigenschaftsausprägungen und die relativen Bedeutungen der einzelnen Eigenschaften werden vom Kunden zu einem Qualitätsurteil verknüpft. (z. B. Benkenstein 1993, S. 1103.) Dabei werden die Bewertungen und relativen Bedeutungen in der Regel durch *Ratingskalen* erfaßt. Für eine weitergehende Analyse wird für die Verknüpfung der erhobenen Daten eine Regel angewendet, die die Bildung des Qualitätsurteils modelliert. Hierfür bietet die Sozialforschung verschiedene Möglichkeiten an. Aus Gründen der leichten Handhabbarkeit und der prinzipiellen empirischen Bestätigung geht man bei den meisten Studien von einer linear-additiven Verknüpfung der Einzelurteile und einer multiplikativen Verknüpfung der Eigenschaftsausprägung und -bedeutung aus; allerdings sind auch andere Modellvarianten möglich (Schmidt 1995, S. 72ff.).

Ansätze der *Divergenzmessung* berücksichtigen explizit bestimmte Erwartungen, die ein Nachfrager an eine Leistung stellt. Zur Messung werden diese Erwartungen erhoben und in Form eines *Idealproduktes* in das Modell integriert. Zusätzlich wird erfaßt, - üblicherweise durch Ratingskalen - wie Kunden die Eigenschaften einer konkreten Dienstleistung bewerten.Zur

Alternative Messansätze sind möglich

Der Ansatz der Ereignismessung

Der Ansatz der Eindrucksmessung

Für den Ansatz der Divergenzmessung muß eine Idealleistung definiert und eine relativ aufwendige Erhebung durchgeführt werden.

weiteren Analyse werden diese den Idealausprägungen gegenübergestellt. Hierbei stellt das Idealprodukt den Bezugspunkt dar, anhand dessen die jeweilige Qualitätsbeurteilung erfolgt (Zu alternativen Formen von Aggregationsalgorithmen der Divergenzmessung siehe beispielsweise Haller 1995, S. 24ff.). Die Divergenzmessung bildet in erster Linie die Kundenzufriedenheit ab. Ihre Anwendung ist relativ aufwendig: Da für jeden Kunden unterschiedliche individuelle Idealprodukte existieren, müssen dessen Ausprägungen durch getrennten Erhebungen festgelegt werden - unter Umständen verdoppelt sich hierdurch der Erhebungsaufwand.

Die separate Erhebung von Attributbedeutungen eröffnet zusätzliche Auswertungsmöglichkeiten

Bei den Ansätzen der Eindrucks- und der Divergenzmessung wird der Prozeß zur Bildung der Kundenzufriedenheit als bewußt ablaufender Prozeß betrachtet, der gemäß bestimmter Regeln abläuft. Dies entspricht insbesondere den *Beurteilungsprozessen in Investitionsgütermärkten*, da in diesem Bereich bewußte und rationale Beurteilungsprozesse gegenüber stark emotional beeinflußten überwiegen. Beide Meßansätze sind prinzipiell mit oder ohne separate Erfassung der Attributwichtigkeiten durchführbar. Für eine separate und zusätzliche Erhebung sprechen die vollständige Abbildung der Struktur des Beurteilungsprozesses und die *zusätzlichen Auswertungsmöglichkeiten*. Diese bestehen darin, daß sich aus der zweidimensionalen Abbildung der Attributwichtigkeit und des Eindrucks bzw. der Diskrepanz Ansatzpunkte für die Qualitätsplanung ergeben. Gegen eine separate Erhebung spricht der erhebungstechnische Mehraufwand, der mit ihr verbunden ist.

Die Ansätze der Eindrucks- und Divergenzmessung werden den Voraussetzungen in Investitionsgütermärkten besonders gut gerecht

7.3
Analyse der Servicequalität

7.3.1
Vorgehen bei einer Kundenzufriedenheitsmessung

Grundlage einer Kundenzufriedenheitsanalyse in Investitionsgütermärkten ist das in Abb. 7.1 dargestellte *systematische Vorgehen*.

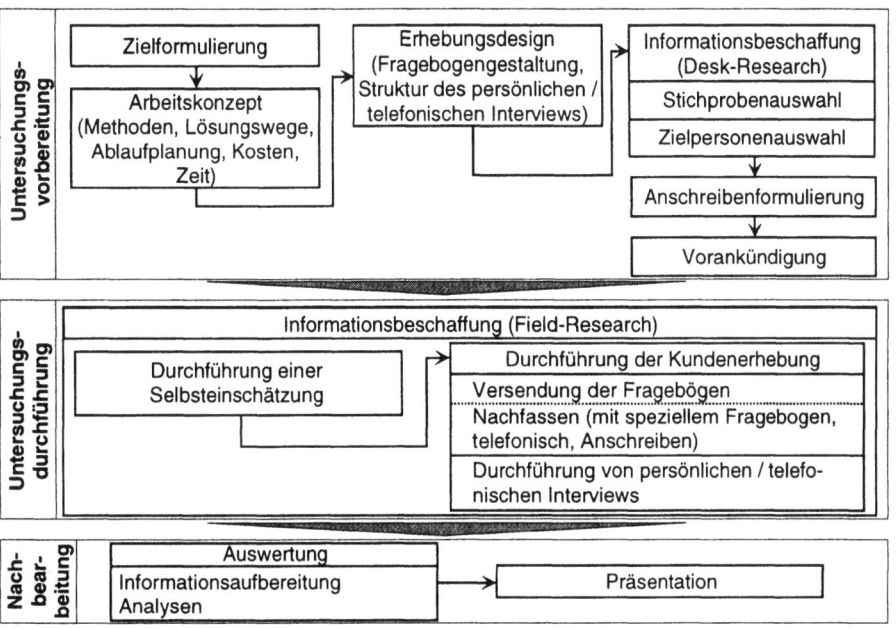

Abb. 7.1: Vorgehen bei einer Kundenzufriedenheitsanalyse

7.3.1.1
Die Untersuchungsvorbereitung und -durchführung

In einem ersten Schritt der *Untersuchungsvorbereitung* - der Zielformulierung - ist festzulegen, welche Bereiche in die Untersuchung einzubeziehen sind. Für eine Abgrenzung ist im Servicebereich eine *Prozeßanalyse* durchzuführen, durch die qualitätsrelevante Prozesse identifiziert werden. Dies sind solche, die aus Sicht der Kunden Einfluß auf das Gesamturteil über den Service eines Investitionsgüteranbieters haben.

Für diese Prozesse sind - im Rahmen der Festlegung des *Erhebungsdesigns* - Merkmale zu beschreiben, die die vom Kunden wahrgenommene Servicequalität beeinflussen und deren Ausprägungen in einer Kundenbefragung erhoben werden können. Hierfür sind Gespräche mit Expertenteams notwendig, bei denen visualisierende Instrumente wie z. B. Ishikawa-Diagramme (Abb. 7.5) oder Dienstleistungs-Blaupausen ("blueprint") (Shostack 1987, S. 34ff.) und unterstützende Kreativitätstechniken angewendet werden. Durch den kombinierten Einsatz dieser Methoden können die

Abgrenzung des Untersuchungsfeldes durch eine Prozeßanalyse und Expertengespräche

Die Festlegung der geeigneten Erhebungstechnik hängt von den konkreten Zielen und dem verfügbaren Budget ab

Welche Kunden sollen befragt werden? - der Stichprobenplan

Ankündigungsaktionen erhöhen die Rücklaufquote

Die Erhebung einer Selbsteinschätzung eröffnet zusätzliche Analysemöglichkeiten

maßgeblichen Einflußfaktoren der Servicequalität identifiziert und graphisch dargestellt werden.

Nach Bestimmung der relevanten Prozesse und Merkmale ist im weiteren Verlauf der Planung festzulegen, in welcher Form die Erhebung durchzuführen ist. Prinzipiell stehen hierfür verschiedene *Erhebungstechniken*, wie zum Beispiel verschiedene Formen der persönlichen, schriftlichen oder telefonischen Befragung zur Verfügung. In Abhängigkeit von den Zielen und dem verfügbaren Budget der Untersuchung ist eine entsprechende Auswahlentscheidung zu treffen und ein Arbeitskonzept bzw. Erhebungstechik ist zu erstellen. Als nächste Schritte der Untersuchungsvorbereitung sind im Zuge eines *Desk-Research* die in die Befragung einzubeziehenden Kunden zu bestimmen.

Prinzipiell bestehen bei der *Festlegung der Erhebungssubjekte mehrere* Alternativen. So kann eine Beschränkung auf die aktuellen Kunden vorgenommen werden. Darüber hinaus können frühere bzw. potentielle Kunden in die Untersuchung einbezogen werden. Weiterhin ist zu bestimmen, ob eine Total- oder eine Teilerhebung durchgeführt werden soll[1].

Vor der Durchführung der Erhebung sind geeignete Maßnahmen zu treffen, die eine möglichst *hohe und zuverlässige Resonanz* und eine zügige Beantwortung sicherstellen. Dabei erweist es sich für Investitionsgüteranbieter als Vorteil, daß Abnehmer industrieller Dienstleistungen aufgrund der engeren Kunden-Lieferanten-Beziehungen an einer Zusammenarbeit i. d. R. eher Interesse zeigen als Kunden der Konsumgüterindustrie. Als geeignete Maßnahme, die Antwortquote bei einer schriftlichen Befragung zu erhöhen, ist die Untersuchung schriftlich, persönlich oder telefonisch anzukündigen.

Um in der Analyse Differenzen zwischen interner Beurteilung der Servicequalität und der Kundeneinschätzung aufzudecken, sollte zeitgleich mit der Kundenbefragung eine *Selbsteinschätzung* im untersuchten Unternehmen durchgeführt werden. Aus diesem optionalen Erhebungs- und Analyseschritt lassen sich zusätzliche Ansatzpunkte für qualitätssteuernde Maß-

---

[1] Zur Problematik der Stichprobenziehung im Investitionsgüterbereich siehe Langer u. Sand 1983, S. 77ff. und zur allgemeinen Stichprobenproblematik siehe Hüttner 1989, S. 85ff.

nahmen im Service aufdecken.

Zur weiteren Erhöhung der Antwortquote ist nach der Durchführung der Erhebung zusätzlich eine *Nachfassaktion* hilfreich, in der um Beantwortung gebeten wird.

Nachfassaktion um die Antwortquote zusätzlich zu erhöhen

7.3.1.2
Die Auswertung der Ergebnisse

In Abhängigkeit vom gewählten Operationalisierungs- und Meßansatz bzw. dem Erhebungsdesign lassen sich *vielfältige Auswertungen* mit unterschiedlichen Aussagewertendurchführen.

Erste Anhaltspunkte für qualitätssteuernde Maßnahmen im Service liefert eine Analyse der prozeßbezogenen *Pauschalurteile*. Durch statistische Auswertungsmethoden lassen sich z. B. jene Prozesse identifizieren, deren Qualität relativ vorteilhaft beurteilt wird oder solche, deren Bedeutung für eine hohe Gesamtqualität des Service hoch eingeschätzt wird.

Erste Anhaltspunkte liefern Grobanalysen

Detaillierte Aussagen lassen sich aus *Feinanalysen* der Merkmale einzelner Serviceprozesse ableiten. Die Berechnung statistischer Maßzahlen für die Häufigkeitsverteilungen und Streuungen für jedes Merkmal und Vergleiche der Kundenbeurteilungen mit den Selbsteinschätzungen sind nur einige Beispiele für bestehende Auswertungsmöglichkeiten.

Detailliertere Ergebnisse lassen sich durch Feinanalysen gewinnen

7.3.1.3
Ableitung von Handlungsbedarfen im Service

Eine Auswertungsmöglichkeit der Ergebnisse mit besonders hohem Aussagegehalt besteht in der *Gegenüberstellung* von relativer Merkmalsbedeutung und -zufriedenheit aus Kundensicht. Hieraus lassen sich qualitätsbezogene Handlungsbedarfe für die einzelnen Serviceprozesse ableiten. Graphisch läßt sich dies in der *Qualitätspotentialmatrix* veranschaulichen (Abb. 7.2).

Ableitung erster qualitätsbezogener Handlungsbedarfe durch die Qualitätspotentialmatrix

In der Qualitätspotentialmatrix werden *Merkmalsbedeutung und -zufriedenheit* gegenübergestellt. Aus der Position einzelner Merkmale in den Feldern der Matrix lassen sich Art und Intensität des bestehenden Handlungsbedarfs ablesen.

Für jedes Merkmal eines Serviceprozesses werden die Mittelwerte der erhobenen Bedeutungs- und Zufriedenheitswerte in die Matrix eingetragen, wobei die

Aufstellung untersuchungsspezifischer Qualitätspotentialmatrizen

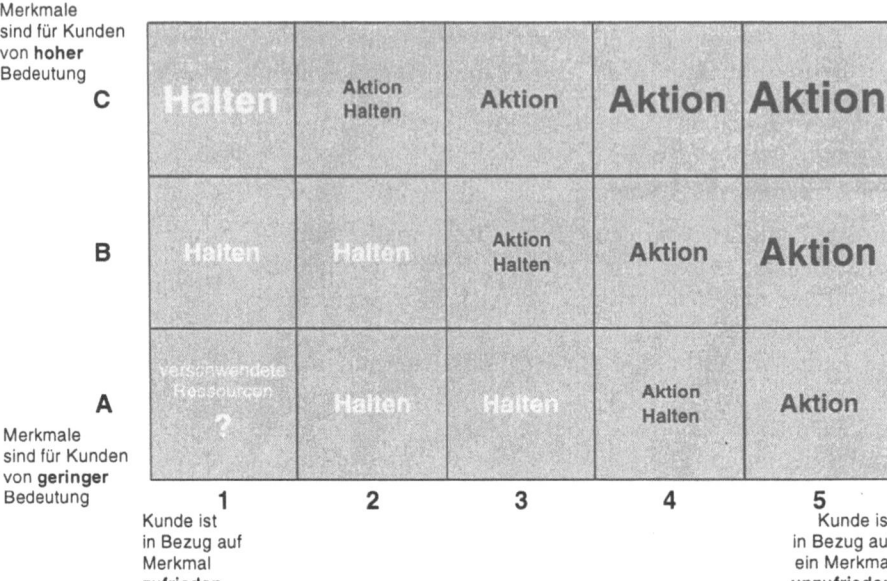

Merkmale
sind für Kunden
von **hoher**
Bedeutung

C — Halten | Aktion Halten | Aktion | Aktion | Aktion

B — Halten | Halten | Aktion Halten | Aktion | Aktion

A — verschwendete Ressourcen ? | Halten | Halten | Aktion Halten | Aktion

Merkmale
sind für Kunden
von **geringer**
Bedeutung

1 2 3 4 5

Kunde ist
in Bezug auf
Merkmal
zufrieden

Kunde ist
in Bezug auf
ein Merkmal
unzufrieden

Abb. 7.2: Qualitätspotentialmatrix

Identifikation von Ansatzpunkten qualitätsverbes-
sernder Maßnahmen

Skalierung der Matrix an die Spannweite der erhobenen Daten angepaßt wird. Das Merkmal mit dem nied-
rigsten relativen Zufriedenheitswert und dem höchsten
relativen Bedeutungswert wird rechts oben, das Merkmal mit dem geringsten relativen Bedeutungswert links
unten (im Koordinatenursprung) in der Matrix eingetragen.

Aus den einzelnen Positionen innerhalb der Matrix lassen sich folgende Schlüsse für den Service ziehen:

• Wird ein Merkmal als sehr unbedeutend beurteilt,
und ist der Kunde mit dem Serviceprozeß in Bezug
auf dieses Merkmal außergewöhnlich zufrieden
(Feld A1), so ist zu prüfen, ob die eingesetzten Ressourcen an anderer Stelle nicht effizienter eingesetzt
wären.

• Auf der anderen Seite bedürfen alle Merkmale, bei
denen aus Kundensicht Unzufriedenheit herrscht,
(relativ weit rechts in der Matrix positioniert) einer
qualitätsverbessernder Maßnahme. Je bedeutsamer
ein Merkmal beurteilt wird, desto dringender ist eine Verbesserung der wahrgenommenen Kundenzufriedenheit *("Aktions"-Felder A5 - C3)*.

- Eine Positionierung von Merkmalen in den Feldern mit hoher Kundenzufriedenheit und geringer Merkmalsbedeutung deutet darauf hin, daß von diesen Attributen zunächst keine Gefahr für das Qualitätsimage des Service ausgeht und kein dringender Handlungsbedarf besteht. *("Halten"-Felder A3 - C1)*

Die Qualitätspotentialmatrix dient der - zunächst groben - Analyse der Bedeutung und der Zufriedenheit im Service. Sie ersetzt nicht zusätzliche und detailliertere Analysen der Informationen aus der Kundenerhebung - z. B. die Analyse der genauen Häufigkeitsverteilungen - sondern ist in erster Linie ein *heuristisches Instrument* zur Steuerung der Qualitätsverbesserungsmaßnahmen.

Qualitätspotentialmatrix dient als heuristisches Hilfsmittel

7.4
Einbindung in ein Qualitätsmanagement-Konzept

Mit der Ermittlung eines *einmaligen Status-quo* der Kundenzufriedenheit beginnt die Tätigkeit des Qualitätsmanagements erst. Daher ist eine Kundenzufriedenheitsanalyse in ein Konzept einzubinden, welches *nachhaltige Verbesserungen* und einen kundengerechten Service in einem wandelnden Markt *auf Dauer* gewährleisten soll (Abb. 7.3).

Eine einmalige Untersuchung ist erst der Anfang

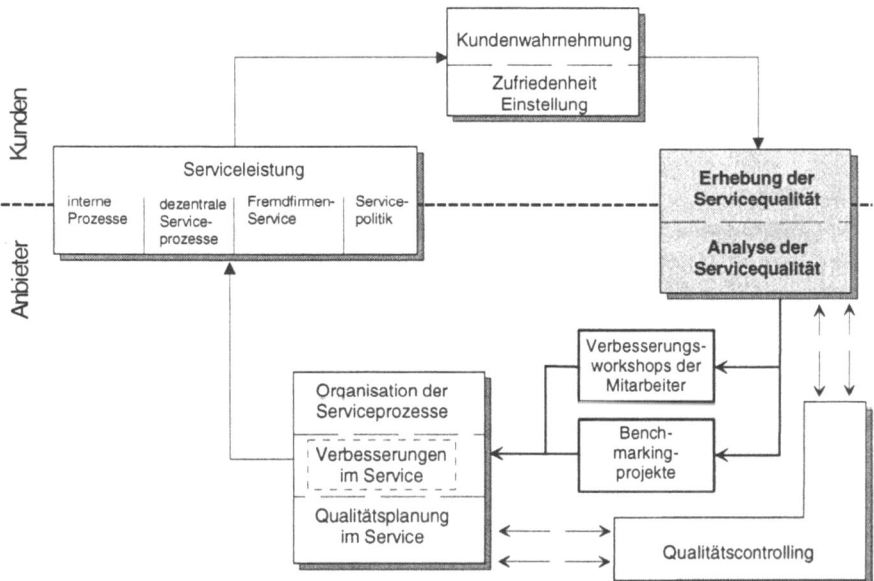

Abb. 7.3: Konzept für ein Qualitätsmanagement im Service eines Werkzeugmaschinenherstellers

Einbindung der Service-
mitarbeiter bei Qualitäts-
förderungsmaßnahmen in
Verbesserungsworkshops

Um geeignete Maßnahmen zur Erhöhung der Servicequalität einzuleiten, sind die *Mitarbeiter* der von
den Serviceprozessen berührten Bereiche *einzubinden*:
Ausgehend von den Ergebnissen der Kundenzufriedenheitsanalyse sollten in *Verbesserungsworkshops* die
Abläufe im Service in Frage gestellt werden. Weiterhin
müssen konkrete Probleme herausgearbeitet und Lösungsansätze für diese Probleme entwickelt werden.
Die aus Mitarbeitersicht wichtigsten Verbesserungsmaßnahmen und Lösungsansätze, die die in der Qualitätspotentialmatrizen in den "Aktions"-Feldern ange-
ordneten Merkmale beeinflussen, sollten durch Projektgruppen ausgearbeitet werden. Durch dieses Vorgehen werden die Kenntnisse und Fähigkeiten des Ser-
vicepersonals zur Verbesserung der Prozesse genutzt.

Die Problemlösung durch Projektgruppen sollte
durch weitere Maßnahmen wie die *Analyse von Quali-
tätsführern* und die Durchführung eines *Benchmarking*
flankiert werden. Hierdurch erhält der Anbieter weitere
Anhaltspunkte für eigene Verbesserungen im Service.

Die Verbesserung der Ser-
vicequalität - eine kontinuierliche Aufgabe!

Während eine Kundenzufriedenheitsanalyse in dem
beschriebenen Umfang nur als Feststellung eines zwar
umfassenden, aber statischen Bildes der Servicequalität
dient, müssen Unternehmen ständig den *aktuellen
Stand der Zufriedenheit* ihrer Kunden kennen, um Probleme schneller identifizieren und lösen zu können. Als
weiterer Ansatz für eine Erhöhung der Kundenzufriedenheit müssen die Voraussetzungen für eine *kontinuierliche Erhebungen* geschaffen werden. Erst hierdurch
können Veränderungen der Servicequalität möglichst
frühzeitig bemerkt werden und flexible Reaktionen
ermöglicht werden . Die Entwicklung und Einführung
eines Systems des *Kundenzufriedenheits-Monitoring*
dient hier als geeignetes Instrument. Hierbei werden
unmittelbar nach einem Servicekontakt die Kundenzufriedenheit und eventuelle Beschwerden erhoben.
Dadurch wird eine kontinuierliche Analyse mit relativ
geringem Aufwand ermöglicht. Als Erhebungsinstru-
mente bieten sich telefonische Rückfragen nach einer
Serviceleistung, Beschwerde-Hotlines oder kurze Erhe-
bungsformulare an, welche z. B. per Fax nach Beantwortung durch den Kunden an den Anbieter zurückge-
sandt werden.

Das Monitoring der Kun-
denzufriedenheit dient als
geeignetes Instrument zur
kontinuierlichen Messung

Unterstützung des Quali-
tätsmanagement

Mit Hilfe dieser Maßnahmen soll das Qualitätsmanagement dabei unterstützt werden, die Möglichkeiten

des Service als Differenzierungsfaktor in der Investitionsgüterindustrie auszuschöpfenund so das akquisitorische Potential des Anbieters im Wettbewerb zu erhöhen.

7.5
Verbindung mit anderen Konzepten und Instrumenten eines Qualitätsmanagements

Erst der kombinierte Einsatz des dargestellten Konzeptes der Analyse der Servicequalität mit weiteren Anzätzen und Methoden des Qualitätsmanagements und insbesondere des Qualitätscontrolling gewährleistet die Ausnutzung des Erfolgssteigerungspotentials, welches mit einem hohen Qualitätsniveau verbunden ist. Dabei bestehen zu den in den bisherigen Kapiteln dieses Bandes dargestellten Konzepten vielfältige Informations–Schnittstellen (Abb. 7.4). Kundenzufriedenheitsanalysen – einschließlich solcher, die sich auf den Servicebereich konzentrieren –liefern dem Qualitätsmanagement primär Ist-Daten zur Qualität der Leistung aus der subjektiven Sicht des Kunden. Solche Informationen ermöglichen eine Beurteilung des Erfolges von qualitätsverbessernden Maßnahmen anhand des letztlich relevanten Maßstabs der Kundenbeurteilung. So ergänzt das beschriebene Konzept der Messung der Servicequalität die primär an objektiven Unternehmensdaten orientierten Instrumente, die in den bisherigen Beiträgen beschrieben wurden.

Auf der anderen Seite werden durch andere Methoden wichtige Informationen zur Durchführung eine Kundenzufriedenheitsanalyse bereitgestellt. So sind beispielsweise die Untersuchungsbereiche der Kundenzufriedenheitsanalyse in hohem Maße von den durch die strategische Qualitätsplanung (Kap. 2) vorgegebenen Soll-Größen determiniert.

Kundenzufriedenheitsanalysen als Voraussetzung für ein effizientes Qualitätsmanagement

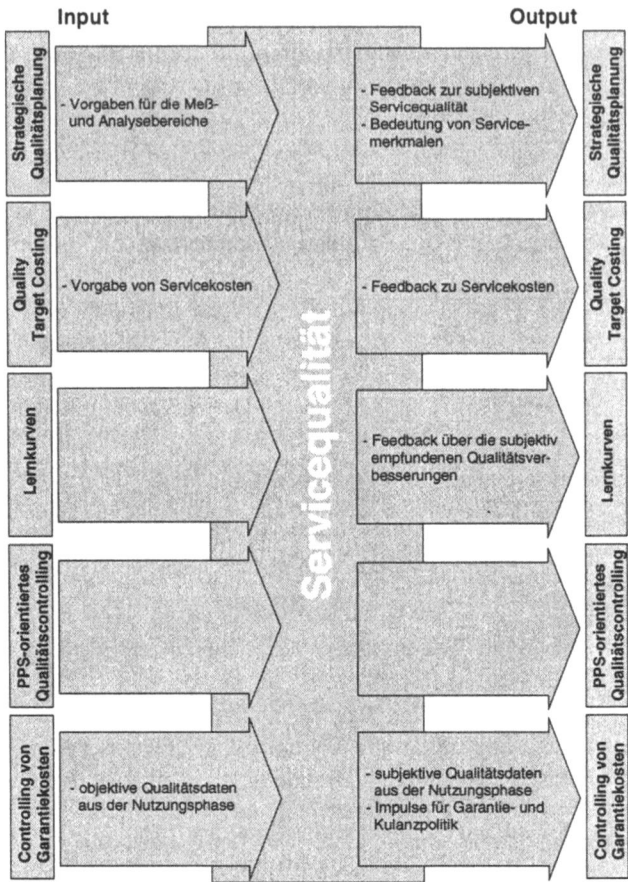

Abb. 7.4: Schnittstellen zu anderen Instrumenten

7.6
Anwendung und empirische Befunde einer Analyse im Markt für Werkzeugmaschinen

Im Herbst 1995 wurde der Service der GILDEMEISTER Drehmaschinen GmbH und ein Jahr später der Service der SCHAUDT Maschinenbau GmbH einer Kundenzufriedenheitsanalyse entsprechend dem dargestellten Konzept unterzogen.

Im folgenden werden das Vorgehen und die Ergebnisse der ersten Untersuchung erläutert (Schiffer et al. 1997, S. 38ff.).

7.6.1
Zielformulierung und Konzipierung der Untersuchung

7.6.1.1
Bestimmung des Meß- und Operationalisierungsansatzes

Zur Messung der Servicequalität wurde in der Untersuchung des Service der GILDEMEISTER-Drehmaschinen GmbH der *Operationalisierungsansatz der Zufriedenheit* gewählt, da das Urteil der Kunden in Bezug auf *konkret erlebte Serviceleistungen* interessierteZudem wurde der Überlegung gefolgt, daß sich ein Dienstleistungsnachfrager über seine Zufriedenheit präziser und verläßlicher äußern kann als über seine Einstellung. (siehe Kap. 7.2.1)

Als Operationalisierungsansatz wurde das Konstrukt der Zufriedenheit angewendet

Weiterhin wurde der *Meßansatz der Eindrucksmessung* mit separater Erhebung der Attributwichtigkeiten angewendet, um die Aussagekraft der Ergebnisse für Steuerungsmaßnahmen zu erhöhen. Dabei wurde das Risiko in Kauf genommen, daß durch die teilweise erhebliche quantitative und qualitative Belastung der Probanden die Ergebnisse verfälscht werden könnten.

7.6.1.2
Identifikation qualitätsrelevanter Prozesse und Merkmale

Als Ergebnis einer Prozeßanalyse des Service wurden Prozesse definiert, aus denen die folgenden - entsprechend der Relevanz für das Gesamturteil des Service - durch Expertengespräche ausgewählt wurden: *Schulung, Inbetriebnahme, Reparatur-/Montageeinsatz, Telefonberatung und Ersatzteillieferung*. Für diese Prozesse wurde ein Ishikawa-Diagramm (Abb. 7.5) zur Visualisierung der Einflußfaktoren der jeweiligen Serviceprozeß-Qualität erstellt.

Das Budget bedingt eine Beschränkung auf die wesentlichen Prozesse

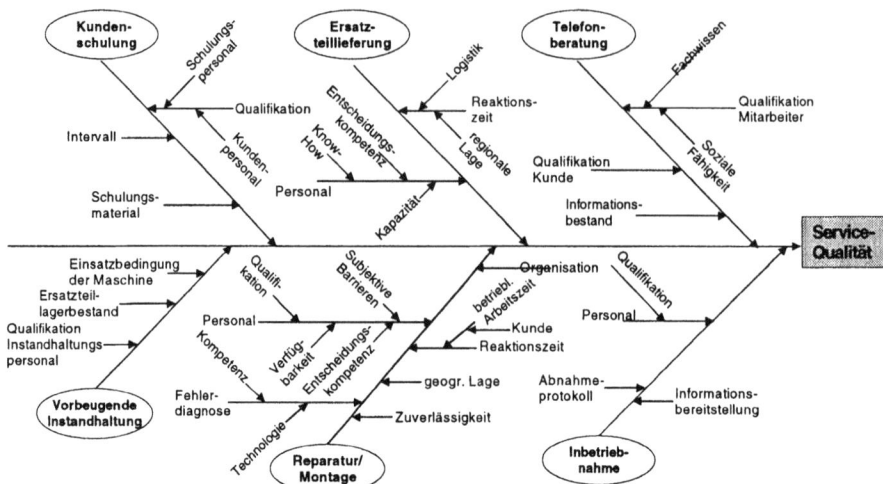

Abb. 7.5: Ishikawa-Diagramm der Serviceprozesse eines Werkzeugmaschinenherstellers (Auszug)

Identifikation der
Erhebungsmerkmale

Auf Basis der internen Prozeßanalyse wurde im nächsten Schritt eine Vielzahl von Merkmalen identifiziert, welche die Kundenzufriedenheit maßgeblich beeinflußt. Durch weitere Gespräche mit Servicemitarbeitern und unter Einsatz verschiedener Kreativitätstechniken (Schmidt 1988, S. 232ff.) wurden für die identifizierten Serviceprozesse *Listen mit Qualitätsmerkmalen* erstellt. Hierbei erwiesen sich die 5 Dimensionen der Servicequalität gemäß dem SERVQUAL-Modell (Abb. 7.6) als hilfreich, um durch eine strukturierte Vorgehensweise erste Anhaltspunkte für potentiell relevante Merkmale zu erhalten. Ausgehend von diesen Merkmalsdimensionen ließen sich Merkmalslisten erstellen, welche zunächst *20-30 Merkmale* je Serviceprozeß enthielten.

Dimensionen:	ggf. Kriterien:	Definition:
1.) Materielles		Erscheinungsbild von Einrichtungen und Ausrüstungen sowie des Personals und der gedruckten Kommunikationsmittel
2.) Zuverlässigkeit		Fähigkeiten, den versprochenen Service verläßlich und präzise auszuführen
3.) Reaktions-fähigkeit		Bereitschaft, Kunden zu helfen und sie prompt zu bedienen
4.) Leistungs-kompetenz		Fachwissen und zuvorkommendes Verhalten der Angestellten sowie deren Fähigkeit, Vertrauen zu erwecken
→	Kompetenz	Beherrschung des notwendigen beruflichen Könnens und Fach-wissens zur Ausführung der Dienstleistung
→	Zuvorkommenheit	Höflichkeit und Freundlichkeit des Kontaktpersonals
→	Vertrauens-würdigkeit	Glaubwürdigkeit und Ehrlichkeit des Service-Stellen
→	Sicherheit	Wahrgenommene Zweifel, Eindrücke von Gefahren oder Risiken bei Inanspruchnahme der Dienstleistung
5.) Einfühlung		Individuelle Aufmerksamkeit der Dienstleistungsstellen
→	Erreichbarkeit	Zugang zu Ansprechpartnern / Problemlösern
→	Kommunikation	Dem Kunden zuhören und ihn in einer situationsadäquaten Art und Weise informieren
→	Kundenverständnis	Sich aus eigenem Antrieb um die Probleme und Bedürfnisse des Kunden bemühen

Abb. 7.6: Die Dimensionen der Servicequalität (Parasuraman et. al. 1985, S. 41ff.)

Um diese Fülle von Merkmalen auf ein handhabbares Maß zu reduzieren, wurde von Servicemitarbeitern eine Auswahl vorgenommen; auschlaggebend, ob ein Kriterium in den Fragenkatalog übernommen wurde, war inwieweit ein bestimmtes Merkmal von einem Kunden *beurteilt werden kann* und ob ein Merkmal mittelfristig *veränderbar* ist. Durch diesen Filter gelang es, die Anzahl der im weiteren Gang der Untersuchung zu berücksichtigenden Merkmale auf ca. zehn je Serviceprozeß zu beschränken.

Erhebungstechnische Anforderungen machen eine Reduzierung der Merkmalsfülle notwendig

7.6.1.3
Das Urteil des Kunden unverfälscht ermitteln! - Das Erhebungsdesign

Wegen des großen Kundenkreises und der immer noch relativ hohen Anzahl der abzufragenden Merkmale wurde eine *schriftliche Befragung* durchgeführt. Hierfür war zunächst der Fragebogen zu entwickeln und zu gestalten. Da der Ansatz der Eindrucksmessung zugrunde gelegt wurde, mußten zwei voneinander unabhängige Arten von Daten erhoben werden. Einerseits war die Zufriedenheit des Kunden in Bezug auf die Merkmale des Service zu erfragen. Weiterhin mußten die Befragten die Bedeutung eines jeden Merkmals für das Zu-

Der Ansatz der Eindrucksmessung macht eine zweistufige Erhebung notwendig

standekommen des Gesamtqualitätsurteils angeben. Entsprechend wurden *zwei Fragenteile* je Serviceprozeß entwickelt:

Erster Fragenteil: Erhebung der Merkmalsbedeutung mittels Rangreihungsverfahren

- Der erste Teil des Fragebogens erhob die Bedeutung, die die Kunden den Serviceprozessen global und den Merkmalen im Einzelnen zumessen. Zur Erhebung der Bedeutungswerte wurde das *Rangreihungsverfahren* angewendet: Jeder Kunde sollte sich einen idealen Service vorstellen. Die betreffenden, im Fragebogen vorgegebenen Merkmale des jeweiligen Prozesses waren sodann in einer Rangreihenfolge entsprechend ihrer relativen Bedeutung anzuordnen. Dabei war die Mehrfachvergabe eines bestimmten Ranges für verschiedene Merkmale ausdrücklich zulässig, um keine nicht empfundenen Wichtigkeitsunterschiede zu erzwingen.

Zweiter Fragenteil: Erhebung der Merkmalszufriedenheiten mittels Ratingskalen

- Der zweite Teil des Fragebogens erhob die Zufriedenheit des befragten Kunden in Bezug auf die jeweiligen Merkmale eines Serviceprozesses. Diese wurden mittels *fünfstufiger, qualitativer Ratingskala* gemessen. Dabei wurden die Skalen abwechslungsreich gestaltet, um Ermüdungstendenzen und Antwortmustern entgegenzuwirken.

Die detaillierte und differenzierte Erhebung machte einen sechzehnseitigen Fragebogen notwendig, dessen Beantwortung ca. eine Stunde beanspruchte. Ein Ausschnitt des verwendeten Fragebogens ist in Abb. 7.7 dargestellt.

7.6.1.4
Welche Kunden sollen befragt werden? - Die Stichprobenziehung

Festlegung des Stichprobenplans zur Realisierung einer Partialerhebung

Wegen der hohen Anzahl der aktuellen Kunden des untersuchten Unternehmens konnte nur eine *Teilerhebung* realisiert werden, zu deren Durchführung zunächst ein Stichprobenplan zu erstellen war.

Durch spezifische Kriterien wird eine repräsentative Befragung gewährleistet

Um die Repräsentativität der Stichprobe zu gewährleisten und damit zu auswertbaren Ergebnissen zu gelangen, wurde die Gesamtheit der aktuellen Kunden nach zwei *Kriterien* segmentiert:

- Der dezentralen Serviceorganisation der GILDEMEISTER Drehmaschinen GmbH wurde Rechnung getragen, indem die Kunden den für sie zuständigen regionalen Dienstleistungszentren zugeordnet wurden. So wurden *6 geographische Klassen* gebildet.

Denken Sie bitte an die Telefonberatung eines Werkzeugmaschinenherstellers mit **Ihrer Meinung nach idealem Service** (die "Non Plus Ultra Maschinen GmbH").
Wir nennen Ihnen eine Reihe von Merkmalen, die sich auf die Telefonberatung der "NPU Maschinen GmbH" beziehen. Wir möchten wissen, wie **wichtig** Ihnen jedes dieser Merkmale der Telefonberatung der "NPU Maschinen GmbH" ist.
Bitte bringen Sie hierfür die unten aufgelisteten Merkmale **in eine Rangfolge entsprechend ihrer Wichtigkeit.**

T1   Folgende Merkmale betreffen die Qualität der **Telefonberatung der „NPU Maschinen GmbH":**

	Merkmal	Rang	Bemerkungen/Korrekturen
T1a	Mitarbeiter der Telefonberatung der *"NPU Maschinen GmbH"* sind in jeder Situation **freundlich.**		
T1b	Das Personal der *NPU*-Telefonberatung zeigt bei jedem Problem, sei es noch so komplex, **eine Bereitschaft dieses Problem zu lösen.**		
T1c	Sind alternative Problemlösungen gefunden, so besitzt der *NPU*-Telefonberater die **Fähigkeit,** mir diese **telfonisch** verständlich und schnell **mitzuteilen.**		
T1d	Wenn ich die *NPU*-Telefonberatung kontaktiere, so sind dem Beratungspersonal meine **individuellen Maschinendaten schnell präsent.**		
T1e			

T2   Wie zufrieden sind Sie mit dem **Bereitschaftszeitraum** der Telefonberatung?

voll und ganz zufrieden ○ ○ ○ ○ ○ ganz und gar nicht zufrieden

T3   Welchen Bereitschaftszeitraum erachten Sie für die Telefonberatung als zufriedenstellend? (Mehrfachnennungen sind möglich):

zu den Geschäftszeiten (7.00 - 17.00 Uhr)   Erweiterte Geschäftszeiten (z. B. 6.00 - 21.00 Uhr)   24 Stunden-Service

T4   Wie beurteilen Sie den **Informationsstand** der Telefonberatung über Ihre individuelle Situation (Maschinendaten, Branchenzugehörigkeit, individuelle Fertigungsaufgaben etc.)?

hervorragend   gut   mittelmäßig   schlecht   miserabel

Abb. 7.7: Auszug aus dem Fragebogen zur Kundenzufriedenheit im Service

- Eine Analyse der vorhandenen Kundendaten ergab, daß die Grundgesamtheit in Bezug auf die Betriebsgrößen und Maschinenbestände sehr verschieden war. Es war davon auszugehen, daß allein aus diesem Grund verschiedenartige Anforderungen existieren und – allein davon abhängig – unterschiedliche Zufriedenheiten bestehen. Dies wurde berücksichtigt, indem die Grundgesamtheit weiterhin auf Basis eines *Dienstleistungskontaktwertes* segmentiert wurde.

Der Dienstleistungskontaktwert als Segmentierungskriterium der Grundgesamtheit

Die formale Zusammensetzung dieser Kennzahl kann - je nach verfügbaren Kundendaten - verschieden sein. In der durchgeführten Untersuchung standen zur Segmentierung außergewöhnlich umfangreiche Informationen zur Verfügung, so daß folgende Größen in die Berechnung des Dienstleistungskontaktwertes einbezogen wurden (vgl. Abb. 7.8):

- Serviceumsätze in den letzten fünf Jahren
- aktueller Bestand an Maschinen des untersuchten Werkzeugmaschinenherstellers
- Anzahl der in den letzten fünf Jahren gekauften Maschinen
- Anzahl der in den letzten fünf Jahren erteilten Serviceaufträgen

$$DLK_i = \frac{1}{3}\left(0,5 * \frac{Tr_i}{Tr_{max}} + 0,5 * \frac{U_i}{U_{max}}\right) + \frac{2}{3}\left(\frac{1}{3} * \frac{M_{ges\ i}}{M_{ges\ max}} + \frac{2}{3} * \frac{M5_i}{M5_{max}}\right)$$

mit:

DLK_i	:	Dienstleistungskontaktwert für das Unternehmen i
Tr_i	:	Anzahl der Service-Transaktionen mit Berechnung in den letzten 5 Jahren mit Unternehmen i
Tr_{max}	:	Maximal vorkommender Tr_i in der Grundgesamtheit
U_i	:	Serviceumsatz mit Unternehmen i im letzten Jahr
U_{max}	:	Maximal vorkommender U_i in der Grundgesamtheit
$M_{ges\ i}$	:	Bestand an Maschinen des Serviceanbieters bei Unternehmen i
$M_{ges\ max}$	:	Maximal vorkommender $M_{ges\ i}$ in der Grundgesamtheit
$M5_i$	:	von Unternehmen i in den letzten fünf Jahren gekaufte Maschinen beim untersuchten Serviceanbieter
$M5_{ges}$	:	Maximal vorkommender $M5_i$ in der Grundgesamtheit

Abb. 7.8: Dienstleistungskontaktwert zur Segmentierung der Kunden

Repräsentativität der Stichprobe durch Bestimmung eines Dienstleistungskontaktwertes für jedes Unternehmen

Für jedes Unternehmen der Grundgesamtheit wurde auf diese Weise ein Dienstleistungskontaktwert ermittelt. In einem nächsten Arbeitsschritt wurden die Dienstleistungskontaktwerte der einzelnen Unternehmen klassiert. Dabei war zu beachten, daß zwar die gebildete Stichprobe mit steigender Anzahl der Klassen repräsentativer wird, sich der Untersuchungsaufwand jedoch erhöht. Eine Festlegung der Anzahl der Klassenauf drei erschien für eine hinreichende Repräsentativität als ausreichend. Die *Grenzen der Klassen* wurden so festgelegt, daß jeweils 45% der Unternehmen der Klasse A bzw. B mit einem niedrigen bzw. einem mittleren Dienstleistungskontaktwert und 10 % der Unternehmen der Klasse C mit großem Servicekontakt zugeordnet wurden. Proportional hierzu und unter Berücksichtigung der geographischen Verteilung wurde die Anzahl der Unternehmen je Segment für die Stichprobe festgelegt. Für jedes Segment wurden Kunden zufällig ausgewählt. Somit repräsentierte die Stichprobe, deren Größe auf 300 festgelegt wurde, die Grundgesamtheit in Bezug auf die *Dienstleistungskontakte* und die *geographische Verteilung*.

7.6.1.5
Die Untersuchungsdurchführung

Zwecks Motivation zur Teilnahme wurden an die ausgewählten 300 Kunden *Vorankündigungsschreiben* versendet, in denen auf die ca. 2 Wochen später folgende Fragebogenaktion hingewiesen wurde. Ca. 3 Wochen nach Verstreichen des vorgegebenen Rücksendedatums wurde ein *Erinnerungsschreiben* an die Unternehmen versendet. Hierdurch wurde die Rücklaufquote von bis dahin 18 % um eine Drittel auf 24,7 % erhöht.

Vor, während und nach Versendung der Fragebögen muß die Güte der Untersuchung gesichert werden!

Zeitgleich wurde der Fragebogen für die *Selbsteinschätzung* von Mitarbeitern des Service ausgefüllt. Auf diese Weise sollten eventuelle Differenzen zwischen der Selbsteinschätzung und der Beurteilung durch den Kunden aufgedeckt werden.

Durchführung einer Selbsteinschätzung

7.6.2
Die Analyse der Ergebnisse

Den im folgenden dargestellten Ergebnissen liegen Antworten von 74 Unternehmen der metallverarbeitenden Industrie (24,7 % der Befragten) zugrunde, was unter Berücksichtigung der zeitaufwendigen und teilweise anspruchsvollen Beantwortung der Fragen als hoch eingestuft werden kann. Das Ziel einer möglichst hohe Repräsentativität der antwortenden Unternehmen in Bezug auf den Dienstleistungskontaktwert (DLK) und die geographische Verteilung, wurde nur teilweise erreicht: Die geographische Verteilung war

Die Antworten von ca. 25% der befragten Unternehmen wurden in die Auswertung einbezogen

zwar bei Grundgesamtheit und Rückläufern in etwa gleich, das Segment C (Unternehmen mit einem hohen DLK) war jedoch über-, und das Segment A (Unternehmen mit einem niedrigen DLK) unterrepräsentiert.

7.6.2.1
Die allgemeine Kundenzufriedenheit ist hoch - Analyse der prozeßbezogenen Pauschalurteile

Im ersten Fragenteil wurde ein *Pauschalurteil* über den gesamten Service und die einzelnen Serviceprozesse erfragt. Die Mehrheit der Kunden war mit dem Service insgesamt zufrieden. Für den Prozeß Telefonberatung wurde eine überdurchschnittlich hohe Kundenzufriedenheit ermittelt, für die Prozesse Reparatur, Schulung und Inbetriebnahme durchschnittliche und für den Prozeß der Ersatzteillieferung leicht unterdurchschnittliche.

Mittels Konstantsummenverfahren wurden prozeßbezogene Bedeutungswerte ermittelt

Neben der pauschalen Zufriedenheit mit den untersuchten Serviceprozessen wurde mittels des Konstantsummenverfahrens die *Bedeutung der einzelnen Serviceprozesse* für eine hohe Gesamtqualität des Service erfragt. Dabei zeigten sich prozeßspezifische Unterschiede (Abb. 7.9). Es stellte sich heraus, daß den Prozessen Reparatur und Ersatzteillieferung die höchste Bedeutung zugemessen wurde; als fast ebenso wichtig wird die Telefonberatung bewertet. Die Bedeutung der beiden Prozesse Schulung und Inbetriebnahme wird signifikant unbedeutender beurteilt: Über 50 % aller befragten Unternehmen gaben an, daß diese Prozesse für ein Pauschalurteil über die Servicequalität eines Werkzeugmaschinenherstellers im Vergleich mit anderen Serviceprozessen sehr unbedeutend seien. Reparatur, Ersatzteillieferung und Telefonberatung stellen somit die *kritischen Serviceprozesse* bei Werkzeugmaschinenherstellern dar, bei denen eine Veränderung der Kundenzufriedenheit die größten Auswirkungen auf das zukünftige Verhalten der Nachfrager hat.

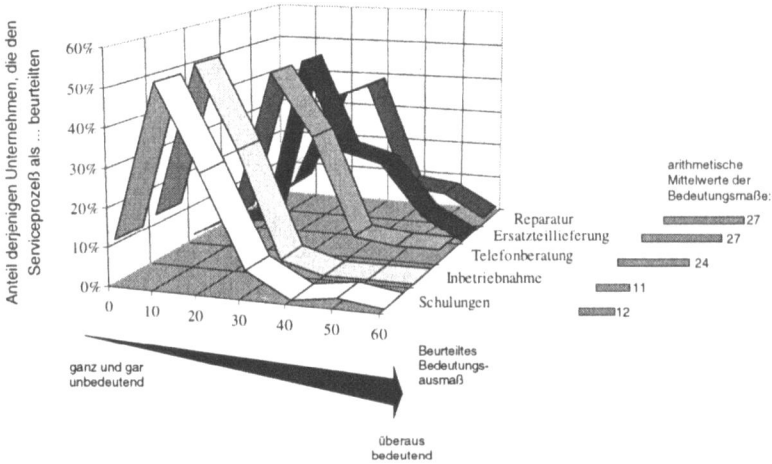

Abb. 7.9: Bedeutung der einzelnen Serviceprozesse

7.6.2.2
Pauschalurteile können Schwachstellen verdecken -
Feinanalyse der Merkmale einzelner Serviceprozesse

.Die folgenden Frageteile bezogen sich jeweils auf die Merkmale der fünf Serviceprozesse. Die Bedeutungen eines jeden Attributs wurden - wie oben beschrieben - mittels eines Rangreihungsverfahrens erhoben, die Zufriedenheit war anhand einer fünfstufigen Rating-skala anzugeben (Abb. 7.7). Bei der Auswertung wurden die Häufigkeitsverteilungen für jede Frage ermittelt. Anschließend wurden das arithmetische Mittel und die Standardabweichung als Maß für die Streuung der Antworten für jedes Merkmal ermittelt. Abb. 7.10 gibt die Ergebnisse der Kundenbefragung und der Selbsteinschätzung für den Prozeß Telefonberatung wieder.

Ausgewählte Ergebnisse bezogen auf den Prozeß der Telefonberatung

Die Bedeutung der einzelnen Merkmale der Service-prozesse wurde von den Kunden durchaus unter-schiedlich eingeschätzt. So zeigt sich für den Prozeß Telefonberatung, daß die Merkmale "Kompetenz", "Erreichbarkeit kompetenter Ansprechpartner" und "gezeigte Problemlösungsbereitschaft" als die wichtig-sten Merkmale beurteilt wurden, wohingegen die Merkmale "Gestaltung des Bereitschaftszeitraums" und "Präsenz individueller Maschinendaten des Kunden" nur geringe Bedeutung hatten.

Unterschiedliche Merk-malsbedeutungen in Bezug auf die Service-prozesse

Vergleich von Selbst- und Kundeneinschätzung

Die *Gegenüberstellung* der Einschätzung der Kunden mit den internen Einschätzungen verdeutlicht, daß die Servicemitarbeiter die relative Bedeutung der Merkmale durchaus *realistisch einschätzten*, die Niveaus der Kunden- und Selbsteinschätzung hingegen unterschiedlich waren (Abb. 7.10).

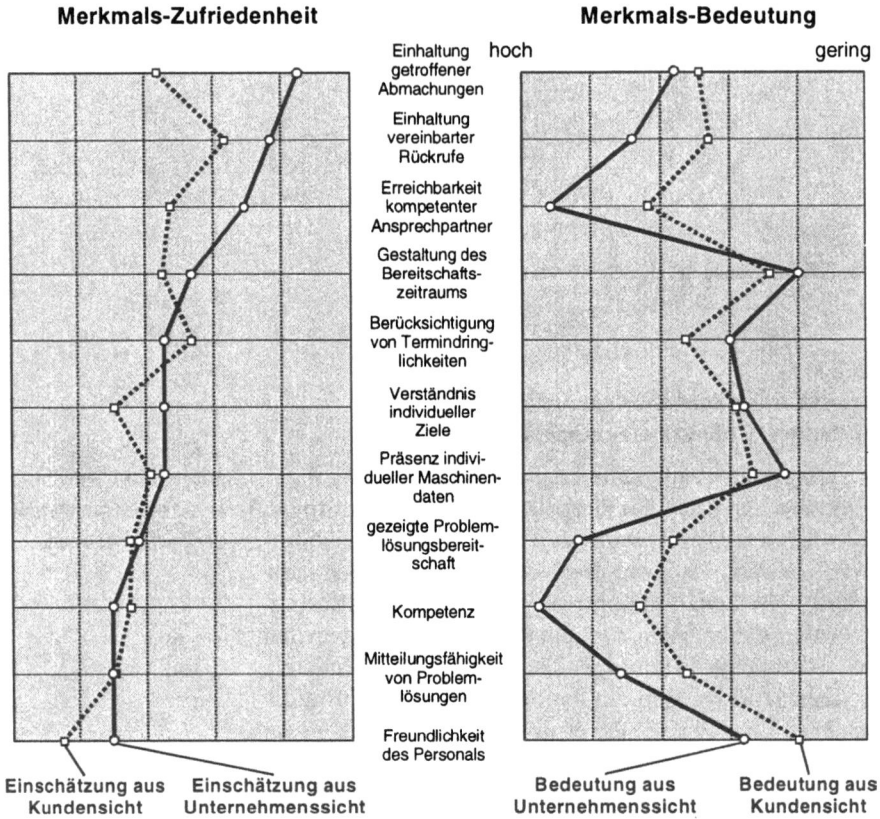

Abb. 7.10: Ergebnisse der Kundenerhebung und Selbsteinschätzung zum Prozeß Telefonberatung

Vergleich von Selbst- und Kundeneinschätzung

Die *Gegenüberstellung* der Einschätzung der Kunden mit den internen Einschätzungen verdeutlicht, daß die Servicemitarbeiter die relative Bedeutung der Merkmale durchaus *realistisch einschätzten*, die Niveaus der Kunden- und Selbsteinschätzung hingegen unterschiedlich waren (Abb. 7.10).

Die Analyse der merkmalsbezogenen Kundenzufriedenheit mit der Telefonberatung deckte unterschiedlich hohe *Verbesserungspotentiale* auf: Während die Kunden mit primär *mitarbeiterbezogenen Merkmalen* wie "Freundlichkeit", "Mitteilungsfähigkeit von Problemlösungen", "Kompetenz" und "Verständnis individueller Ziele" relativ zufrieden waren, bestand bei den eher *organisationsbezogenen Merkmalen* "Berücksichtigung von Termindringlichkeiten" und "Einhaltung eines vereinbarten Rückrufs" erhöhte Notwendigkeit für Verbesserungsmaßnahmen.

Aufdeckung von Verbesserungspotentialen bei mitarbeiter- und organisationsbezogenen Merkmalen

7.6.2.3
Die Ergebnisse richtig deuten - Die Bestimmung von Handlungsbedarfen

Abbildung 7.11 zeigt die *Qualitätspotentialmatrix für den Serviceprozeß "Telefonberatung".* In der Qualitätspotentialmatrix sind die Merkmale entsprechende ihrer *relativen Position* zueinander angeordnet. Sie gibt nicht die absoluten Aussagen zur Zufriedenheit und Bedeutung wieder. Die höchsten Handlungsbedarfe für eine qualitätsverbessernde Maßnahme bestehen bei den ablauforganisationsbezogenen Merkmalen "Einhaltung eines vereinbarten Rückrufs", "Berücksichtigung von Termindringlichkeiten" und der "Erreichbarkeit kompetenter Ansprechpartner". Hinsichtlich der mitarbeiterbezogenen Merkmale "Freundlichkeit", "Verständnis individueller Ziele" und "Mitteilungsfähigkeit von Problemlösungen" besteht zunächst kein Handlungsbedarf. Hierbei ist jedoch zu beachten, daß die aus der Qualitätspotentialmatrix abgeleiteten Handlungsempfehlungen heuristischer Natur sind. Sie sollen die Diskussion anregen und strukturieren, können aber detaillierte Einzelanalysen nicht ersetzen. So zeigte sich z. B. eine hohe Zufriedenheit mit dem relativ unbedeutenden Merkmal "Freundlichkeit"; jedoch ist davor zu warnen, aufgrund der geringen Ressourcenbindung in diesem Merkmal eine Veränderung herbeizuführen.

Identifikation von Handlungsbedarf in Bezug auf den Prozeß "Telefonberatung" durch die Qualitätspotentialmatrix

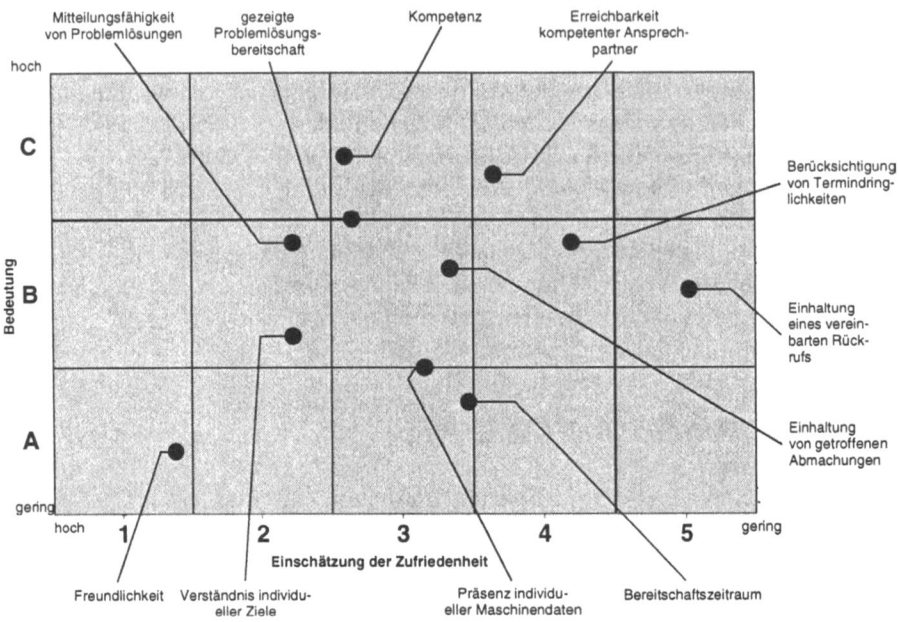

Abb. 7.11: Qualitätspotentialmatrix für den Prozeß der Telefonberatung

7.7
Zusammenfassung

Mit dem dargestellten Konzept zur Erhebung und Analyse der Servicequalität wird dem Qualitätsmanagement ein Instrument zur Verfügung gestellt, mit dem Ansätze für qualitätsverbessernde Maßnahmen im Bereich des Service identifiziert werden können. Es wurde dargestellt, daß prinzipiell verschiedene Vorgehensweisen möglich sind, um die Servicequalität zu messen. Von diesen Alternativen wurde ein Konzept dargestellt, bei dem der Ansatz der *Eindrucksmessung* mit *separater Erhebung einer Bedeutungskomponente angewendet wurde*. Die Operationalisierung der Qualität *erfolgte zufriedenheitsorientiert* und die Erhebung wurde *partial* durchgeführt. Die Möglichkeiten einer Datenauswertung können im Rahmen des vorliegenden Beitrags nicht in ihrer gesamten Spannweite erörtert werden. Mit Hilfe der Qualitätspotentialmatrix wurde eine Visualisierungsmethode entwickelt, anhand derer bestehende Mißstände einfach und prägnant dargestellt werden können und die somit zu einer bereichsübergreifenden Verständigung beiträgt.

Weiterhin wurde eine Möglichkeit der Integration in ein Konzept des Servicemanagements aufgezeigt. Das dargestellte durchgängige Konzept konnte anhand von zwei industriellen Fallbeispielen bei Werkzeugmaschinenherstellern erfolgreich erprobt werden. Die Vorgehensweise und die Ergebnisse der Anwendung bei der GILDEMEISTER Drehmaschinen GmbH wurden auszugsweise dargestellt und erörtert.

7.8
Literatur

Albach, H.: Investitionspolitik erfolgreicher Unternehmen. Zeitschrift für Betriebswirtschaft, 6, S. 636 - 661 (1987).

Benkenstein, M.: Dienstleistungsqualität: Ansätze zur Messung und Implikationen für die Steuerung. Zeitschrift für Betriebswirtschaft, 11, S. 1095 - 1115 (1993).

Bruhn, M., Stauss, B.: Dienstleistungsqualität: Konzepte, Methoden, Erfahrungen, Wiesbaden 1991.

Buzzell, R. D., Gale, B. T.: Das PIMS-Programm. Strategien und Unternehmenserfolg, Wiesbaden 1989.

Haller, S.: Beurteilung von Dienstleistungsqualität. Diss. Berlin 1994, Wiesbaden 1995

Homburg, C., Garbe, B.: Industrielle Dienstleistungen. Zeitschrift für Betriebswirtschaft, 3, S. 253-282 (1996).

Hüttner, M.: Grundzüge der Marktforschung, 4. Aufl. Berlin/New York 1989.

Kroeber-Riel, W.: Konsumentenverhalten, 3. Aufl., München 1984.

Langer, H., Sand, H.: Erfolgreiche Marktforschung im Investitionsgüterbetrieb: Handbuch der Informationsquellen, Methoden, Anwendungsbereiche, Berlin/ München 1983.

Neckermann, G., Wessels, H.: Dienstleistungsangebot des Maschinenbaus. Zeitschrift für Betriebswirtschaft, 5, S. 521-538 (1995).

Parasuraman, A., Zeithaml, V., Berry, L.: A Conceptual Model of Service Quality and its Implications for Future Research. Journal of Marketing, Fall, S. 41 - 50 (1985).

Schiffer, G., Schröder, H.-H., Zenz, A.: Kundenzufriedenheit mit dem Service von Investitionsgüteranbietern. VDI-Z, 1-2, S. 38 - 41 (1997).

Schmidt, G.: Methode und Techniken der Organisation, 9. Aufl., Gießen 1988.

Schmidt, R.: Die Messung und Umsetzung von Kundenforderungen und Kundenurteilen in den frühen Phasen der Produktentstehung: Methoden und Teilschritte der Konzeptfindung für langlebige Gebrauchsgüter. Diss. Aachen 1995.

Schütze, R.: Kundenzufriedenheit: After-Sales-Marketing auf industriellen Märkten. Diss. Berlin 1991, Wiesbaden 1992.

Shostack, G. L.: Service Positioning Through Structural Change. Journal of Marketing, Fall, S. 34-43 (1987).

Simon, H.: Management strategischer Wettbewerbsvorteile. In: Simon, H.: Wettbewerbsvorteile und Wettbewerbsfähigkeit, Stuttgart 1988, S. 1 - 17.

Smith, R., Houston, M. J.: Script-based Evaluation of Satisfaction with Services. In: Berry, L. L.: Emerging Perspectives on Service Marketing, Chicago, Illinois 1983, S. 59 - 62.

Stauss, B.: "Augenblicke der Wahrheit" in der Dienstleistungserstellung: Ihre Relevanz und ihre Messung mit Hilfe der Kontaktpunkt-Analyse. In: Bruhn, M., Stauss, B.: Dienstleistungsqualität: Konzepte, Methoden, Erfahrungen, Wiesbaden 1991, S. 345 - 365

Stauss, B.: Total Quality Management im industriellen Service. QZ, 6, S. 345 - 350 (1993).

Herausgeber und Autoren

Prof. Dr.-Ing. Dr. h.c. Dipl.-Wirt.Ing. Walter Eversheim

Jahrgang 1937, studierte Maschinenbau an der TH Aachen und absolvierte hier ein wirtschaftswissenschaftliches Aufbaustudium. Nach seiner Promotion war er Oberingenieur am Laboratorium für Werkzeugmaschinen und Betriebslehre (WZL) der TH Aachen. Von 1969 bis 1973 folgten leitende Tätigkeiten in namhaften Großunternehmen. Seit 1973 ist er Inhaber des Lehrstuhls für Produktionssystematik am WZL der TH Aachen, ab 1980 Leiter der Abteilung Planung und Organisation am Fraunhofer-Institut für Produktionstechnologie (IPT), Aachen, seit 1989 Mitglied des Direktoriums des Instituts für Technologie-Management, Univ. St. Gallen und seit 1990 Direktor des Forschungsinstituts für Rationalisierung (FIR), Aachen. 1992 Verleihung der Ehrendoktorwürde der Universität Trondheim, Norwegen, und Honorarprofessor der Tian-Jing-Universität, China.

Dipl.-Wirtsch.-Ing. Matthias Gronies

geb. 1965, studierte Wirtschaftsingenieurwesen mit dem Schwerpunkt Maschinenbau an der Universität/ Gesamthochschule Paderborn und der Technischen Universität Berlin. Seit 1994 ist er in verschiedenen Stabs- und Linienfunktionen im Gildemeister-Konzern tätig. Seit 1997 Leiter des Finanz- und Rechnungswesens bei der gildemeister Drehmaschinen GmbH in Bielefeld und Projektleiter des BMBF-geförderten Verbundprojektes "Prozeßorientiertes Qualitätscontrolling".

Dipl.-Ing. Dipl. Wirt.-Ing. Jan Chandra Gupta

Jahrgang 1967, studierte Maschinenbau an der Universität in Duisburg und an der RWTH Aachen. Hier nahm er auch das Studium der Betriebswirtschaftslehre auf. Seit 1992 ist er wissenschaftlicher Mitarbeiter am WZL, Lehrstuhl für Produktionssystematik.

Dr. Dipl.-Ing. Ulf-Rudolf von Haacke

Jahrgang 1966, studierte Maschinenbau an der TH Aachen. Er war von 1993 bis 1996 wissenschaftlicher Mitarbeiter der Abteilung Planung und Organisation am Fraunhofer IPT und dort zuletzt als Oberingenieur tätig. Seit 1996 ist er Direktor des Fraunhofer Resource Center in Boston.

Dr.-Ing. Dipl.-Wirt.-Ing. Christoph Hannen

geb. 1967, studierte Wirtschaftsingenieurwesen an der Universität Karlsruhe und war von 1992 bis 1996 wissenschaftlicher Mitarbeiter im Bereich Produktionsmanagement am Forschungsinstitut für Rationalisierung von Prof. Luczak und Prof. Eversheim in Aachen. Seit 1996 arbeitet er als IT-Projekt-Manager bei Boehringer Mannheim.

Dr. oec. Dipl.-Ing. Andreas Kaiser

Jahrgang 1963, studierte Maschinenbau und Betriebswirtschaftslehre an der RWTH Aachen. 1995 promovierte er an der Universität St. Gallen. Seit 1990 ist er Konsultant bei GPS Prof. Schuh Komplexitätsmanagement in Würselen bei Aachen.

Dr.-Ing. Winfried H. Karsten

Jahrgang 1939, studierte Maschinenbau an der TU Braunschweig. 1970 promovierte er am Institut für Werkzeugmaschinen und Fertigungstechnik. Anschließend hatte er immer produktionsorientierte Beschäftigungen in mittelständischen Unternehmen, z. Zt. ist er Produktionsleiter bei der Woma Apparatebau GmbH in Duisburg.

Dipl.-Ing. Michael Leiters

Jahrgang 1971, studierte Maschinenbau an der TH Aachen. Seit 1996 ist er wissenschaftlicher Mitarbeiter der Abteilung Planung und Organisation am Fraunhofer-Institut für Produktionstechnologie (IPT) in Aachen.

Dipl.-Ing. Oliver Lücke

geb. 1967, studierte Maschinenbau an der TU Braunschweig. Er ist seit 1993 wissenschaftlicher Mitarbeiter
am Institut für Werkzeugmaschinen und Fertigungstechnik (IWF) der TU Braunschweig. Dort leitet er die Gruppe 'Prozesse und Organisation'. Im Rahmen des BMBF-
Vorhabens „Qualität und Wirtschaftlichkeit" koordiniert
er die Projektgruppe 23, deren Aufgabe die Entwicklung
eines Planungsinstruments für die Vorkalkulation ist.

Dipl.-Ing. Markus Müller

Jahrgang 1968, studierte Maschinenbau an der TH
Aachen. Seit 1994 ist er wissenschaftlicher Mitarbeiter
der Abteilung Planung und Organisation am Fraunhofer IPT in Aachen, der er seit 1996 als Oberingenieur
vorsteht. Seit 1995 ist er Mitglied des Wissenschaftlich
Technischen Beirates der Fraunhofer Gesellschaft.

Dipl.-Ing. Richard Schieferdecker

geb. 1967, studierte Maschinenbau mit den Schwerpunkten Energie- und Verfahrenstechnik an der RWTH
Aachen. Seit 1996 ist er wissenschaftlicher Mitarbeiter
im Bereich Produktionsmanagement am Forschungsinstitut für Rationalisierung von Prof. Luczak und Prof.
Eversheim in Aachen.

Dipl.-Kfm. Gregor Schiffer

geb. 1967, studierte Betriebswirtschaftslehre an der
RWTH Aachen mit den Schwerpunkten Marketing und
Industriebetriebslehre. Seit 1996 ist er an dieser Hochschule Wissenschaftlicher Mitarbeiter des Lehrstuhls für
Betriebswirtschaftslehre mit Schwerpunkt Technologie-
und Innovationsmanagement. Seine Haupttätigkeits-
gebiete umfassen strategische Frühinformationssysteme
und Dienstleistungsqualität.

Dipl.-Ing. Marcus Schramm

Jahrgang 1967, studierte Maschinenbau an der Ruhr-Universität in Bochum und an der RWTH Aachen. Seit 1994 ist er wissenschaftlicher Mitarbeiter am WZL, Lehrstuhl für Produktionssystematik.

Univ.-Prof. Dr. Hans-Horst Schröder

geb. 1941, studierte Betriebswirtschaftslehre an den Universitäten Köln und Hamburg sowie an der Northwestern University in Evanston, Ill./USA. 1973 promovierte er an der Universität zu Köln, wo er bis 1992 am Industrieseminar der Universität zu Köln tätig war. Seit 1992 ist er an der Rheinisch-Westfälischen Technischen Hochschule Aachen Inhaber des Lehrstuhls für Betriebswirtschaftslehre mit Schwerpunkt Technologie- und Innovationsmanagement, den er seit dessen Einrichtung 1991 vertrat. Neben diesem Kerngebiet der Forschung und Lehre beschäftigt er sich sowohl wissenschaftlich als auch in Industrieprojekten mit der Thematik des Qualitätsmanagements.

Dipl.-Ing. (FH) Günter Schymetzki

geb. 1940, studierte Maschinenbau an der Fachhochschule Ulm. Ab 1972 war er als Leiter der Abt. Industrial Engineering bei AEG in Esslingen verantwortlich für die Werkzeugmaschinen-Beschaffung und die Einführung neuer Fertigungstechnologien. Seit 1981 ist er Leiter des Bereichs Logistik der Schaudt Maschinenbau GmbH in Stuttgart. In dieser Funktion ist er zudem Projektleiter für das BMBF-geförderte Verbundprojekt "Prozeßorientiertes Qualitätscontrolling".

Dipl.-Ing. Thomas Wahle

geb. 1958, studierte an der TU Braunschweig Maschinenbau. Er ist seit 1990 im Bereich Qualitätswesen der Linke-Hofmann-Busch GmbH, Salzgitter tätig und leitet dort die Abteilung 'Planung und Wareneingang'. Im Rahmen des BMBF-Projekts VP4 'Qualität und Wirtschaftlichkeit' lenkt er die Zusammenarbeit mit dem Institut für Werkzeugmaschinen und Fertigungstechnik der TU Braunschweig.

Prof. Dr.-Ing. Dr. h.c. Engelbert Westkämper

geb. 1946, Prof. Dr.-Ing. Dr. h.c., seit 1995 Direktor des Institutes für Fabrikbetrieb und Industrielle Fertigung (IFF) und Professor an der Universität Stuttgart sowie Geschäftsführender Leiter des Fraunhofer-Institutes für Produktionstechnik und Automatisierung (IPA) in Stuttgart, promovierte 1977 an der RWTH Aachen über die „Automatisierung in der Einzel- und Serienfertigung". Bevor er 1988 als Lehrstuhlinhaber und Direktor des Institutes für Werkzeugmaschinen und Fertigungstechnik (IWF) der TU Braunschweig an die Universität zurückkehrte, war er 12 Jahre lang in der deutschen Luftfahrt- und Elektronikindustrie tätig, wo er für die Entwicklung, Planung und Einführung von neuen Produktionskonzepten und -verfahren verantwortlich war, zuletzt als Leiter des Zentralbereichs Produktionstechnik der AEG Aktiengesellschaft in Frankfurt.

Dipl.-Kfm. Andreas Zenz

geb. 1968, studierte Betriebswirtschaftslehre an der RWTH Aachen. Seit 1994 ist er an dieser Hochschule Wissenschaftlicher Mitarbeiter des Lehrstuhls für Betriebswirtschaftslehre mit Schwerpunkt Technologie- und Innovationsmanagement. Er betreute dort das vom BMBF geförderte Industrieprojekt "Prozeßorientiertes, strategisches Qualitätscontrolling". Seine Hauptarbeitsgebiete sind das Controlling und das strategische Qualitätsmanagement.

H.-J. Bullinger, H.-J. Warnecke (Hrsg.)

Neue Organisations-
formen im Unternehmen

Ein Handbuch für
das moderne Management

1996. XXXIV, 1128 S. 508 Abb. Geb.
DM 198,-; öS 1445,40; sFr 173,-
ISBN 3-540-60263-1

Das ständig komplexer werdende Umfeld von Unternehmen wirkt sich auf deren Strukturen und Abläufe aus: Sie werden beziehungsreicher und unübersichtlicher. Darin liegt auch eine unternehmerische Chance, die es wahrzunehmen gilt. Der betriebliche Praktiker, der weitreichende Entscheidungen zu fällen hat, muß sich rechtzeitig über diese Entwicklung informieren. Ihm wird ein praxisnah gestaltetes und übersichtlich gegliedertes Handbuch angeboten, das seinen dringenden Bedarf abdeckt. Das Werk stellt mögliche Modelle der betrieblichen Organisation vor und beschreibt praxisnah Techniken und Methoden zur Entwicklung und Unterstützung neuer Lösungen. Es liefert Beispiele aus der Praxis und spannt somit den Bogen von der aktuellen Fachdiskussion bis zur Implementierung auf operativer Ebene.

Springer

Preisänderungen vorbehalten • d&p.BA 63062/SF

Springer-Verlag, Postfach 31 13 40, D-10643 Berlin, Fax 0 30 / 827 87 - 3 01/4 48 e-mail: orders@springer.de   rb.BA.63062.SF

Springer
und
Umwelt

Als internationaler wissenschaftlicher
Verlag sind wir uns unserer besonderen
Verpflichtung der Umwelt gegenüber
bewußt und beziehen umweltorientierte
Grundsätze in Unternehmens-
entscheidungen mit ein. Von unseren
Geschäftspartnern (Druckereien,
Papierfabriken, Verpackungsherstellern
usw.) verlangen wir, daß sie sowohl
beim Herstellungsprozess selbst als
auch beim Einsatz der zur Verwendung
kommenden Materialien ökologische
Gesichtspunkte berücksichtigen.
Das für dieses Buch verwendete Papier
ist aus chlorfrei bzw. chlorarm
hergestelltem Zellstoff gefertigt und im
pH-Wert neutral.

Springer